3일 만에 읽고,
평생 가슴에 남는

재밌는 성경

구약1

3일 만에 읽고, 평생 가슴에 남는

재밌는 성경

글 김영진 그림 김천정

구약 1

창조와 족장 그리고 율법

창세기에서 사사기까지

성서원

| 머리말 |

『3일 만에 읽고, 평생 가슴에 남는 재밌는 성경』을 쓰게 된 이야기

나는 성경책을 만드는 사람이다. 성경책에 잘 디자인된 아름다운 옷을 입히거나, 또는 우리말로 새롭게 번역하여 읽기 쉬운 내용으로 다듬어 성경책을 발행하기도 했다. 그렇게 성경책 만드는 일을 45년 동안 줄곧 해 왔다. 지금까지 성서원에서 만든 성경책을 권수로 계산하여 한 줄로 쌓아올린다면 100층 높이 초고층 건물이 여러 채 생겼을 것이다. 이처럼 신비롭고 아름다운 성경책의 마을, 그 마을에 45년 동안 살았던 것은 내게 큰 축복이다.

"성서원에서 만든 성경책을 읽고 교회에 다니게 되었다.", "성서원에서 만든 성경책이 너무 예뻐 가방에 넣고 다니며 항상 읽고 힘을 얻는다.", "친구에게 성서원에서 만든 성경책을 선물했더니 너무 좋아하더라." 등등. 이런 말을 들으면 성경책을 발행하고 보급하는 일이 가슴 뿌듯했다. 하나님의 은혜와 사랑에 크게 감사했다.

어린이 잡지 『새벗』을 300호, 400호, 500호 넘게 발행했다. 새벗 문고도 100권까지 냈다. 1978년에는 기존의 성경책을 쉽게 풀어 옮긴 『현대어 성경』을 출간했다. 2012년에 『현대어 성경』을 개정하여 내놓은 『쉬운말 성경』도 독자들의 큰 사랑을 받고 있다.

또 성경 전체인 1,189장을 4연 4행의 시와 산문으로 써서 국민일보에 10년 넘게 연재했다. 그것을 묶어 성경 시집과 산문집을 내기로 했다. 성경 시집은 일목요연하게 정리되어 좋았다. 그런데 산문집은 마음먹은 대로 스토리텔링이 되지 않았다. 오래 고민하다가 성경의 장절을 무시하고, 어린이를 포함하여

남녀노소 누구나 소설처럼, 드라마처럼 읽고 보기에 쉽고 편하고 흥미진진한 『재밌는 성경』을 꾸미기로 작정했다.

'쉽고 간결하고 맛깔스러운 문장으로 성령님이 뭇 영혼에 전하려는 목소리를 재밌고 흥미로운 이야기로 만들자.', '누구나 하나님의 사랑의 품에 안기고 싶고, 예수님과 더불어 친구하고 싶은, 감동을 일으킬 만한 간결하고도 잘 정리된 그런 흥미진진한 이야기 성경책을 써 보자.' 이런 마음으로 기도하면서 한 줄, 한 줄 성경의 이야기를 쓰기 시작했다.

그렇게 작업한 세월은 뼈를 깎는 듯한 고통의 시간임과 동시에 은혜가 넘치는 행복한 시간이었다. 하나님의 말씀과 함께한 매일매일의 순간순간이 얼마나 기뻤는지 모른다. 아침부터 저녁 늦게 잠자리에 누울 때까지 성경 말씀에 푹 젖어 살았다. 성경을 모두가 재미있게 읽을 수 있도록 쉽고도 흥미로운 문장으로 다듬고 기도하는 일로 보내는 시간은, 내 인생에서 가장 은혜롭고 행복한 날들이었다.

성경책은 이야기책이었다. 하나님에 관한 이야기, 사람들에 관한 이야기였다. 사랑과 미움, 순종과 반역, 진실과 타락, 회개와 눈물, 모략과 갈등, 열정과 패기 등이 한데 엉켜 소용돌이치는 드라마틱한 이야기였다. 성경은 매일매일 텔레비전에서 보는 드라마였다. 오늘도 신문을 펼치면 만나게 되는 인물들이 성경책 속에서 집을 짓고 나라를 세워 아옹다옹 살아가는 흥미로운 이야기가 있는 집이었다.

『재밌는 성경』을 꾸미는 동안, 그것과 더불어 작업한 『성경전장의 노래』 성경 1,189장을 시로 지어 즐거이 주를 노래하다. 무려 20년을 성경의 집에서 살았다. 그 긴 세월 동안 성서원의 내 작은 방에서 성경 내용을 이야기로 만들며 외롭게 생활했다. 그러나 그곳은 다만 글을 쓰고 기도하는 장소일 뿐, 내 영은 타임머신을 타고 2천 년 전, 아니 더 멀리 3,500년 전의 성경 드라마 속의 다양한 인물과 함께 어울려 지낸 가슴 벅찬 세월이었다.

마침내 창세기부터 여호수아까지 46개 이야기, 사사기부터 말라기까지 65개 이야기, 마태복음부터 요한계시록까지 64개 이야기, 모두 175개의 알기 쉽고 흥미진진한 재밌는 성경 이야기를 꾸몄다. 『크리스천투데이』에 『재밌는 성경』을 수년 연재하면서 여러분과 함께 그 이야기를 나누기도 했다.

미국의 제16대 대통령 에이브러햄 링컨은 학교 교육도 제대로 받지 못했지만, 오직 성경 한 권으로 대통령까지 되었다. 링컨은 이렇게 말했다. "하나님이 나에게 주신 최대의 선물은 성경이다. 인간이 바라는 모든 것은 성경 속에 다 있다." 정말 그랬다. "성경 속에 모든 것이 다 있다."라는 그 사실을, 이 책을 쓰면서 나 역시 진실로 깨닫게 되었다. 이것이 한국 교회의 성도들에게 고백할 수 있는 나의 결론이다.

『3일 만에 읽고, 평생 가슴에 남는 재밌는 성경』이 더욱 아름답고 알차고 흥미진진한 성경책이 될 수 있었던 것은, 나의 이야기를 한눈에 쏙 들어오게 하는 탁월한 일러스트들이다. 가슴을 울리는 비유적이고 상징적인 일러스트

로 성경의 속살에 한 걸음 더 다가가게 해주신 김천정 화백에게 깊은 감사를 표한다.

끝으로 이 책을 통해 성경 속의 이야기들을 소설이나 드라마처럼 재미있고 흥미롭게 읽고 보는 가운데, 하나님의 구원을 체험하고 아브라함 같은 믿음을 다지며 요셉처럼 높은 비전을 꿈꾸기를 바라면서, 이 땅의 어린이들과 청소년들을 비롯하여 남녀노소 모든 이에게 이 책을 바친다.

성경의 원저자이신 성령님! 감사합니다.

| 차례 |

머리말 ········· 4

천지 창조와 에덴 동산 ········· 15
선악과와 하나님의 형벌 ········· 20
인류의 타락과 대홍수 ········· 26
노아의 후손과 바벨탑 사건 ········· 34
아브람의 소명과 하나님의 약속 ········· 38
아브라함과 사라 ········· 47
소돔과 고모라의 멸망 ········· 51
이삭과 이스마엘 ········· 58
이삭과 리브가 ········· 67
쌍둥이 형제, 야곱과 에서 ········· 72
이삭의 아내와 우물 ········· 74
야곱의 속임수와 에서의 눈물 ········· 78
야곱의 피신과 벧엘 들판의 꿈 ········· 82
야곱의 하란 생활 ········· 86
야곱의 귀향과 얍복 강변의 씨름 ········· 93

창조와 족장 그리고 율법
창세기에서 사사기까지

야곱의 슬픔과 벧엘의 제단 · · · 98
요셉의 꿈과 형들의 음모 · · · 104
유다와 다말 · · · 111
요셉의 누명과 투옥 · · · 115
요셉의 꿈 해석과 출세 · · · 121
요셉과 형들의 상봉 · · · 128
요셉과 동생 베냐민의 만남 · · · 134
요셉의 눈물과 야곱의 기쁨 · · · 141
요셉의 통치와 야곱의 축복 · · · 146
모세의 출생과 성장 · · · 152
모세의 소명과 이집트 귀환 · · · 157
모세와 파라오의 대결 · · · 163
애굽 땅에 임한 10대 재앙 · · · 166
출애굽과 홍해의 이적 · · · 178
광야 생활과 하늘의 양식 · · · 184

십계명과 시내 산의 계약 · 191
금송아지 숭배 사건 · 196
성막과 절기와 성일 · 201
광야 행진과 메추라기 · 209
정탐꾼들의 보고와 백성들의 거역 · 216
고달픈 40년 광야 방랑의 세월 · 226
약속의 땅, 가나안을 향하여 · 230
요단 강 동편 땅의 정복 · 235
모압 왕 발락과 점술가 발람 · 239
요단 강 동편 땅에서 · 249
모세의 마지막 설교와 임종 · 256
여리고 성의 두 정탐꾼과 기생 라합 · 259
요단 강 도하와 여리고 성의 정복 · 264
아이 성의 실패와 아간의 범죄 · 272
기브온 사람들의 속임수와 아모리 다섯 왕의 정복 · · · · · · · · · · · · 277

창조와 족장 그리고 율법

창세기에서 사사기까지

가나안 온 땅의 정복과 분배 · 283
가나안 땅의 정착과 사사 시대의 개막 · · · · · · · · · · · · · · · · · · · 289
사사 옷니엘과 에훗과 드보라 · 292
사사 기드온과 삼백 용사 · 298
아비멜렉의 비극과 사사 입다의 서원 · 310
삼손의 출생과 그의 기적 ·316
삼손의 머리털과 그의 최후 · 323

구약성경 | 약자표			
창 창세기	왕상 열왕기상	전 전도서	옵 오바댜
출 출애굽기	왕하 열왕기하	아 아가	욘 요나
레 레위기	대상 역대상	사 이사야	미 미가
민 민수기	대하 역대하	렘 예레미야	나 나훔
신 신명기	스 에스라	애 예레미야애가	합 하박국
수 여호수아	느 느헤미야	겔 에스겔	습 스바냐
삿 사사기	에 에스더	단 다니엘	학 학개
룻 룻기	욥 욥기	호 호세아	슥 스가랴
삼상 사무엘상	시 시편	욜 요엘	말 말라기
삼하 사무엘하	잠 잠언	암 아모스	

천지 창조와 에덴 동산

하나님이 세상을 창조하시다 창 1:1–2:3

먼 먼 옛날, 시간의 바퀴가 굴러가기도 전인 먼 옛날, 우주 공간에는 아무것도 없었다. 우주는 깊은 어둠과 고요함에 잠겨 있었다. 하나님께서는 세상 만물을 창조할 마음을 내시고는 "빛이 있으라." 하고 말씀하셨다. 그러자 찬란하고도 거대한 빛이 나타나서 허공에 가득 찼다. 그 빛이 하나님이 보시기에 좋았다.

하나님께서는 이 빛을 어둠과 구분하시어, 빛을 '낮'이라고 부르셨고, 어둠을 '밤'이라고 부르셨다.

하나님은 장차 뭇 생명을 잉태하고 번성시키게 될 우주의 이 근원적인 빛을 보시고 심히 기뻐하셨다. 이리하여 창조의 첫째 날이 지났다.

이 무렵 깊은 어둠 속에 잠긴 지구는 온통 물로 뒤덮여 있었다. 창조의 둘째 날, 지구를 덮고 있는 물을 물끄러미 내려다보시던 하나님이 말씀하셨다.

"드넓은 하늘이 생겨서 물을 둘로 갈라놓도록 하라."

그러자 물의 일부가 하늘 위로 올라가 구름층이 만들어져서 수증기 상태로 떠돌았다.

창조의 셋째 날, 하나님이 하늘 아래에 있는 물을 한 곳에

모으시자 '바다'가 이루어졌고, 물이 없는 마른 땅이 드러나서 '육지'가 되었다. 이에 따라 지구에는 높은 산과 깊은 골짜기, 드넓은 들판과 언덕이 생겨났고, 골짜기와 들판을 따라 지절대며 흐르는 시내와 강도 생겨났다.

하나님은 또 땅에서 자랄 수많은 풀과 나무를 만드셨다. 땅위를 기어가는 덩굴식물에서부터 하늘을 찌를 듯이 키가 큰 메타세콰이어 나무에 이르기까지, 수많은 종류의 나무들이 돋아났다. 원색의 아름다운 꽃들도 생겨났고, 딸기와 사과, 복숭아, 오렌지, 살구, 앵두 같은 맛있는 과일나무도 자라게 되었다. 키가 큰 해바라기도, 바람에 하늘거리는 코스모스도 이때 창조되었다. 벼와 보리, 옥수수, 감자 같은 곡식들뿐만 아니라 딱딱한 껍질로 자신의 열매를 감싸는 호두나 밤 같은 나무들도 이때 창조된 것이다.

넷째 날, 하나님은 지구 위의 거대한 우주 공간에 해와 달과 별들을 만들어서 흩뿌려 놓으셨다. 그리고 일정한 법칙에 따라 우주 공간을 운행하면서 서로가 서로를 돌게 하셨다. 이때부터는 지구 또한 자기 스스로 자전을 함과 동시에 태양 주위를 돌게 되었고, 이에 따라 낮과 밤과 계절이 생겨나게 되었다.

태양이 밝게 비추자 풀과 꽃과 나무들은 일제히 잎과 가지를 흔들며 반겼고, 이를 보신 하나님은 흡족해 하셨다.

다섯째 날, 하나님은 물 속을 배경으로 살아가는 수많은 생물을 만드셨다. 거대한 상어와 고래에서부터 아름다운 무지개 빛깔의 열대어와 피라미에 이르기까지, 가지각색의 다양한 물고기들이 물 속을 누비면서 살기 시작했다. 거대한 턱을 가진 악어도 생겼고, 흐느적거리는 해파리와 불가사리도 이때 생긴 것들이다. 지느러미를 흔들며 헤엄쳐 다니는 물고기들을 바라보시며 좋아하시던 하나님은, 이번에는 수많은 새들을 창조하셔서 창공을 날아다니게 하셨다. 바다 위를 나는 갈매기도, 우아한 백조도, 아름다운 깃털을 가진 공작도 이때 생긴 것이다. 열을 맞추어서 질서정연하게 날아가는 기러기들도 까욱거리며 생명의 신비함을 노래하고, 비둘기들도 날갯짓하며 평화를 노래 불렀다.

하나님은 바다와 하늘의 생물들을 축복하셨다.

"너희들끼리 서로 사랑하면서 번성하여라."

하나님의 이 말씀이 떨어지자마자 하늘을 나는 모든 새들이 쌍쌍이 짝을 지어 날개를 퍼득였다. 바닷속을 헤엄쳐 다니는 물고기들도 암수가 짝을 지어 일제히 수면 위로 뛰어올랐다.

여섯째 날, 하나님은 기어 다니는 곤충과 파충류와 가축들과 네 발로 뛰어다니는 동물들을 창조하셨다. 뱀과 지렁이는 몸뚱이를 밀고 다니며 세상 구경에 나섰고, 사슴과 양, 말과 기린도 순한 눈을 껌벅이며 하나님이 창조하신 아름다운 세계를 처음으로 만났다. 다람쥐는 폴짝거리며 나뭇가지 사이를 누볐고, 표범과 사자는 으르렁거리면서 자신의 늠름함을 과시했다.

곤충들도 첫 나들이에 나섰다. 나비들이 아름다운 날개를 뽐내며 날아오르자 풍뎅이 같은 곤충들은 알록달록한 점박이 무늬를 자랑했다. 벌들은 색색의 꽃들 사이를 누비며 꿀을 모으기에 바빴다.

하늘을 나는 새들과 땅 위를 누비는 짐승들, 바닷속을 헤엄쳐 다니는 물고기들…. 세상은 아름답고 풍요로웠다. 하나님은 세상을 보시며 좋아하셨다. 하지만 뭔가 빠진 것이 있었다. 하나님의 창조 세계를 돌볼 누군가가 필요하다는 생각이 들었다.

첫사람 아담과 하와 창 2:4–25

하나님은 가장 마지막으로, 사람을 창조하셨다. 하나님께서는 사람이 살아가는 데 필요한 모든 환경을 넉넉히 갖추어 놓으신 다음, 그 모든 것을 누릴 수 있고 다스릴 수 있도록, 마지막에 사람을 창조하신 것이다.

하나님이 자신의 형상에 따라 흙으로 모양을 빚으시고 그 코에 생기를 불어넣자, 인류 최초의 사람인 '아담'이 비로소 숨을 쉬고 움직이기 시작했다. 아담이 살아갈 무대는 에덴 동산으로, 모든 것이 풍족하게 갖추어진 곳이었다. 동산 한가운데로는 강이 흘렀고, 사방에는 아름다운 꽃과 나무들이 우거져 있었다. 강에서는 각종 물고기들이 헤엄을 쳤고, 새들은 나뭇가지 사이를 오가면서 노래를 불렀다.

최초의 사람 아담은 신기한 눈빛으로 에덴 동산의 여기저기를 돌아보았다. 이 꽃 저 꽃을 만져 보고, 동물들을 뒤쫓아 뛰어다니기도 했다. 모든 것들이 더없이 좋았지만, 아담에게는 아무래도 채워지지 않는 것이 있었다. 이것 때문에 아담은 무엇을 하든 가슴 한편이 허전했다. 동물들뿐만 아니라 식물들도 암수의 짝이 있는데, 아담에게는 아직 짝이 없었던 것이다.

하나님은 아담에게 짝을 만들어 주시기로 하고는, 아담을 깊이 잠들게 하셨다. 그리고는 그의 몸에서 갈비뼈 하나를 뽑아 내어, 그것으로 여자를 창조하셨다. 갈비뼈를 빼낸 자리는 하나님이 살로 메웠기 때문에 아무 흉터가 남지 않았다. 아담이 잠에서 깨어났을 때, 하나님은 여자를 아담에게로 데려오셨다. 처음으로 여자를 본 아담의 눈이 크게 떠졌다.

"이는 내 뼈 중의 뼈요
내 살 중의 살이로다."

아담은 너무나 기뻐 이렇게 노래했다. 그의 감격과 기쁨과 놀라움은 말로 다할 수 없었다. 처음 보는 아름다운 여인, 더불어 이야기를 나누며 사랑할 수 있는 자신의 짝이 나타났기 때문이다.

아담은 그녀에게 '하와'라는 이름을 지어 주었다. 아담과 하와는 인류 최초로 부부가 되었고, 인류 최초로 가정을 일구었다. 두 사람은 손을 맞잡고 에덴 동산을 거닐며 맛있는 과일을 따먹고, 여러 동물들에게 정겹게 말을 건넸다. 에덴 동산에는 행복과 평화가 충만했다.

에덴 동산에서 생긴 일 창 2:8-25

에덴 동산에는 악이 없었고 죄도 없었다. 슬픔이나 고통도 있을 리 없었다. 모든 것이 아름답고 평화롭고 충만한 세계였다. 아담과 하와는 다른 짐승들이나 새들처럼 옷을 입지 않았다. 옷을 지어 입을 필요가 없었기 때문이었다. 벌거숭이 그대로였지만, 그들은 아무런 부끄러움도 느끼지 않았다.

하나님은 그들에게 복을 내리셨다.

"자식을 많이 낳아 그 후손들이 온 땅에 퍼져라. 땅을 정복하여라. 바다에 사는 물고기와 하늘을 나는 새와 땅 위에 기어 다니는 온갖 짐승들을 다스릴 권한을 너희에게 준다. 물고기와 새와 짐승들을 다스리고 잘 관리하여라. 모든 풀과 낟알이 열리는 풀과 씨가 들어 있는 과일을 너희들의 먹거리로 삼아라."

이제 사람은 하나님이 창조한 모든 자연 만물을 다스리고 관리하는 우두머리가 되었다. 또, 남자와 여자가 어울려 둘이 한 몸이 되어 살아가는 결혼의 원리도 이때 생겨났다.

이리하여 엿새에 걸친 우주 만물의 창조 사역이 완성되었다. 하나님은 이레째 되는 날을 거룩하게 하여 복을 주신 후, 편히 쉬셨다.

선악과와 하나님의 형벌

이 나무 열매만은 먹지 말아라 창 2:16–17

에덴 동산 한가운데에는 진기한 두 그루의 나무가 있었다. 한 그루는 그 열매를 먹으면 '영원한 생명을 얻게 되는 생명나무'였고, 한 그루는 그 열매를 먹으면 '선과 악을 분별하게 하는 나무'였다.

하나님은 아담에게 말씀하셨다.

"에덴 동산 안에 있는 나무의 열매는 무엇이든 따 먹어도 좋다. 하지만 동산 중앙에 있는 '선과 악을 분별하게 하는 나무'의 열매만은 따 먹어서는 안 된다."

하나님의 지엄하신 명령이었다. 하나님이 이런 명령을 내리신 것은, 말할 나위도 없이 아담과 하와를 위해서였다. 모든 불행은 나와 너를, 나의 이익과 너의 이익을 나누고 분별하는 데에서 시작되기 때문이었다. 불행이란 나에게 좋은 것을 선으로, 나에게 나쁜 것을 악으로 분별하는 마음에서 생기게 마련이다.

"그 열매를 먹으면 죽음을 면치 못할 것이다."

하나님께서는 아담과 하와가 선악을 분별하게 하는 나무의 실과만 따먹지 않으면, 영원히 행복을 누리고 살 수 있도록 해주셨다. 이 얼마나 큰 하나님의 축복인가!

뱀의 유혹 창 3:1–13

아담과 하와는 에덴 동산에서 아무런 부족함 없이 살았다. 모든 것이 넘쳐나는 넉넉한 환경 속에서 언제나 웃음소리가 가득했다. 하지만 이런 행복을 시기한 교활한 짐승이 있었으니, 바로 뱀이었다. 하나님이 만드신 들짐승들 가운데 가장 교활하고 약삭빠른 뱀은, 아담과 하와의 이런 행복을 파괴하고 싶어졌다. 뱀에게 그런 마음이 든 것은, 애초에는 거룩한 천사장이었지만 하나님을 거스르고 배반한 사탄이 뱀에게 깃들었기 때문이었다.

뱀은 하와가 혼자 있는 것을 보고는 다가가서 말을 걸었다.

"내가 듣기로는, 하나님이 너희에게 이 동산에 있는 나무 열매를 어떤 것이든 먹지 말라고 하셨다면서?"

텔레파시로 뱀의 말을 알아들은 하와는 처음에는 웃음부터 나왔다. '이 바보, 아무리 뱀이라고 해도 이렇게 거꾸로 알 수가 있담!'

어쨌든 진실을 알려주면 그만이라고 생각한 하와가 뱀에게 말했다.

"아냐, 하나님께서는 에덴 동산에 있는 나무 열매는 무엇이든 다 먹어도 괜찮다고 하셨어. 하지만 동산 한가운데에 있는 한 나무 열매만은 먹지도 말고, 만지지도 말라고 하셨지. 그걸 먹으면 죽을 것이라고 하셨어."

"그래?"

뱀은 어떻게 그런 슬픈 일이 생길 수 있겠느냐는 표정으로 하와를 동정하는 척했다.

"그럴 리가 없어. 그걸 먹는다고 죽는다니, 그게 말이나 돼? 오히려 그 반대야. 그걸 먹으면 눈이 밝아지는 거야. 그러면 무엇이 좋고 무엇이 나쁜지를 알 수 있게 되지. 내 말이 무슨 뜻인지 알아들어?"

뱀은 잠시 입을 다물고 하와의 반응을 살폈다. 하와는 잠시 생각했다. 하나님도 그런 말씀을 하신 것 같기도 했다. 그걸 먹으면, 선과 악을 알게 된다고 말씀하셨지 않은가. 그렇다면 뱀도 같은 소리를 하는구나.

하와가 의심 없이 받아들이자, 뱀은 그 기회를 놓치지 않았다.

"그걸 먹으면 말이야, 너희도 하나님처럼 된다는 뜻이야. 하나님은 그걸 아시고 그 나무 열매를 먹지 못하게 하신 거야. 이제 이해가 돼?"

하와는 시선을 돌려 그 나무를 쳐다보았다. 과연, 그 나무에 달린 열매는 유별나게 탐스럽고 먹음직스러워 보였다. 그 열매를 따 먹기만 하면 당장이라도 눈이 밝아져 영리해질 것 같았다. 하와는 손을 뻗쳐 그 열매를 따 먹었다. 그러고 나니 아담이 생각났다.

'아담에게도 갖다 주어야지. 그래야 우리가 함께 하나님처럼 지혜롭게 될 거야.'

생각이 이에 미치자, 하와는 냉큼 한 개를 더 따서 아담에게 갖다 주었다. 아담도 덥썩 받아 그 열매를 먹고 말았다.

선악과를 따먹고 나자, 아담과 하와에게는 큰 변화가 왔다. 그동안에는 벌거벗고 지내면서도 부끄럽다는 생각을 한 번도 해본 적이 없었는데, 갑자기 수치스럽다는 마음이 든 것이다. 이것이 바로 '눈이 밝아진다'는 것인가? 그들은 무화과나무 잎사귀를 엮어 얼른 치부恥部를 가렸다.

그날, 해가 뉘엿뉘엿 저물 무렵이었다. 하나님은 여느 날과 마찬가지로 동산을 거닐고 계셨다. 아담과 하와는 하나님의 기척을 알아차리고는, 갑자기 두려운 마음이 들었다. 그들은 하나님의 눈에 띄고 싶지 않아 나무숲 사이에 몸을 숨긴 채 떨고 있었다.

"아담아, 어디 있느냐?"

하나님이 아담을 찾으셨다. 그토록 사랑스럽게 들리던 하나님의 음성이 오늘은 왜 이렇게 무섭게 느껴지는 것일까? 하지만 하나님으로부터는 어디에도 숨을 곳이 없다는 것을 아담은 너무나 잘 알고 있었다. 아담은 마지못해 대답을 하며 앞으로 나섰다.

"하나님이 이리로 오시는 걸 알고는 두려워서 숨었습니다. 벌거벗은 모습인 것이 수치스러웠습니다."

"벌거벗은 것이 수치스러웠다고? 누가 너희에게 그런 것을 알려주었느냐?"

아담은 말문이 막혀 머뭇거렸지만, 하나님은 이미 모든 것을 알고 계셨다.

"내가 그렇게 먹지 말라고 일렀건만 너희들이 그 나무 열매를 먹고 말았구나!"

하나님은 분노하고 계셨다. 아담은 어찌나 두렵고 떨렸는지 어떻게든 이 위기에서 벗어나야겠다는 생각뿐이었다.

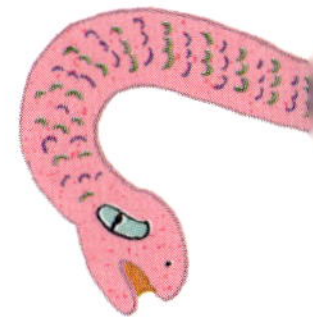

"실은 그게… 하나님께서 제 짝으로 정해 주신 이 여자가 제게 주어서, 저는 그냥 받아먹었을 뿐입니다."

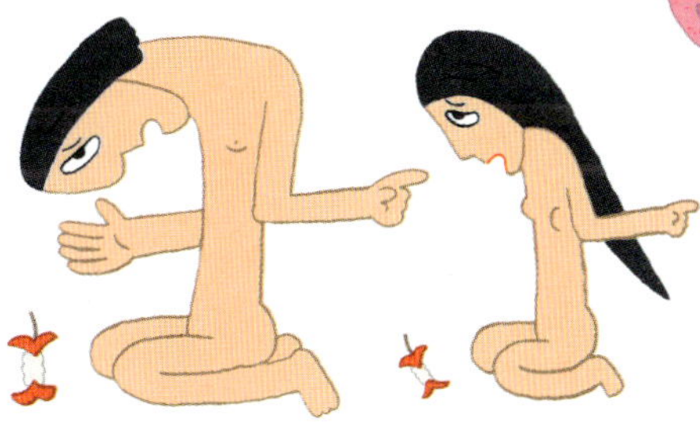

하나님은 이번에는 여자를 향해 물으셨다.

"너는 도대체 어쩌자고 이런 일을 저질렀느냐?"

하와도 핑계를 댔다.

"뱀이 그 나무 열매를 한 번 먹어 보라고 자꾸 꼬드겼습니다."

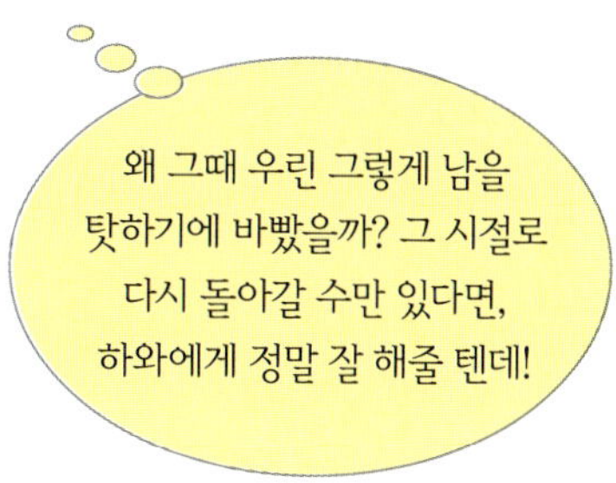

하나님의 형벌이 내려지다 창 3:14–19

하나님은 애초에 이 일의 발단이 된 뱀을 향해 먼저 벌을 내리셨다.

"네가 이런 일을 저질렀으니, 너는 온갖 집짐승과 들짐승 가운데서 저주를 받아 마땅하다. 너는 죽을 때까지 배로 기어 다니며 흙을 먹고 살아야 하리라. 너는 또, 여자와 원수가 되리라. 여자의 후손과 네 후손도 서로 원수가 되리라. 너는 여자의 후손의 발꿈치를 상하게 할 것이지만, 여자의 후손은 네 머리를 상하게 할 것이다."

하나님은 이때 이미, 메시아가 오실 것을 말씀하신 것이었다. 여기에서 '여자의 후손'이란 남자와 여자 사이에서 생겨날 후손이 아니라, 여자 혼자 성령에 의해 잉태하여 태어날 메시아, 곧 예수 그리스도를 지칭한다. 처녀의 몸에서 태어날 '여자의 후손'이 장차 사탄을 이기고 인류를 죄와 죽음에서 건져낼 것임을 예언하신 것이다.

하와에게도 마땅한 벌이 내려졌다.

"너는 아기를 낳을 때마다 큰 고통을 겪어야 하리라. 남편을 네 마음대로 조종하고 싶겠지만, 오히려 남편의 지배를 받으리라."

아담에게도 벌이 내려졌다.

"네가 아내의 말만 듣고 내가 먹지 말라고 했던 열매를 먹었으니, 너는 평생동안 힘들게 일을 해야만 먹고 살 수가 있으리라. 땅이 저주를 받았으므로 가시덤불과 엉겅퀴가 무성할 것이며, 이마에 땀을 흘리지 않고는 곡식을 거두어들이지 못하리라."

모든 것이 편안하고 풍족했던 에덴 동산에서의 삶은 하루아침에 막을 내렸다. 고달픈 인생길이 시작된 것이다. 하지만 하나님의 벌은 여기에서 그치지 않았다. 금단의 열매를 먹으면 반드시 죽으리라고 경고하신 대로, 사람에게 무서운 죽음의 저주가 내려졌다.

"너는 본래 흙으로 빚어졌으니 흙으로 돌아갈 것이다."

아담과 하와, 에덴 동산에서 추방당하다 창 3:20–24

하나님은 아담과 하와가 무화과 잎사귀로 치부를 가린 것을 보고는 가죽옷을 지어 입히셨다. 가죽옷을 지어 입히기 위해서는 짐승의 희생이 따랐을 것인데, 이처럼 희생 동물의 피로 인간의 수치가 가리어질 수 있었다. 장차 예수 그리스도의 십자가의 피로 인류의 수치가 가리어진 것처럼.

하나님은 아담과 하와를 에덴 동산에서 쫓아내셨다. 그것은 불가피한 일이었다. 에덴 동산에는 선악과만 있었던 것이 아니고, 생명나무 열매도 있었다. 생명나무 열매를 먹으면 영원히 죽지 않는다. 이제 선과 악을 분별하게 된 아담과 하와가 생명나무 열매를 따 먹는 날에는 죄와 더불어 영생할 것이다.

죄가 무엇인지조차 모르는 애초의 아담과 하와에게는 영원한 생명을 누릴 만한 가치와 자격이 있었다. 하지만 그들은 하나님의 말씀에 복종하지 않고 사탄의 유혹에 넘어감으로써 형벌을 불러왔다. 그들 스스로 타락의 길을 걸은 것이다.

"너희는 흙에서 왔으므로 흙을 갈아 농사를 짓도록 하여라."

아담과 하와는 농사를 짓지 않아도 모든 것이 풍족했던 에덴 동산에서 쫓겨났다. 이제부터는 이마에 땀을 흘려 농사를 짓지 않으면 먹고 살기가 힘들게 된 것이다.

하나님은 그들이 다시 낙원으로 들어오지 못하도록 천사들을 에덴 동산의 입구에 배치하시고, 생명나무에 이르는 길목에는 칼날처럼 날카롭게 이글거리는 불을 두어 접근을 막았다.

인류의 타락과 대홍수

가인이 동생 아벨을 죽이다 창 4장

에덴 동산에서 쫓겨난 아담과 하와에게는 거칠고 힘든 삶이 기다리고 있었다. 메마르고 거친 땅에 스스로 거주지를 마련해야 했고, 땀 흘려 먹을 것을 장만해야 했다. 그러는 중에도 첫 아기가 태어나, 잠시나마 시름을 잊을 수 있었다. 그들은 첫 아이의 이름을 '가인'이라고 지었다.

그 후 하와는 다시 임신하여 가인의 아우 '아벨'을 낳았다. 아이들은 쑥쑥 자라나 첫째인 가인은 농사를 짓는 농사꾼이 되었고, 아우인 아벨은 양을 치는 목자가 되었다. 둘은 어려서부터 부모님이 제단을 쌓고, 그 위에 제물을 올려 하나님께 제사 드리는 모습에 익숙했다. 그래서 두 형제도 그들의 수확으로 제사를 드렸다. 가인은 농산물로, 아벨은 양의 첫 새끼로 제물을 삼았다.

하나님은 정성이 담긴 아벨의 제물은 기쁘게 받으셨지만, 가인의 제물은 받지 않으셨다. 가인은 제물을 바치면서도 감사하는 마음이 없이 불만만 가득했기 때문이다. 가인은 잔뜩 화가 났다. 하나님에 대한 불만에다 아우에 대한 시샘과 증오로 안색이 붉게 변했다. 하나님은 그런 가인을 나무라셨다.

"무엇 때문에 그렇게 화를 내느냐? 왜 안색이 그렇게 변하느냐? 네가 올바른 마음으로 제물을 바쳤다면 내가 왜 받아들이지 않았겠느냐? 그렇게 분노를 다스리지 못한다면, 죄가 네 마음의 문 앞에 도사리고 앉아 있다가 너를 삼키고 말 것이다."

하나님의 경고에도 불구하고 가인은 자기 마음을 다스릴 수가 없었다. 아우에 대한 질투심이 불같이 타올라 견디기 어려울 때가 많았다.

어느 날, 가인은 동생 아벨에게 함께 들판으로 나가자고 꼬드겼다. 한적한 곳에 이르자, 가인은 갑자기 아벨에게 달려들어 그를 쳐 죽이고 말았다. 인류 최초의 끔찍한 살인 사건이었다.

형이 아우를 쳐 죽인 이 비극은 당사자간의 직접적인 이해 관계나 원한 관계가 없는데도 발생하였다는 점에서 충격적이다. 시기와 질투가 분노를 낳고, 분노를 다스리지 못해 결국 끔찍한 죄를 짓고 만 것이다. 살인 사건이 있은 후, 하나님이 가인에게 물으셨다.

"네 아우 아벨은 어디 있느냐?"

"모릅니다."

가인은 천연덕스럽게 대답했다. 그는 오히려 하나님께 대들듯 따졌다.

"제가 아우를 돌보는 사람입니까?"

"가인, 네가 엄청난 일을 저질렀구나. 아벨의 피가 땅에서 나에게 울부짖고 있다."

그제서야 가인은 고개를 떨구었다. 하나님이 엄숙하게 선언하셨다.

"이제 너는 더 이상 땅을 갈아 먹고 살 수가 없다. 땅이 입을 벌려 네가 죽인 아벨의 억울한 피를 받아들였다. 그러니 네가 아무리 땅을 갈아 씨를 뿌려도 땅은 더 이상 낟알을 여물게 하지 않을 것이다. 그러니 이제 너는 정처없이 떠도는 방랑자 신세가 되어야 하리라."

가인은 하나님께 호소했다.

"너무나 가혹하십니다. 정처없이 헤매고 다니노라면 저를 만나는 사람들은 저를 죽이려고 할 겁니다."

이제 막 자기 동생을 죽인 가인이, 죽음을 두려워하고 있었다.

"그런 걱정은 하지 말아라. 내가 네 몸에 표標를 해 주마. 누구든지 너를 죽이는 자는 내가 일곱 배로 벌할 것이다."

가인은 하나님을 떠나갔다. 그는 에덴 동산의 동쪽 땅으로 가서 후손을 낳고 살았다. 가인의 후손들은 세상 문명을 일구며 나날이 번성해 갔다. 한편, 하나님은 슬픔과 허전함에 빠져있는 아담과 하와 부부에게 '셋'이라는 아들을 주셨다.

인류의 조상들과 인구의 급속한 증가 창 5장

에덴 동산 이후, 성경에는 아담의 가족 4인의 이름만 기록되어 있다. 아담과 하와, 가인과 아벨이 그들이다. 그렇다면 가인이 자기를 죽일지도 모른다고 두려워한 사람들은 누구이며, 가인의 아내는 어디에서 왔을까?

성경은 단순한 역사책이 아니라, 하나님이 구원의 길을 보여주시고자 의도하신 특별 계시의 책이다. 따라서 성경은 하나님의 구속 역사救贖歷史의 큰 줄기만을 기록할 뿐, 구구한 설명과 자세한 상황은 생략한다.

이런 관점에서 살펴보면, 오랜 수명을 누린 아담과 하와 사이에서 태어난 자식들은 두 형제뿐 아니라, 많은 아들 딸이 있었을 것이 분명하다. 그들은 불가불 근친 결혼으로 가정을 이루어야 했을 것이다. 이렇게 아담이 생존해 있는 세대 동안만 해도, 아담의 후손이 후손을 낳고, 그 후손이 또 후손을 낳음으로써, 인류의 수효는 자꾸만 불어났을 것이다.

인구는 기하급수적으로 증가하였다. 아담이 930세를 살았다고 하니, 얼마나 많은 자손을 두었을까. 아담뿐 아니라, 아담의 후손들도 긴 수명을 누렸다. 인류의 1세대 아담에 이어 2세대인 셋은 912세, 3세대인 에노스는 905세, 4세대인 게난은 910세, 5세대 마할랄렐은 895세, 6세대인 야렛은 962세를 살았다. 7세대인 에녹은 365년을 살던 중 하늘나라로 갔고, 에녹의 아들인 8세대 므두셀라는 인류 역사상 최장수의 기록인 969세까지 살았고, 9세대인 라

멕은 777세를 살았다. 아담의 10대손인 노아는 950세를 살았다.

아담으로부터 노아에 이르는 고시조 10세대의 평균 수명은 무려 912세였다. 아담으로부터 10대 손까지의 기간은 2천 년 정도이다. 아담에서부터 10대 손에 이르기까지, 인류의 조상들은 성경에 거론된 한 사람씩만 출산한 것이 결코 아니다. 성경에 나타난 인물들은 각 세대의 대표일 뿐이다. 10대에 걸쳐 평균 912세를 살면서 이천 년 동안 얼마나 많은 자녀들을 낳았을 것인지, 가히 상상해 볼 수 있다.

하지만 아담에서 셋으로 이어지는 계보만 있었던 것이 아니다. 하나님 앞을 떠나 살게 된 가인의 계보도 따로 있다. 이렇게 아담에서부터 노아에 이르는 2천여 년 동안 땅 위에는 인구가 급속하게 불어났다.

대홍수와 노아의 방주 창 6:1–9:17

구름 한 점 없는 화창한 어느 날, 노아네 일가족 여덟 명은 모두 나서서 땀을 뻘뻘 흘리며 배를 만들고 있었다. 고기잡이를 하는 집안도 아닌데 웬 배란 말인가? 더구나 그곳은 바닷가가 아니라 산속이었다. 그들은 잣나무를 베고 자르고 다듬어서 거대한 한 척의 배를 만들고 있었다. 그들이 배를 만들기 시작한 것은 벌써 여러 해 전이었다. 이웃들은 이런 노아 가족을 기이한 눈초리로 바라보았다.

"아무래도 이해할 수가 없어. 이런 산속 마을에서 저렇게 큰 배를 도대체 무엇에 쓰겠다는 거지?"

"암만해도 제 정신이 아닌 것 같아."

"미쳐도 혼자서 미쳐야지, 온 가족이 한꺼번에 모두 미친단 말인가?"

"낸들 알겠나. 이 산속 마을에서 배를 만드는 것도 미친 짓이지만, 저 큰 배를 어떻게 바다에까지 끌고 내려가 띄운단 말인가? 저 큰 배를 바다로 끌어 내렸다고 치자구. 저걸 뭐에 써먹어?"

"그러니까 미친 짓이지."

사람들은 낄낄대며 조롱했다. 처음엔 동네 사람들이 모여들어 비아냥거리더니, 나중엔 아주 멀리에서까지 사람들이 몰려와 구경하며 조롱하였다.

"하늘에 구멍이라도 뻥 뚫려 대홍수가 난다면 혹 모르지, 이 높은 산까지 물에 잠기게 될지… 그렇지 않는 담에야 저 배가 뜰 날은 없을 것 같아, 안 그런가? 하하하."

"그래그래. 그 말이 맞아. 하하하."

"여러분…!"

노아가 톱질을 멈추고 구슬땀을 손등으로 씻어내더니 허리를 펴고 사람들을 향해 말했다.

"저 미친 늙은이가 지금 우리들한테 무슨 말을 하려나 본데?"

"글쎄, 무슨 할 말이 있는 게지? 물론 미친 소릴 테지만 말일세."

"여러분, 내 말을 들어 보시오."

노아가 목청껏 소리치자 사람들이 잠시 입을 다물었다. 모두 노아의 입을 주목했다.

"난 지금 배를 만드는 게 아니라, 방주方舟를 만드는 중입니다. 방주는 물건을 많이 싣고 물 위에 떠 있으려는 용도지요. 배처럼 어디에서 어디로 가기 위한 용도가 아니란 말입니다."

"미친 늙은이치고는 똑똑한데? 방주와 배를 다 구별할 줄 알다니…."

"저 늙은이가 무슨 소릴 하는지 어디 더 들어 보자구."

노아가 진지하게 말을 이어 나갔다.

"하나님이 제게 말씀하셨습니다. 세상이 너무 악하고 부패하여 온 땅을 다 쓸어 버리겠다고 하셨습니다. 무시무시한 대홍수가 온 땅을 휩쓸어 숨쉬는 모든 생명들이 다 죽게 될 것입니다. 사람들이 타락했고, 죄가 온 땅에 가득 찼기 때문입니다. 여러분이 저와 제 가족을 조롱할 시간에 자신들의 죄를 회개하는 것이 더 현명하지 않겠습니까."

"저런 미친 늙은이…."

사람들은 노아의 훈계에 부아가 치밀어 고래고래 욕설을 퍼붓고, 돌을 집어

던졌다. 그러나 노아 일가족은 조금도 흔들림이 없이 하던 일을 계속할 뿐이었다.

아담이 에덴 동산에서 쫓겨난 후 아담의 10대손인 노아의 때까지는 대략 2,000년. 그 동안 땅 위에는 사람들로 번성했다. 그러나 사람들이 많아진 그만큼 세상에는 온갖 죄악이 넘쳐났다. 마침내 하나님은 세상을 큰 물로 대청소하시기로 작정하셨다. 그러나 노아만은 하나님을 믿고 의로운 삶을 살았기 때문에, 그와 그의 가족만은 구해주기로 하셨다. 하나님은 노아에게 세상을 큰 물로 심판하실 것이라고 알려주시면서 큰 배를 지으라고 명하셨다.

하나님의 명령을 받고 노아가 방주를 짓기 시작한 것은 그의 나이 480세 때였다. 노아는 가족들과 함께 하나님이 지시하신 소재와 규격과 모양대로 무려 60~70년에 걸쳐 거대한 방주를 만들었다. 주로 잣나무를 소재로 방주를 짓고, 물이 조금도 스며들지 못하도록 안팎에 끈끈한 역청을 빈틈없이 칠하였다.

3층으로 된 방주의 규격은 길이가 대략 137m, 폭이 23m, 높이는 14m 정도였다. 이 같은 규모로 지어진 방주 갑판의 총면적은 9,000m^2쯤 되었고, 전체 적재 용량은 39,500m^3로, 오늘날 13,960톤 규모의 배와 맞먹었다.

쉽게 말하자면, 노아의 방주의 길이는 오늘날 미식 축구장의 길이보다 30m 정도 더 길었고, 높이는 현대식 5층 건물의 높이와 비슷한 규모였다. 이렇게 만들어진 방주는 단지 짐을 싣고 물 위에 둥둥 떠 있기만 하면 되었으므로, 한 대당 75m^3의 짐을 실을 수 있는 철도 화차로 따진다면, 대략

530대 분량의 짐을 실을 수 있는 용량이었다.

마침내 거대한 방주가 모습을 드러냈다. 무려 120년이 걸린 대역사였다. 하나님께서 노아에게 말씀하셨다.

"내가 너에게 암수 한 쌍씩 동물들을 보내주겠다. 날아다니는 새들과 기어다니는 곤충들, 들판을 뛰노는 야생 동물들, 들에서 일하는 가축들을 모두 보내주겠다. 몸집이 큰 기린과 코끼리는 물론이고, 북극곰이나 사자도 다 네게 보내줄 테니, 모두 배에 태우도록 하여라."

살아 숨쉬는 모든 생명체들이 방주를 향해 모여들었다. 노아와 가족들은 동물 가족들이 먹을 사료들도 방주 안으로 차곡차곡 들였다. 깨끗한 짐승은 암컷과 수컷 일곱 마리씩, 깨끗하지 않은 짐승은 암컷과 수컷 한 마리씩 들였다.

노아와 일가족과 땅 위에서 숨쉬는 모든 짐승들이 방주 안으로 들어간 지 이레째 되는 날, 노아가 600세 되던 해의 2월 17일이었다. 하늘이 뚫린 듯 비가 장대같이 쏟아져 내리기 시작했다.

물이 불어나서 노아 일행이 탄 방주가 물 위에 뜨기 시작했고, 이리저리 떠다닐 정도가 되었다. 그러고도 비는 멈추지 않아, 땅 위에 솟아 있는 높은 산봉우리까지도 물 속에 잠겼다.

비는 밤낮을 가리지 않고 40일 동안 쉴 새 없이 쏟아져 내렸다. 땅밑에서도 깊은 샘물이 계속해서 터져 솟아올랐다.

땅 위에서 살아 움직이던 모든 육지 동물들은 다 죽었다. 비가 그치고 오래간만에 해님이 얼굴을 내밀었지만, 세상은 온통 물뿐이었다. 물은 150일 동안이나 온 땅을 뒤덮고 있었다.

그 해 7월 17일에는 물이 어느 정도 빠졌는지, 노아의 방주가 아라랏 산 봉우리에 걸리게 되었다. 10월 1일이 되자 높은 산봉우리들이 듬성듬성 모습을 드러냈다.

노아는 땅의 형편을 알아보려고 까마귀 한 마리를 방주 바깥으로 날려보냈다. 까마귀는 땅에서 물이 마를 때까지 이리저리 날아 다니기만 했다.

노아는 땅에서 물이 빠졌는가를 알아보려고 비둘기 한 마리를 날려 보냈다. 비둘기는 내려앉을 땅을 찾지 못하고 다시 배로 돌아왔다. 노아는 손을 내밀어 비둘기가 다시 배 안으로 돌아오게 해주었다.

노아는 그로부터 다시 일주일을 기다렸다가 다시 비둘기를 바깥으로 날려 보냈다.

"얘야, 멀리 날아가서, 좋은 소식을 가져다 주려무나."

해가 저물 무렵, 비둘기가 마침내 배로 돌아왔다. 비둘기는 이제 막 새로 움튼 올리브나무 잎사귀를 물고 있었다. 노아는 뭍이 드러나기 시작했다는 것을 알 수 있었다.

일 주일 후, 노아는 비둘기를 다시 날려 보냈다. 이번에는 비둘기가 다시 돌아오지 않았다. 내려앉을 땅을 만나 둥지를 튼 것이 틀림없었다.

노아가 601세 되는 해의 2월 27일, 그러니까 비가 내리기 시작한 지 1년 10여 일 만에, 노아 일가족과 방주 안의 모든 동물들은 방주 바깥으로 나왔다.

방주 밖으로 나온 노아는 가장 먼저 하나님 앞에 제단을 쌓고 희생 제물로 감사의 제사를 올렸다. 하나님은 노아에게 복을 주셨다.

"설령 인간들이 아무리 못된 짓을 하더라도 그것으로 인해 땅을 저주하는 일은 다시 없으리라. 이제 너희는 자손을 많이 낳아 번창하여라. 온 땅을 가득 채워라. 이제 다시는 너희를 홍수로 쓸어버리는 일이 없으리라."

그 순간 노아와 가족들이 문득 고개를 들어 올려다보니, 하늘에는 일곱 가지 빛깔의 무지개가 찬란하게 떠 있었다. 하나님이 말씀하셨다.

"저것은 내가 약속의 표시로 하늘에 걸어둔 무지개이니라. 다시는 이런 홍수를 일으키지 않겠다고 약속하마."

노아는 가족들과 함께, 또 방주에서 일제히 몰려나온 모든 짐승들과 곤충들과 새들과 함께 하나님을 찬양했다.

노아의 후손과 바벨탑 사건

노아와 그의 세 아들 창 9:18–10:32

대홍수 이후, 방주에서 나온 노아 가족은 방주가 머물렀던 아라랏 지역, 오늘날의 아르메니아 지역에 새로운 삶의 터전을 잡았다. 홍수 이후에 땅은 옥토가 되어 있었다. 노아 일가족은 아르메니아 고지대의 산비탈에서도 충분히 농사를 지을 수 있었다. 포도나무도 심고 가꾸었다.

대홍수 이후, 어느덧 많은 세월이 흘렀다. 어느 날, 노아는 포도주를 많이 마시고 크게 취했다. 노아는 벌거벗은 채로 자신의 장막 안에서 잠에 곯아 떨어져 있었다.

"아니, 세상에! 아버지가 벌거벗고 잠을 자고 있잖아?"

그 광경을 가장 먼저 목격한 둘째 아들 함이 깜짝 놀라 외쳤다.

"히히, 거참 우스운걸! 아버지가 저런 벌거숭이 모습을 다 보이다니…."

함은 재미있다는 듯 낄낄대며 웃었다. 그리고 형제들에게 달려갔다.

"셈! 야벳! 내가 무얼 봤는지 알아?"

"왜 그래? 뭐 신기한 것이라도 있어?"

셈과 야벳은 어리둥절해서 함에게 물었다.

"글쎄, 아버지가 말이지…."

함은 뭐가 그리 우스운지 혼자 낄낄거리며 말했다.

"아버지가 술에 취해 벌거벗고 주무시고 계셔."

"뭐? 그게 정말이야?"

함의 말을 듣던 셈과 야벳이 펄쩍 뛰었다.

"그렇다면 아버지 몰래 얼른 덮어 드려야 할 거 아냐?"

그리고는 옷을 집어들고 아버지의 장막으로 향했다.

셈과 야벳은 뒷걸음질로 천천히 아버지의 장막 안으로 들어간 다음, 가지고 온 옷으로 얼른 아버지의 아랫도리를 덮어 드렸다. 그때에도 둘은 얼굴을 돌린 채 아버지의 벌거벗은 모습을 보지 않았다.

얼마나 지났을까, 잠에서 깨어난 노아는 자신의 아랫도리에 덮혀 있는 옷을 보고는 상황을 눈치 챘다. 둘째 아들 함이 벌거벗은 자신을 보고 킥킥대고 웃었다는 것, 첫째 아들 셈과 막내 야벳이 자신의 아랫도리를 가려주었다는 것도 알게 되었다. 노아는 노한 음성으로 선포했다.

"가나안은 형제들에게 비천한 종이 될 것이다."

가나안은 둘째 아들 함의 아들이었다. 노아는 함을 직접 저주한 것이 아니라, 함의 아들 가나안을 통해 함을 저주한 것이다.

"셈의 하나님, 여호와는 찬양을 받을 것이다. 가나안은 셈의 종이 될 것이다."

자신의 수치를 덮어준 첫째 아들 셈에게는 영적이고 종교적인 축복을 내렸다.

"야벳은 흥왕하게 될 것이다. 하나님께서 그에게 더 많은 땅을 줄 것이다. 가나안은 그의 종이 될 것이다."

셈과 함께 자신의 실수를 덮어준 셋째 아들 야벳에게는 물질적이고 세상적인 축복을 해주었다.

노아의 예언은 그대로 성취되었다. 대홍수 이후, 인류는 노아와 그의 세 아들로 말미암아 온 땅으로 후손이 퍼져 나갔다. 대체적으로 셈 계통은 오늘날 중근동 아시아권을, 함 계통은 아프리카권을, 야벳 계통은 아리안 족 혹은 인도게르만 족이라 불리는 유럽권을 형성하였다.

바벨탑 사건과 인류의 분산 창 11:1-10

대홍수 직후에는 노아의 일가족 여덟 명밖에 없었지만, 세월이 흘러감에 따라 노아와 세 아들 및 그들의 가족들에 의해 인구가 폭발적으로 불어났다. 하나님이 '자식을 많이 낳아 온 땅을 가득 채우라'고 특별한 복을 내려주셨기 때문이다.

사람들은 끼리끼리 갈라지게 되었고, 여기저기 흩어져서 살았다. 더 살기 좋은 조건을 찾아 떠돌던 사람들은 유프라테스 강과 티그리스 강 사이의 비옥한 평야 지대를 발견하고, 거기에 정착하여 살기 시작했다. 메소포타미아의 시날 땅이 바로 그곳이었다.

사람들이 모여서 정착 생활을 하면 거기에는 조직이 형성되고, 조직에는 우두머리가 생기게 마련이다. 시날 땅에 사는 사람들을 다스리는 최초의 우두머리는 '니므롯'이라는 사람이었다. 야심만만한 기질을 지닌 그는 특출한 지도자였다.

니므롯은 시날 땅에 높은 탑을 쌓기로 작정했다. 사람들이 사냥을 나간다든지 다른 먹거리를 구하려고 멀리 가더라도 이 탑을 보고는 길을 찾을 수 있도록 하기 위함이었다. 더구나 높은 탑을 쌓게 되면, 다른 지역에 사는 사람들이 자신들의 위용과 힘을 알아주지 않을 수 없을 것이었다. 높이 높이 탑을 쌓다 보니, 지혜가 생겼다.

그들은 돌 대신 흙으로 벽돌을 만들어서 사용하기 시작했다. 벽돌과 벽돌 사이에는 진흙 대신에 역청을 사용하여 탑을 더 견고하게 쌓을 수 있었다.

“우리가 쌓은 이 거대한 탑은 누구도 쓰러뜨리지 못할 거야.”

지도자 니므롯은 사람들에게 야심을 불어넣었다.

“높이 높이 탑을 쌓읍시다. 하늘까지 닿도록 탑을 쌓읍시다. 계속해서 탑을 쌓으면 하나님이 계신 곳까지 올라갈 수 있을 것입니다. 그러면 우리는 하나님과 동등하게 될 수 있습니다.”

그들은 어느새 하나님처럼 되기 위해 선악과를 따 먹었던 과거를 까맣게 잊고 있었다.

하루가 다르게 탑이 높아져 갔다. 그들은 신바람이 났고 우쭐해졌다. 하나님도 별거 아니라는 생각이 들기 시작했다. 그런 모습을 내려다보신 하나님은 인간들의 행위가 가소롭고 기가 막혔다.

“도대체 어쩌려고 인간들이 이러는 것인가? 이대로 내버려두었다간 못할 짓이 없겠구나.”

하나님은 스스로 말씀하셨다.

“자, 그러니 내려가서 저들이 사용하는 언어를 섞어 놓자. 그래서 서로 뜻이 통하지 못하도록 하자.”

인간들의 언어가 여러 가지로 나누어진 것은 바로 이때부터였다. 방금까지 말이 통하던 사람들끼리 더 이상 의사소통을 할 수 없는 상황이 벌어지기 시작했다. 바벨탑 쌓기는 저절로 중단되었다.

사람들은 이제 서로 말이 통하는 부류끼리 모이게 되고, 자기들끼리 행동할 수밖에 없었다. 사람들은 그때부터 그곳을 ‘바벨’이라 불렀는데, ‘바벨’은 ‘혼잡’이라는 뜻이다. 하나님의 개입으로 언어가 혼잡하게 된 데서 그렇게 불리게 된 것이다.

아브람의 소명과 하나님의 약속

하나님이 아브람을 선택하여 부르시다 창 12:1–9

바벨탑 사건 이후, 사람들은 여기저기 흩어져 살았다. 말이 통하는 사람들끼리 한데 모여 마을을 형성하고, 사회를 구성하고, 각자 독특한 문명을 일구었다.

시날 평야의 남쪽 유프라테스 강변에서 멀지 않은 우르 지방은, 일찍부터 문명이 발달된 곳으로, 데라의 일가가 살고 있었다. 데라는 아브람이라는 아들과 며느리 사래, 그리고 아버지를 여읜 손자 롯을 데리고 함께 살고 있었다.

어느 날, 하나님의 말씀이 데라의 아들 아브람에게 임했다.

"너는 고향을 떠나라. 네 친척과 고향 사람들을 떠나 내가 가라고 하는 곳으로 가거라. 나는 네 후손이 엄청나게 불어나게 하여 큰 민족을 이루게 하겠다. 뿐만 아니라 너에게 복을 줄 것이고, 땅 위의 모든 백성들이 너를 통해 복을 받을 것이다. 누구든지 너에게 복을 빌어 주면 내가 그에게 복을 내리겠다. 너를 저주하는 사람은 내가 그를 저주하겠다. 땅 위에 살고 있는 사람들은 모두 너를 통하여 복을 받을 것이다."

하나님의 부르심을 받을 당시, 아브람의 나이는 75세였다. 아브람은 하나님의 말씀에 따라 부친 데라를 모시고, 아직 아이를 낳지 못한 아내 사래와 조카 롯과 함께, 오랫동안 살아온 고향을 떠났다. 우르를 떠나 하란을 거쳐, 멀리 지중해를 끼고 있는 서북쪽의 땅 가나안으로 향했다. 아브람의 부친 데라는 하란에서 205세를 일기로 죽었다.

왜 하나님은 아브람을 불러내셨을까? 그 답은 먼 옛날, 아담과 하와가 에덴 동산에 살고 있던 때로 거슬러 올라가야 나온다. 하와가 사탄의 유혹에 빠져 금단의 열매인 선악과를 따 먹었을 때, 하나님은 사탄에게 장차 '여자의 후손'이 그의 머리를 상하게 할 것이라고 저주하셨다. 사탄이 이 세상에 죄와 죽음을 가져오게 하였지만, 하나님은 '여자의 후손'을 통해 사탄을 이기고 인류를 죄와 죽음에서 구원하실 것이라고 약속하신 것이다.

바로 그 일을 이루기 위하여 하나님은 아브람을 선택하셨다. 언젠가는 아브람의 혈통을 통해 여인의 후손 곧 구세주가 태어나실 것인데, 그가 사탄의 권세를 깨뜨리고 인류를 죄와 죽음에서 건져내어 하나님이 본래 사람에게 주셨던 영생을 회복시킬 것이었다. 아브람의 후손으로 장차 이 땅에 오실 여인의 후손, 그가 바로 하나님의 아들 '예수 그리스도'이다.

아브람이 고향과 친척의 땅을 떠난 것은 대단한 믿음과 결단 없이는 힘든 것이었다. 오랫동안 살던 터전을 떠나 머나먼 낯선 곳으로 이주한다는 것은 모험 중의 모험이었다. 하지만 아브람은 하나님을 믿고 말씀에 순종하여 많은 가축과 종들을 거느리고 가나안 땅으로 출발하였다. 거대한 행렬이었다.

아브람은 부자였다. 많은 종이 있었고, 그 종들의 자녀들도 있었다. 여행을 떠날 당시에 벌써 일흔다섯이었지만, 당시는 2백 세 가까이 살던 시절이었으므로 아직은 늙은이 축에 속하지 않았다. 아브람보다 열 살 아래인 아내 사래는 뛰어난 미모의 귀부인이었다. 아직 한 번도 자식을 낳지 못

하였으므로, 비단 옷을 입고 낙타에 높이 올라탄 그녀의 모습은 귀부인 특유의 위엄이 넘쳐 흘렀다. 아브람의 이주移住 행렬은 마치 마을 하나가 이동하는 것 같은 볼 만한 광경을 연출했다.

아브람 일행은 우르에서 하란까지 1,000km, 하란에서 가나안까지 500km나 되는 길고 먼 여행 끝에 마침내 가나안 땅에 들어섰다. 그 땅의 중앙 고지대에 있는 세겜에 도착하자 하나님이 다시 나타나셨다.

"아브람아, 이 땅을 네 후손들에게 주겠다."

아브람은 그곳에 제단을 쌓고 하나님께 희생 제물을 바쳤다.

아브람과 사래가 이집트에서 곤경에 빠지다 창 12:10–20

아브람은 여기에서 남쪽으로 이동하여 가나안 땅의 남부 지역에 정착했다. 어느 해인가, 가나안 땅에 심한 가뭄이 들었다. 아브람은 식솔들을 이끌고 한 번도 땅이 마르지 않는다는 이집트의 나일 강 주변으로 내려가 살기로 했다. 아브람에게 딸린 식솔과 가축들이 살아가려면 무엇보다도 물이 풍부하지 않으면 안 되었기 때문이었다.

이집트가 가까워지자, 아브람의 마음이 불안해졌다. 아내 사래 때문이었다. 아내 사래가 워낙 미인이어서, 이집트의 왕이 빼앗아갈지도 모른다는 불안감이 들었던 것이다. 당시에는 나그네의 재산과 여인을 빼앗는 일이 너무 흔했다. 많은 일행을 이끄는 족장族長 아브람이 이집트 땅에 들어가면 그곳 사람들의 화제가 될 것이고, 사래의 빼어난 미모가 그들의 관심사가 될 것이 분명했다. 그렇다면 하나님을 모르는 이집트 사람들이 사래를 빼앗기 위해 무슨 짓을 할지 누가 알겠는가.

"여보, 당신은 보기 드문 미인이오. 그 점이 내 마음에 계속 걸리는군요."

"그게 왜 당신을 불안하게 하죠?"

사래는 단순하게 생각한 모양이다.

"이집트 사람들이 당신을 빼앗기 위해 날 죽일 수도 있단 말이오."

사래는 설마 그런 일이 생기겠느냐는 눈빛일 뿐이다.

"그래서 말인데, 이집트 사람들에겐 당신을 내 누이라고 합시다. 그러면 나를 죽이기는커녕 오히려 극진히 대우해줄지도 모르잖소."

"그것도 틀린 말은 아니군요. 우린 남매 사이이기도 하니까요."

사실이었다. 아브람과 사래는 배가 다른 오누이 관계였던 것이다. 아브람의 일행이 이집트 땅에 들어가자 과연, 사래가 보기 드문 미인이라는 소문이 삽시간에 퍼져 나갔다. 아브람이 걱정한 그대로였다. 발 없는 말이 천 리를 간다고 하지 않던가. 소문은 즉시 왕의 신하들의 귀에도 들어갔고, 신하들은 보기 드문 미인이 나타났다고 파라오에게 자랑했다. '파라오Pharaoh'는 '큰 집'이라는 뜻으로, 이집트 왕을 일컫는 공식 명칭이다.

"가나안에서 온 아브람의 일행은 가족은 몇 안 되지만 종들이 많고, 종들에게도 딸린 가족들이 많습니다. 가축 떼도 엄청난 목축업자입니다."

"미인이라고 하는 그 여자가 그 목축업자의 누이라고 했던가?"

"그렇다고 합니다, 폐하."

파라오는 침을 꿀꺽 삼켰다. 파라오에게는 이미 많은 후궁後宮들이 있었다. 그러나 모두가 이집트 여인들이었다. 가나안 땅에서 온 미인, 아니 저 멀리 메소포타미아에서 온 미인은 없었다. 파라오의 호기심과 탐욕이 꿈틀거렸다. 내 나라에 들어온 사람이니, 내가 어떻게 해도 괜찮다는 절대 권력자의 생각을 누가 막을 수 있으랴.

"그 여인과 오라비 되는 사람을 왕궁으로 초청하여라. 그리고 여인의 오라비에게 줄 선물을 준비하여라."

파라오는 아브람과 사래를 왕궁으로 초청하여 큰 잔치를 베풀었다. 이집트 왕은 아브람을 크게 환대하면서, 선물을 푸짐하게 주었다. 많은 종들을 보내주고, 낙타와 소와 나귀와 양 또한 입이 벌어질 만큼 주었다. 아브람이 더 큰 부자가 된 것이다. 하지만 아브람은 그 대가로 아내 사래를 왕의 후궁으로 왕궁에 남겨두어야 했다.

아브람은 허탈하게 왕궁에서 물러났다. 절세의 미인을 후궁으로 맞게 된 이집트 왕은 날아갈 듯한 기분이었다.

그런데 이게 무슨 괴인한 일인가! 그날 밤 파라오의 왕궁에 갑작스레 무서운 질병이 번졌다. 왕 자신은 물론이고 왕자와 공주 등 왕의 가장 가까운 가족들에게 병이 번져나갔다. 왕궁이 발칵 뒤집혔다. 왕궁의 의사들이 급히 불려 들어갔다. 신하들도 모두 소집되어, 긴급 대책 회의가 열렸다.

"제 생각은, 히브리 여인이 왕궁으로 들어오고 난 후에 이런 일이 벌어진 것을 보면, 아무래도 히브리 여인이 부정 탄 여자일지도 모른다는 느낌이 듭니다. 지금까지 한 번도 왕궁에 이런 일이 생긴 적이 없지 않습니까?"

여러 의논 끝에, 한 신하가 이런 발언을 하자 모두들 이구동성으로 그 말에 동의하였다.

"저도 처음부터 그런 생각을 했습니다. 필시 가나안 땅에서 온 그 여인이 화를 불러온 걸 겁니다."

"그렇다면 문제는 의외로 간단하겠군요. 그 여인에게 직접 알아보면 될 거 아닙니까?"

"맞습니다. 그러나 후궁으로 들어온 여인에게 우리가 접근할 수는 없는 노릇이니, 폐하께서 직접 알아보시도록 권하는 게 순서일 듯합니다."

"당장 그렇게 합시다. 시간을 끌다가 폐하와 왕자님들과 공주님들에게 무슨 일이라도 생기면 큰일입니다."

신하들의 보고를 받은 파라오는 즉시 사래를 불러, 사정을 알아보았다. 사래의 입에서 뜻밖의 고백이 튀어 나왔다.

"저는 사실, 아브람의 아내입니다. 이복 남매 사이인데 결혼을 했습니다. 아마도 우리의 신 여호와께서 진노하신 모양입니다."

그 말을 들은 파라오는 겁이 났다. 자신뿐만 아니

라 가족들에게 무슨 불행이 생길지 몰랐다. 파라오는 즉시 아브람을 왕궁으로 다시 불러들였다.

"아브람, 당신은 왜 내게 당신의 아내를 누이라고 속였소? 처음부터 당신의 아내라고 말했으면 내가 그녀를 후궁으로 맞아들였겠소? 지금 당장 아내를 데리고 나가시오. 당신들의 신이 무섭소."

파라오는 이어 말했다.

"즉시 내 나라에서 떠나시오. 모든 재산과 사람들을 다 데리고 가시오. 조금이라도 지체하면, 군사들을 보내 강제로 추방시킬 것이오."

아브람은 아내와 모든 일행을 이끌고 이집트 땅을 떠났다.

아브람이 조카 롯을 떠나 보내다 창 13장

가나안 땅으로 다시 돌아온 아브람은, 이집트 왕의 선물로 더욱 불어난 가축 때문에 정착할 만한 땅을 찾기가 힘들었다. 게다가 조카 롯의 가축들도 상당하여, 목장과 물이 부족했다. 그러다 보니 아브람의 종들과 롯의 종들 사이에 싸움이 벌어지는 일도 드물지 않았다. 이러다가는 삼촌과 조카 사이가 나빠질 우려까지 있었다. 깊은 생각 끝에 아브람이 결단을 내렸다.

"롯아, 너와 나는 한 핏줄이다. 우리가 다투어서야 되겠느냐. 충돌을 피하려면 아무래도 서로가 떨어져서 살아야 할 것 같다. 네 생각은 어떠냐?"

"옳은 말씀입니다. 종들끼리 싸우는 일이 빈번해져서 민망합니다."

"너도 같은 생각이라면, 서로 떨어져서 살기로 하자. 저기 보이는 들녘 어디든 네가 좋다고 생각하는 곳을 먼저 선택하여라. 네가 왼쪽을 택하면 난 오른쪽으로 가고, 네가 오른쪽을 선택하면 난 왼쪽으로 가마."

주변을 한참 둘러보던 롯은 소알까지 이어진 동편의 요단 강 주변을 선택하였다. 물이 넉넉하고 풀도 많은 비옥한 벌판이었다. 마치 이집트의 나일 강 유역처럼 기름진 땅이었다.

"네가 좋다면 그리로 가거라. 나는 가나안 땅에 그대로 있겠다."

롯은 좋은 땅으로 선택해서 그곳으로 떠났다. 그는 그 들녘을 중심으로 천막을 옮겨 다니며 가축을 기르다가, 멀리 성읍들이 여러 개 있는 남쪽으로 점차 이동하여 소돔 성 근처에 머물렀다.

아브람이 조카 롯을 떠나 보낸 후, 하나님이 가나안 땅에 머물고 있는 아브람에게 나타나셨다.

"눈을 들어 동서남북을 바라보아라. 네 눈에 보이는 온 땅을 너와 네 자손에게 주겠다. 뿐만 아니라 네 자손이 땅의 티끌처럼 불어나게 하겠다."

아브람은 의문이 들지 않을 수 없었다. 그들 부부에게는 아직 자식이 없었다. 더구나 이제는 많이 늙어서 자식을 낳기는 그른 일인 것 같았다. 자식이 아무도 없는데 어떻게 후손들이 많아진다는 것인가? 그것이 과연 가능한 일일까?

현실적으로는 아무래도 불가능한 일이지만, 그런 약속을 하신 분이 누군가? 어떠한 불가능도 없는 하나님이 아닌가? 아브람은 믿음으로 그 약속을 받아들였다. 아브람은 식솔을 거느리고 가나안 땅 남부의 헤브론으로 이동하여 그곳에 천막을 치고 정착했다.

하갈과 이스마엘 창 15–16장

아브람이 고향을 떠나 가나안 땅에 들어온 지도 벌써 5년이 넘었다. 나이는 어느덧 80세를 훌쩍 넘겼고, 아들처럼 사랑하던 조카 롯은 멀리 떠나갔다. 아브람은 외로웠다. 자식 하나 없이 나이만 자꾸 먹어갔기 때문이다.

그러던 어느 날, 아브람에게 하나님이 다시 나타나셔서 똑같은 약속을 되풀이하셨다. 아브람은 그만 속내를 드러내고 말았다.

"하나님, 저에게는 아직 아들이 없습니다. 이대로라면 제 집에서 태어나고 제가 키운 종이 모든 재산을 물려받을 것입니다."

왜 지금껏 약속을 이행하지 않느냐는 실망이었다.

"아브람아, 그렇지 않을 것이다. 네 몸에서 태어나는 아이가 네 재산을 물려받게 되리라."

하나님은 아브람을 밖으로 나가게 한 후 말씀을 이어 가셨다.

"눈을 들어 하늘을 봐라. 저 별들을 셀 수 있을 만큼 세어 보아라. 네 자손이 저 별처럼 많아질 것이다."

하나님은 다시금 후손이 많아질 것이라고 약속하셨다. 아브람은 이번에도 하나님의 약속을 믿었고, 하나님은 그런 아브람의 믿음을 보시고 그를 의롭다고 여기셨다.

한편, 아브람의 아내 사래는 자식을 낳지 못한 것이 무척 서글펐다. 더구나 이제는 자식을 낳기엔 자신의 나이가 너무 많았다. 그 시절에, 결혼한 여자가 자식을 낳지 못한다는 것은 하나님의 저주로 여겨질 정도였다. 오랜 번민 끝에 사래가 아브람에게 말했다.

"하나님께서 저에게 자식을 주시지 않으시니, 내 몸종 하갈과 잠자리를 같이 하십시오. 하갈의 몸을 빌려 아이를 갖도록 하는 것이 좋을 듯합니다."

그럴 듯한 말이었다. 아브람도 더 이상 선택의 여지가 없다는 생각이 들었다. 아브람은 이집트에서 데려온 사래의 여종 하갈을 소실로 맞아들였다. 그때는 아브람이 가나안 땅에 들어온 지 대략 10년쯤 지난 때였다.

아브람의 아이를 임신한 하갈은 그때부터 갑자기 태도를 바꿨다. 자손이 없는 집에서 임신을 하였으니, 세상이 자기 것인 양 함부로 행동했다. 마치 자신이 안방마님인 양 여주인 사래를 업신여기기까지 했다. 사래는 아무래도 견디기가 어려웠다.

"여보, 하갈은 제가 당신께 내준 제 종입니다. 그런데 하갈이 주인인 나를 대하는 저 태도를 보세요. 마치 자기가 여주인인 듯 행세합니다. 이럴 수가 있나요?"

하갈이 아이를 임신한 것은 무척 기뻤지만, 아브람도 이건 아니다 싶었다.

"하갈은 당신의 종이니 당신 좋을 대로 하구려."

사래는 하갈을 불러 몹시 야단을 쳤다. 또다시 거들먹거리면 그냥 두지 않겠다고 엄포를 놓았다. 하갈은 사래가 두려운 나머지 몰래 집에서 도망치고 말았다.

아브람의 장막에서 도망쳐 나온 하갈은 어디로 가야 할지 몰라 광야를 헤매었다. 광야는 거칠고 험한 곳이다. 도처에 전갈과 독사가 있고, 사나운 들짐승들이 있었다. 강도를 만날 수도 있었다.

하갈은 두려움으로 몸을 떨었다. 임신까지 한 몸이라 동작이 여간 힘든 게 아니었다. 광야를 헤매던 하갈은 겨우 오아시스를 찾았다. 하갈은 물을 마시고 더위를 식히느라 잠시 쉬고 있었다. 그때였다.

"사래의 몸종 하갈아, 너는 어디서 왔으며 어디로 가는 길이냐?"

천사가 나타나 하갈에게 물었다.

"저는 여주인이 무서워 도망하는 중입니다."

그러자 천사가 말했다.

"네 주인 곁으로 돌아가 주인을 섬기도록 하여라. 하나님께서 너의 울부짖는 소리를 들으셨다. 너는 아들을 낳을 것이니, 이름을 '이스마엘'이라 하여라."

'이스마엘'은 '하나님께서 들으셨다'는 뜻이다. 즉, 하나님이 하갈의 부르짖음을 들어주셨다는 의미이다. 하갈은 천사의 말에 큰 위로를 받고 여주인의 집으로 돌아갔다. 하나님께서 지켜주신다는 확신이 들었기 때문이다.

광야에서 어려움을 겪고 돌아온 하갈은 그 후 아브람의 아들을 낳았고, 천사의 말대로 '이스마엘'이라고 이름 지었다. 그때 아브람의 나이 86세였다.

아브라함과 사라

아브람이 새 이름을 얻다 창 17:1–22

아브람의 나이 99세 되던 때의 어느 날이었다. 아브람에게 하나님이 나타나셨다.

"나는 전능한 하나님이다. 너는 내 말에 복종하며 살면서, 올바르게 사는 사람이 되어라."

아브람이 땅에 엎드리자, 하나님이 계속 말씀하셨다.

"나는 너와 계약을 맺어 네 후손들을 크게 번성하게 할 것이다. 너는 여러 민족의 조상이 될 것이다. 이제부터는 네 이름을 '여러 민족의 아버지'라는 뜻으로 '아브라함'이라고 한다. 네 아내는 '여러 민족의 어머니'라는 뜻으로 '사라'라고 부르도록 하여라."

그날 하나님은 아브라함에게 많은 약속을 하셨다. 아브라함의 후손들 중에서 왕들이 나온다는 것, 자신의 약속을 아브라함의 후손 대대로 지킬 거라는 것, 가나안 땅을 아브라함의 후손들에게 영원한 기업基業으로 반드시 주시겠

다는 것을 약속하셨다.

아브라함은 이스마엘을 통하여 많은 후손들이 생길 것이라고 생각하였다. 하지만 하나님은 도무지 이해하지 못할 말씀을 덧붙이는 것이었다.

"내가 사라에게 복을 내려 아이를 낳게 하고, 그 후손 중에서 많은 왕이 나올 것이다."

아브라함은 엎드린 채 웃음이 나왔다. 내년이면 백 살이 될 늙은이와 아흔 살이 될 아내 사이에 자식이 생기다니….

"하나님, 이스마엘이나 오래 살도록 해주십시오. 대를 이어 재산을 물려받도록 해주십시오. 이스마엘을 통하여 하나님의 약속이 이루어지도록 해주십시오."

아브라함은 이스마엘을 하나님께 부탁했다. 그러자 하나님이 단호하게 말씀하셨다.

"아니다. 네 아내 사라가 네 대를 이을 아들을 낳을 것이다. 그 아들이 태어나거든 이름을 '이삭'이라 하여라. 내년 이맘때 네 아내가 이삭을 낳을 것이다."

할례, 계약의 증표 창 17:23-27

하나님이 아브람에게 나타나 '아브라함'으로 이름을 고쳐 주시고 많은 약속을 해주시던 날, 하나님은 아브라함과 그의 집안에 살고 있는 모든 남자들에게 계약의 징표로 '할례'를 실시하라고 명령하셨다. 할례割禮는 남성 생식기의 끝부분을 덮고 있는 포피包皮의 일부를 베어내는 시술 행위를 말한다.

할례는 모두에게 실시되어야 했다. 종들도 예외가 아니었다. 당대뿐 아니라, 장차 생겨날 아브라함의 후손들도 반드시 할례를 받아야 했다. 심지어 하나님은 할례를 받지 않으면 자기 백성이 아니라고까지 말씀하셨다.

아브라함은 하나님의 말씀에 순종하였다. 그날 당장 자기 자신을 시작으로 이스마엘과 모든 종들, 종들의 아들들까지, 집안에 있는 모든 남자들에게 할례를 실시하였다. 그때 아브라함의 나이는 99세, 사라는 89세, 그리고 하갈을 통해 낳은 아들 이스마엘은 13세였다.

하나님이 아브라함의 장막을 방문하다 창 18:1–15

아브라함 집안의 모든 남자들에게 할례가 실시된 지 며칠 후의 어느 날 오후였다. 가나안 남부의 광야 지대는 이글거리는 태양열로 뜨거웠다. 아브라함은 자기 장막 앞에 앉아 쉬고 있었다. 그때였다. 저만치 상수리나무 숲에서 나그네 세 사람이 아브라함의 장막을 향해 다가오고 있었다.

'이처럼 무더운 한낮에는 모두가 쉬게 마련인데, 저 나그네들은 얼마나 힘들까?'

아브라함은 얼른 자리에서 일어나 그들을 영접하려고 달려 나갔다. 잠시라도 쉬어가게 하면서, 음식이라도 대접할 생각이었다.

"이리 오셔서 쉬어 가시지요. 물을 떠오도록 할 테니 발도 좀 씻으시구요."

광야 지대는 건조하여 흙먼지가 많았다. 사람들은 샌들을 신고 다녔기에, 집에 들어가려면 발부터 씻는 것이 예의였다. 그래서 주인은 반드시 손님에게 발 씻을 물을 내어주는 게 상식이었다.

"자, 여행길에 피곤하실 테니 나무 그늘에서 좀 쉬시지요. 얼른 먹을 것을 준비해 드리겠습니다."

"고맙소."

아브라함은 종에게 물을 떠다 손님들의 발을 씻어 주게 한 후, 장막 안으로 가서 어서 빵을 준비하라고 일렀다. 그리고는 소 떼가 있는 곳으로 가서 살이 오른 송아지를 골라 종에게 주며 일렀다.

"손님을 대접하려고 하니, 이것을 잡아서 맛있게 요리하도록 해라."

얼마 후, 나그네들은 정성껏 차린 훌륭한 음식을 대접 받을 수 있었다. 한편, 아브라함

의 아내 사라는 장막 안에서 바깥 손님들의 대화를 엿듣고 있었다. 그 당시 여자들은 낯선 남자 손님 앞에는 나타나지 않는 것이 관습이었다.

"부인이신 사라는 어디 있소?"

손님이 아브라함에게 물었다.

"예, 장막 안에 있습니다."

"그래요? 내년엔 당신 아내 사라가 아들을 낳을 것이오."

순간, 아브라함은 이들이 보통 인물이 아니라고 느꼈다. 바로 그랬다! 그들 중 한 분은 잠시 사람의 몸을 쓰시고 나타나신 성자 하나님이셨고, 다른 두 명은 천사였던 것이다. 하나님이 두 천사를 대동하고 아브라함의 장막을 친히 방문하신 것이다. 그러나 아브라함은 그때까지도 나그네들의 신분을 모르고 있었다.

한편, 장막 안에서 손님들이 한 말을 들은 사라는 웃음이 절로 나왔다.

"내 나이가 내년엔 아흔 살이고 남편은 백 살이나 되는데, 세상에! 내가 아들을 낳는다니! 여자의 생리가 끊긴 지가 언젠데… 이건 정말 자다가도 웃을 일이네."

사라가 중얼거리며 웃는 소리를 어떻게 들었는지, 손님이 말했다.

"사라가 웃는군. 사라는 속으로 '이렇게 늙은 내가 어떻게 아이를 낳을 수 있단 말인가?'하고 생각한 것이다. 하지만 여호와가 하지 못할 일이 어디 있겠느냐. 사라는 내년에 틀림없이 아들을 낳을 것이다."

당황한 사라가 장막 안에서 말했다.

"전 웃지 않았습니다."

하나님이 즉시 말씀하셨다.

"너는 분명히 웃었다."

소돔과 고모라의 멸망

아브라함이 소돔을 위해 중재하다 창 18:6–33

나그네들이 일어나 길을 떠나자, 아브라함은 배웅을 하기 위해 그들의 뒤를 따라 나섰다. 소돔 성과 고모라 성이 저 아래로 내려다보이는 언덕에 이르자 하나님이 말씀하셨다.

"내가 지금 하려고 하는 일을 어떻게 너 아브라함에게 숨기겠느냐? 소돔과 고모라에서 들려오는 죄악의 아우성을 더 이상은 참고 들을 수가 없구나. 그래서 그들이 얼마나 악한지 직접 내려가서 살펴보려고 한다."

천사 둘이 먼저 소돔 성을 향해 내려갔다. 아브라함은 문득 그곳에 살고 있는 조카 롯이 머릿속에 떠올랐다.

"오 주님, 흠 없이 올바르게 살아가는 사람을 어찌 죄인들과 함께 심판하려 하십니까? 그 안에 죄 없는 사람 50명이 있다면 어찌하시겠습니까?"

"의인 50명만 있으면, 그들을 위해서라도 그냥 놔두겠다."

만약 50명이 안 된다면…, 조카 롯은 죽어야 한단 말인가? 아브라함은

물러서지 않았다. 조카 롯을 구해야 했기 때문이다.

“성 안에 의롭게 살아가려고 애쓰는 사람이 45명만 있으면 어쩌시겠습니까?”

“45명만 있어도 저 성을 심판하지 않겠다.”

아브라함이 또 여쭈었다.

“주님, 제가 또 여쭙는다고 화내지 마십시오. 만일 의로운 사람이 40명뿐이라면 어떻게 하실 겁니까?”

“그 40명을 위해서라도 심판하지 않겠다.”

“다시 여쭙겠습니다. 성내지 마십시오. 30명밖에 안 된다면 어떻게 하시겠습니까?”

“그 30명을 위해서라도 멸하지 않는다.”

아브라함은 아무래도 안심이 되지 않았다. 어떻게든 조카 롯과 그의 가족을 구하려는 마음에서 물러서지 않고 다시 물었다.

“한 번 더 말씀드립니다. 20명밖에 안 된다면 어떻게 하시겠습니까?”

“그 20명을 위해서라도 멸하지 않겠다.”

그래도 아브라함의 조바심은 멈추지 않았다. 아브라함은 다시 한 번 매달렸다.

“주님, 제발 노하지 마십시오. 마지막으로 한 번만 더 말씀드리겠습니다. 만약 10명밖에 안 된다면 어쩌시겠습니까?”

“그 10명을 위해서라도 저 성읍을 멸하지 않겠다.”

그제서야 아브라함은 안심이 되었다. 소돔 성에 의롭게 살려는 사람이 열 명 정도는 있을 것이라고 생각했기 때문이다. 롯의 가족만 해도 벌써 6명이 아닌가. 롯 부부와 미혼인 두 딸, 두 딸의 약혼자들인 두 사윗감을 합하면 말이다.

소돔과 고모라가 유황불로 멸망당하다 창 19:1–29, 14:1–16

오래 전, 가나안 북방의 메소포타미아 지역 네 나라가 동맹군을 형성하여 가나안 남방의 다섯 도시 연합군과 사해 근방에서 전쟁을 벌인 일이 있었다. 전쟁의 원인은, 가나안 남방의 다섯 도시 국가 나라들이 오랫동안 바쳐오던 조공朝貢을 끊고 메소포타미아의 왕을 배반했기 때문이었다. 전쟁에 휩싸인 가나안 남부의 도시 국가들 중에는 롯이 살고 있던 소돔 성도 포함되어 있었다.

아브라함과 헤어진 롯은 처음에는 소돔 성에서 꽤 멀리 떨어진 외곽의 요르단 평지에 머물렀으나, 차츰 이동하여 마침내 소돔 성 안으로 들어가서 살게 되었다.

전쟁은 가나안 남방 연합군의 패배로 끝났고, 그때 소돔 성에 살고 있던 롯과 그의 가족들도 포로가 되어 메소포타미아로 끌려가고 있었다. 그때 소식을 전해들은 아브라함은 자신의 집안에서 잘 훈련된 건장한 종 318명을 이끌고 급히 추격하여, 조카와 그의 가족들은 물론 빼앗긴 가축까지 모두 되찾아 왔었다. 목숨을 걸고 조카 일가를 구했던 것이다. 예전에 그런 일이 있었다.

그처럼 조카를 사랑하는 아브라함이었다. 그런데 이제 조카 롯이 살고 있는 소돔 성이 멸망할지도 모른다는 이야기를 듣게 되자 얼마나 마음이 안타깝고 아팠을까. 롯의 가족마저 소돔 성의 죄인들과 함께 멸망당한다면…. 아브라함은 안절부절못했다.

그러나 하나님이 하시고자 하는 일을 누가 막으며, 누가 훼방할 수 있단 말인가! 아브라함은 언덕에 선 채 저 멀리 내려다보이는 소돔 성을 걱정스런 얼굴로 하염없이 바라볼 뿐이었다. 롯이 여호와 하나님을 믿으며 의롭게 살고 있다면 혹시 생명을 구할 수 있을지도 모른다는 기대감을 떨쳐버릴 수 없었다.

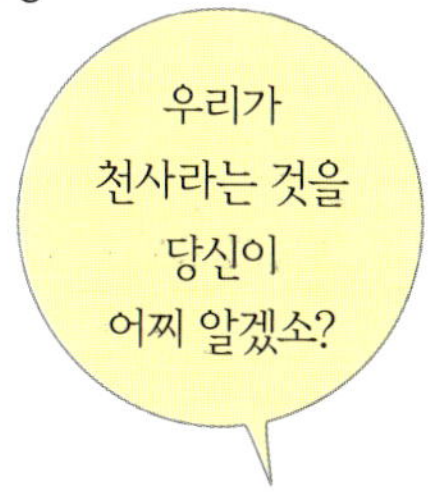

한편, 먼저 길을 떠난 두 천사는 저녁 무렵에 소돔 성에 닿았다. 마침 성문에 앉아 있던 롯은 두 천사가 가까이 오자 자리에서 일어나 땅에 엎드렸다. 당시에는 나그네를 잘 대접해 주는 것이 관습이었다.

"누추하지만 저의 집에 들르시어 오늘 밤은 쉬시고, 내일 아침 길을 떠나십시오."

그들은 사양하였다. 그러나 롯이 몇 차례 친절하게 권했기 때문에 마침내 롯의 집으로 들어갔다. 그러나 두 천사가 아직 잠자리에 들기도 전에, 롯의 집 앞에 사람들이 몰려왔다. 젊은이로부터 노인에 이르기까지 소돔 성의 많은 남자들이 몰려들어 롯의 집 문을 두드리며 소동을 벌였다. 잘생긴 낯선 사람 둘이 롯의 집에 들었다는 소문이 퍼졌던 것이다.

"이봐. 자네 집에 들어온 손님들이 도대체 누구야? 이리로 끌어내. 우리도 그들과 재미 좀 봐야겠어."

고래고래 아우성이었다. 롯이 하는 수 없이 밖으로 나가서 문을 등뒤로 잠근 채 사정하였다.

"제발 이러지들 마시오. 그들은 우리 집에 찾아온 손님들이오."

"저리 썩 비켜! 우리 말을 안 들으면 너도 가만두지 않을 테다. 떠돌이 주제에 우리 성에 들어와 살면서 우리보고 이래라저래라 재판장 행세를 해?"

막무가내였다. 롯이 통사정을 하였지만, 사악한 욕정에 눈먼 그들은 기어코 끝장을 보겠다는 기세였다.

"정 그렇다면 말이오, 손님 대신 처녀인 내 딸 둘을 내어 주겠소. 당신들 좋을 대로 하시오. 그러나 내 집에 들어오신 손님만큼은 제발 손대지 말아주시오."

그들은 들은 척도 하지 않았다. 오히려 더욱 거칠어졌다.

"이봐, 너는 빠져! 안 그러면 너부터 손을 봐주겠어! 당장 물러 서!"

그들은 소리치면서 롯을 힘껏 밀치고, 롯의 집 대문을 부수려고 기승을 부렸다.

안에 있던 두 손님은 하나님이 보낸 천사였다. 사람들이 천사를 당할 재간은 없다. 천사들은 문 밖으로 손을 내밀어 롯을 집안으로 끌어들인 다음 문을 잠그고는, 밖에 있는 사람들의 눈을 멀게 하였다. 그러자 갑자기 아비규환이 벌어졌다. 앞을 보지 못하게 된 소돔 성 사람들은 우왕좌왕 대문조차 찾지 못해 아우성이었다.

천사가 롯을 향해 침착하게 말했다.

"이 성 안에 가까운 친척이 있소? 이 집에 사는 가족들 말고 말이오. 딸이든 사위든 일가 친척을 모두 데리고 성 밖으로 나가시오. 이 성에는 워낙 못된 짓을 일삼는 사람들이 많아서, 하나님께서 이 성을 쓸어 없애려고 우리를 보내신 것이오."

깜짝 놀란 롯은 얼른 자리에서 일어나, 두 딸과 함께 두 사윗감을 찾아갔다.

"여보게들, 어서 서두르게. 어서! 이 성을 한시라도 빨리 빠져나가야 하네. 여호와께서 죄로 가득 채워진 이 성을 쓸어버리려 하신다네."

그러나 사윗감들은 장인 될 어른의 말을 믿지 않았다.

어느덧 밤이 지나가고, 동쪽 하늘에 태양이 떠오르고 있었다. 천사들은 롯을 재촉했다.

"어서 일어나 아내와 두 딸을 데리고 소돔을 빠져나가시오. 그렇지 않으면 함께 멸망당할 거요."

롯이 꾸물대자, 오히려 다급해진 천사들은 롯의 가족들의 손을 잡아 끌어 성밖으로 데리고 나갔다.

"자, 어서 이곳에서 도망치시오. 절대로 뒤를 돌아보지 말고 곧장 산으로 올라가시오."

롯은 천사가 가리키는 산을 바라보다가 말했다.

"저 산까지 도망하기엔 너무나 힘이 부족합니다. 거기까진 너무 먼 길입니다. 가다가 재앙을 만나 죽을 것입니다. 그러니 저기 저 성, 저 작은 성 소알로 피신하여 살게 해주십시오."

"그럼 그렇게 하시오. 저 소알 성은 그대로 놔둘 것이오. 빨리 서두르시오. 당신들이 저 성에 들어갈 때까지는 소돔을 멸하지 않겠소."

롯의 일가는 즉시 소알 성을 향해 길을 떠났다.

마침내 롯의 일가가 소알에 다다랐을 무렵에는, 해가 떠올라 있었다. 하나님은 소돔과 고모라 위에 무시무시한 심판을 내리셨다. 그 심판은 지금껏 사람들이 한 번도 경험하지 못한 엄청난 형벌이었다. 하늘에서 유황불을 소나기 처럼 쏟아 부으신 것이다. 성안은 물론, 성 근처 들녘의 농작물과 모든 풀까지도 순식간에 다 불타버렸다.

유황불이 소돔과 고모라를 무섭게 사르고 있을 때, 롯의 아내는 그대로 두고 올 수밖에 없었던 재물에 생각이 미쳤다. 그것들은 과연 어찌되었을까? 롯의 아내는 자기도 모르게 뒤를 돌아보았다. 절대로 뒤를 돌아보지 말라는 천사의 당부는 까맣게 잊고 있었다. 그러자 바로 그 순간이었다. 그녀는 즉시 그 자리에서 소금기둥으로 변해 버렸다.

롯과 그의 두 딸 창 19:30–38

모든 재산은 물론, 아내마저 잃어버린 롯은 삶이 너무나 무섭고 싫고 허망했다. 하루아침에 잿더미가 되어 버린 소돔과 고모라의 모습이 눈에 밟혀 마음이 안정되지 않았다. 롯은 두 딸과 함께 소알을 떠나 산속 깊은 곳으로 들어갔다. 동굴 하나를 찾아내어 간단한 살림 도구들을 풀고 나니, 그래도 마음이 놓였다.

동굴에서의 생활은 고생스럽고 따분하기 그지 없었다. 어느 날, 롯의 큰 딸이 동생에게 말했다.

"얘, 아버진 자꾸만 늙어 가시고 우리 주변에는 결혼할 상대조차 없다. 이러다간 집안의 혈통도 끊어지고 말겠구나."

그러고 보니 정말 그랬다. 어찌해야 좋단 말인가. 롯의 두 딸은 고민했다.

"얘, 이렇게 하면 어떻겠니?"

언니는 무슨 묘안이라도 생각난 듯 아우에게 말했다.

"아버지의 대를 이으려면 우리가 아버지와 잠자리를 같이 해야 되는 거 아니니? 그렇지?"

"그건 언니 말이 맞아. 그럼 어떻게 해야 되는 거야?"

"아버지에게 술을 드시게 하자. 얼큰하게 취해서 분별력을 잃으면 우리가 아버지와 잠자리를 같이 하는 거야. 자식을 낳으려면 그 길밖에 없잖아."

그날 밤, 롯의 딸들은 아버지에게 술을 대접했다. 롯은 아무런 영문도 모른 채 딸들이 따라주는 술을 연거푸 받아 마시다가 잔뜩 취하고 말았다.

그날 밤, 술에 취해 분별력을 잃은 아버지 곁으로 큰 딸이 들어갔고, 함께 잤다. 다음 날에도 딸들은 다시 아버지에게 술을 먹여 취하게 했다.

"얘, 오늘 밤엔 네가 아버지와 잠자리를 같이 하는 것이 어떻겠니? 그러면 우리 둘 다 아버지의 아이를 낳게 될 거야."

언니의 말대로 이번에는 작은 딸이 아버지와 함께 잤다. 그러나 롯은 너무 취해서 딸들과 동침한 사실을 알지 못했다.

두 딸은 마침내 아버지로 말미암아 임신을 하게 되었고, 둘 다 아버지의 자식을 낳게 되었다. 큰 딸의 아들은 '모압'이라 하였고, 작은 딸의 아들은 '벤암미'라 하였다. 이후 '모압'은 모압 족속의 조상이 되었고, '벤암미'는 암몬 족속의 조상이 되었다.

이삭과 이스마엘

아브라함이 또다시 곤경에 빠지다 창 20장

소돔과 고모라 성의 멸망 이후, 아브라함은 20여 년 동안 머물렀던 헤브론을 떠나 블레셋 땅 그랄로 거처를 옮겼다. 많은 가축떼를 거느렸기 때문에, 풀밭을 찾아 주거지를 옮겨 다니는 경우가 적지 않았다. 그랄 땅은 아비멜렉이 통치하는 왕국이었다. '아비멜렉'은 '나의 아버지는 왕이시다'라는 뜻인데, 블레셋 지역의 '왕'을 가리키는 일반적인 칭호였다.

아브라함은 이집트에서 그랬던 것처럼 그랄 땅에서도 아내 사라를 누이라고 소개했다. 그랄 땅에서도 사라의 미모는 많은 사람들에게 알려졌고, 왕에게도 전해졌다. 아비멜렉은 신하를 보내어 사라를 왕궁으로 데려오게 했다. 오래 전에 이집트 왕이 그랬듯이 아비멜렉 역시 사라를 후궁으로 삼을 욕심이었다.

그날 밤, 하나님이 아비멜렉의 꿈에 나타나 엄히 꾸짖었다.

"다른 사람의 아내를 데려오다니, 너는 죽을 죄를 졌다."

다행히도 아비멜렉은 사라와 아직 동침하지 않은 상태였다.

"저는 아무 잘못도 하지 않았습니다. 아브라함은 이 여인을 자기 누이라고 분명히 말했습니다. 여인도 아브라함을 오라비라고 했습니다. 그런데 왜 제가 죽어야 합니까?"

하나님이 말씀하셨다.

"나도 안다. 그래서 내가 사라의 몸에 손을 대지 못하도록 하는 것이다. 그 여인을 즉시 남편에게로 돌려보내라. 이 여인의 남편은 나의 예언자다. 그가 너를 위해 기도하면 네 목숨을 부지할 것이다. 하지만 이 여인을 남편에게 돌려보내지 않으면, 너와 네 가족들이 모두 죽을 것이다."

그날 밤, 왕비를 비롯한 후궁들 모두가 병이 났다. 아비멜렉 왕궁의 여인들이 다시는 아이를 낳지 못하게 될 병이었다.

다음 날 아침, 왕은 신하들을 불러들여 꿈 얘기를 들려주었다. 신하들도 무서워서 벌벌 떨었다. 왕은 즉시 아브라함을 왕궁으로 불렀다.

"아브라함, 당신은 어쩌자고 우리를 속였소? 우리가 당신에게 뭘 잘못했다고 그러시오."

아브라함은 민망하여 바른 대로 말하였다.

"이곳 사람들은 하나님을 모르기 때문에 나를 죽이고 내 아내를 빼앗아 갈지도 모른다고 생각하였습니다."

그 말을 듣고 보니 과연 일리가 있었다. 왕은 고개를 끄덕이고는, 즉시 사라를 아브라함에게 되돌려 주고 소떼와 양떼와 종들을 선물로 주면서 말했다.

"내 왕국의 어디든지 당신이 살고 싶은 곳에서 마음 놓고 사시오."

그리고는 별도로 은화銀貨 1천 세겔을 아브라함에게 주었다. 은화 1세겔은 은銀 11.5g에 해당되는 무게로, 오늘날의 가치로 따지면 대략 노동자 4일치의 품삯에 해당되는 금액이다. 은화 30세겔은 장정 한 사람을 살 수 있는 몸값에 해당되었다.

"이 돈을 주는 것은, 그대의 일행들에게 나와 사라 사이에 아무런 일도 없었다는 사실을 보증하는 것이오. 사라에게 어떤 수치스러운 일도 없었다는 것을 모두가 알게 될 것이오."

이에 아브라함이 아비멜렉을 위하여 하나님께 기도하자, 아비멜렉 집안에 내려진 병이 일시에 치료되었다. 왕궁의 여인들이 다시 아이를 낳을 수 있게 된 것이다.

약속의 아들 이삭이 출생하다 창 21:1-7

얼마나 기다렸던 아들인가! 100살 된 아브라함과 90살 된 사라에게서, 기적적으로 아들이 태어난 것이다. 그 아들의 이름은 이미 예고된 대로 '이삭'이라 지어졌다. '웃음'이란 뜻인데, 아브라함 부부가 천사에게서 아들의 출생 고지를 받고 도무지 믿기지 않아 웃었기 때문에 붙여진 이름이다.

그 당시에는 아무래도 믿겨지지 않아서 피식 하고 웃는 '의심의 웃음'이었지만, 이제는 '기쁨의 웃음'이 아브라함의 장막에 가득 찼다. 이삭을 품에 안은 노부부의 감격과 기쁨을 어찌 말로 표현할 수 있을까. 약속에 신실하신 하나님을 찬양할 뿐. 출생 여드레 되는 날, 아브라함은 규례에 따라 이삭에게 할례를 시행하였다.

세월이 흘러, 어느덧 아이 이삭이 젖을 떼야 할 날이 왔다. 그 당시 사람들은 보통 세 살 되던 해에 아이의 젖을 떼었고, 그것을 기념하여 큰 잔치를 베풀었다.

아브라함도 큰 잔치를 베풀었다. 이삭은 가장 좋은 옷을 입었고, 많은 사람들에 둘러싸여 사랑과 축복을 듬뿍 받았다. 하지만 이처럼 경사스러운 잔칫날을 못마땅하게 여기는 소년이 있었으니, 하갈이 낳은 이스마엘이었다. 그때 그는 이미 열일곱 살의 청년이었다. 이삭이 태어나기 전에는 이스마엘이 혼자 아브라함 집안의 사랑을 독차지해 왔고, 아브라함의 유일한 상속자였었다. 하지만 이삭이 태어난 후로는 모든 것이 달라져 버렸다. 이스마엘은 하루아침에 찬밥 신세가 되었다.

어쩌면 이렇게 달라질 수 있단 말인가! 이스마엘의 가슴속에서는 시기심과 분노가 날이 갈수록 더해졌다.

이스마엘은 한참 어린 이복동생 이삭을 은근히 괴롭히기 시작했다. 이삭이 젖을 떼던 그 잔칫날에도 이스마엘은 이삭을 짓궂게 놀려대고 있었다.

이스마엘이 장막에서 쫓겨나다 창 21:8–21

이삭의 젖을 떼는 잔칫날, 아브라함과 사라에게는 이삭의 몸짓 하나하나가 눈에 넣어도 아프지 않을 정도로 이쁘고 사랑스럽게 비쳤다. 멀리서 이삭을 지켜보는 사라의 눈에 이스마엘이 이삭을 희롱하는 장면이 목격되었다. 사라는 화가 났다. 사라는 그 즉시 남편을 향해 항의했다.

"그 계집종과 아들 녀석을 당장 이 집에서 내쫓으세요. 그 계집종의 아들이 내 아들과 함께 이 집의 상속자가 될 수는 없어요."

아브라함은 심히 괴로웠다. 어쨌거나 이스마엘도 사랑하는 자기 아들이 아닌가. 더구나 17년을 키워 왔으니 얼마나 정이 들었겠는가. 아브라함은 쉽사리 결단을 내릴 수 없었다. 그런 아브라함에게 하나님이 나타나서 말씀하셨다.

"아브라함아, 이스마엘과 계집종 하갈 때문에 그리 괴로워하지 말아라. 사라의 말대로 해라. 이삭에게서 태어난 자식이 내가 약속한 너의 혈통이다. 그러나 하갈이 낳은 이스마엘도 네 자식이니, 내가 그의 후손 역시 큰 민족을 이루게 할 것이다."

다음 날 아침, 아브라함은 일찍부터 하갈과 이스마엘을 내보낼 채비를 하였다. 가죽부대에 물을 담고 빵을 마련해 준 다음 아들과 그 어머니를 장막에서 내보냈다.

주변 일대는 거친 광야였다. 타는 갈증으로 얼마 안 가 준비한 물이 떨어졌다. 하갈과 이스마엘은 브엘세바 사막을 헤매다가 지칠 대로 지쳤다. 하갈은 이스마엘을 가시덤불 아래에 놓아둔 채 저만치 가서 목놓아 울었다. 모자가 광야에서 영락없이 죽게 되었기 때문이다. 이스마엘도 가시덤불 아래서 갈증과 고통을 참을 수 없어 소리내어 울었다. 그때였다.

"하갈아, 걱정하지 말아라. 하나님께서 네 아이가 우는 소리를 들으셨다. 어서 일어나서 아이를 일으켜 세워라. 네 아들의 후손이 큰 민족을 이룰 것이다."

천사의 소리였다. 용기를 낸 하갈이 울음을 그치고 눈을 들어 주변을 살피자, 샘물이 눈에 띄었다. 하갈은 가죽부대에 물을 담아 가지고 돌아와서 이스마엘에게 먹였다. 다시 힘을 얻은 하갈과 이스마엘은 여행을 계속할 수 있었고, 정착할 만한 땅을 찾을 수 있었다.

세월이 흘러 이스마엘은 건장한 청년이 되었고, 탁월한 사냥꾼이 되었다. 하갈은 이집트 여인을 며느리로 맞아들였다.

하나님이 아브라함을 시험하다 창 22:1-19

이삭은 무럭무럭 자랐다. 온순한 성격이라, 부모님 말씀을 너무나 잘 들었다. 성품이 온유하고 착해서, 아브라함은 외아들 이삭을 끔찍하게 사랑하였다.

이삭은 아버지 아브라함으로부터 여호와 하나님에 대해 많은 것을 배웠다. 하나님이 얼마나 높고 크고 위대하신 분인지를 듣고 저절로 경외하는 마음을 품게 되었다. 아브라함은 나이 100살이 되어 얻은 외아들 이삭이 너무나도 사랑스러웠다.

아브라함의 극진한 보살핌과 애정을 받고 이삭이 제법 남자답게 성장하였을 무렵의 어느 날이었다. 하나님은 아브라함을 시험하기로 작정하셨다. 이삭을 향한 아브라함의 사랑을 보면서, 아브라함이 하나님보다 이삭을 더 사랑하는 것처럼 보였기 때문이다.

"아브라함아, 사랑하는 네 외아들 이삭을 데리고 모리아 산으로 가라. 거기서 제단을 쌓고 이삭을 희생 제물로 삼아 번제를 드려라."

번제는 소나 양 같은 동물을 희생 제물로 잡아 그 고기를 불로 태워 하나님께 올리는 제사이다. 그렇다면 이삭을 불에 태워 죽이라는 말이 아닌가! 아브라함이 아닌 누구에게라도 자기 자식을 바치라는 이런 명령은 도저히 감당하기 버거운 것임을 하나님이 어찌 모를 수 있겠는가? 그런데도 하나님은 지금 그런 끔찍한 명령을 아브라함을 향해 내리고 있는 것이다.

아브라함, 그는 지금까지 하나님의 말씀이라면 전적으로 신뢰하고 절대적으로 순종해 온 믿음의 사람이었다. 그렇기에 하나님도 아브라함을 아끼고 사랑하여 엄청난 복을 내려주셨다.

그러나 지금, 하나님의 이 명령은 무엇이란 말인가. 하나뿐인 외아들, 그것도 나이 100살에 얻은 약속의 아들, 그처럼 온유하고 착한 아들을 제단에 올려서 죽인 다음에 불로 태워서 희생 제물로 드리라는 이 명령은 도대체 무엇이란 말인가. 아무리 생각해도 이해할 수 없었다. 기껏 이렇게 희생 제물로 받으시려고 그토록 오랜 기다림 끝에 이 아들을 낳게 하셨단 말인가. 그렇다면 이삭의 자손들을 번창케 하여 큰 민족을 이루고, 그 혈통에서 많은 왕들이 나오게 하시겠다는 하나님의 약속은 도대체 무어란 말인가.

아무리 생각해도 이해할 수 없는 명령이며, 집행할 수 없는 명령이며, 순종할 수 없는 명령이었다. 아브라함의 마음은 걷잡을 수 없는 번민으로 가득 찼다. 그러나 아브라함은 하나님을 믿었다. 아니, 믿을 수밖에 없었다. 그분은 불가능을 가능케 하시는 여호와 하나님이 아니시던가.

다음 날 아침, 아브라함은 일찍부터 일어나서 묵묵히 제사드릴 준비에 착수하였다. 그는 두 종을 시켜 장작과 며칠 분의 식량, 잠 잘 천막과 불씨를 나귀에 싣게 했다. 번제를 드릴

때 사용할 나무는 아들 이삭에게 직접 지웠다.

아브라함 부자父子와 두 종은 이른 아침 길을 떠났다. 아브라함의 마음속에는 시커먼 먹장구름이 잔뜩 몰려와 있었다. 아브라함 말고는 누구도 아브라함이 어디로, 왜 무엇 때문에 가는지 알지 못했다. 묻지도 않았다. 아브라함이 하나님께 제사를 드리러 간다는 사실만 알 뿐이었다.

아브라함이 살고 있던 브엘세바에서 모리아 산까지는 북쪽으로 계속하여 오르막길을 가야 한다. 가는 중에 이틀 밤을 천막에서 잔 일행은 사흘째 되는 날에야 하나님이 지정하신 모리아 산 밑에 당도했다.

"이삭아, 이제 네가 장작을 등에 져라. 너희들은 여기서 기다리거라."

두 종과 나귀를 산 밑에 두고, 아브라함과 이삭 부자는 묵묵히 산으로 올라갔다. 아브라함은 희생 제물을 잡을 칼과 그 제물을 불태울 불씨를 들었다.

한동안 묵묵히 산을 오르던 이삭은 궁금증이 나서 견딜 수 없었다. 마침내 참지 못하고 이삭이 아버지 아브라함에게 물었다.

"아버지, 칼도 불씨도 다 준비되었는데 희생 제물로 드릴 짐승은 어디 있습니까?"

아브라함은 눈앞이 캄캄했다. '아, 도대체 무어라고 대답해야 한단 말인가? "희생 제물은 바로 너"라는 말을 어떻게 차마 할 수 있단 말인가?' 잠시 후, 아브라함이 낮은 목소리로 대답했다.

"…응, 걱정하지 말아라. 제물은 하나님께서 준비해 주실 거야."

무거운 침묵이 흘렀다. 아브라함은 가슴이 무너져 내리는 것 같았다. 그렇다고 발걸음을 마냥 빨리 할 수도 없는 노릇이었다. 어느 아비가 아들의 목숨을 재촉하고 싶겠는가?

마침내 모리아 산 정상이었다. 아브라함은 천천히 손을 놀렸다. 먼저 바위 위에 장작을 쌓은 다음, 아들 이삭을 끈으로 묶었다. 그제서야 이삭은 아버지가 마음속으로 무슨 생각을 하고 계시는지를 알 수 있었다. 희생 제물은 바로 자기 자신이었다! 이삭은 자기 자신 앞에 닥친 죽음의 수렁보다도 아버지의 아픈 마음이 더 문제였다. 사실, 죽음이라는 것이 어떤 것인지, 그것이 어떤 방

식으로 자신에게 닥칠지는, 알 수 없는 일이었다. 지금 이 순간 이삭의 마음을 사로잡은 것은, 아버지의 얼굴 가득 어려 있는 짙은 슬픔이었다. 그 슬픔이 이삭의 마음을 너무나 압도했기 때문에, 감히 아버지에게 아무런 항의의 말도 건넬 수가 없었다.

아브라함은 묶인 이삭을 나뭇단 위에 올려놓았다. 그리고는 천천히 칼을 들었다. 아브라함은 차마 외아들 이삭의 눈을 마주볼 수가 없었다. 이삭을 외면한 채, 눈을 질끈 감고 이삭을 향해 칼을 내려치려 할 찰나였다.

"아브라함아, 아브라함아!"

하나님의 음성이 다급하게 들려왔다. 칼을 든 채 동작을 멈추고 있는 아브라함에게 하나님이 말씀을 이으셨다.

"멈추어라. 그 아이에게 손을 대지 말아라. 그 아이에게 어떤 짓도 하지 말아라. 이제 내가 분명히 알았다. 네가 외아들까지 주저없이 바치려고 하는 것을 보니, 네가 나를 얼마나 사랑하고 신뢰하는지 알게 되었다."

아브라함은 땅이 꺼져라 안도의 한숨을 내쉬었다. 그리고는 감격과 기쁨으로 아들을 묶은 끈을 풀어 주었다. 주변을 둘러보니, 숫양 한 마리가 가시덤불에 뿔이 걸려 꼼짝달싹 못하고 있는 것이 보였다. 아브라함은 그 숫양을 끌고 와서는 이삭 대신에 번제물로 잡아 드렸다.

아들과 다시 집으로 돌아가게 된 아브라함은 기쁨에 겨워 그곳 이름을 '여호와이레'라고 불렀다. '여호와이레'는 '여호와께서 미리 준비해 주신다'는 뜻이다.

이삭의 손을 잡고 집으로 향하는 아브라함을 향해

하늘에서 다시 하나님의 음성이 들려왔다.

"네가 그토록 애지중지하는 외아들까지 아끼지 않고 내게 바쳤으니, 내가 네게 복을 내리리라. 네 후손이 하늘의 별처럼, 바닷가의 모래알처럼 많아지리라. 뿐만 아니라 네 후손에 의해 세상 사람들이 복을 받을 것이다. 네가 나의 말에 순종하였기 때문이다."

사라의 죽음과 막벨라 동굴 창 23장

세월이 흘렀다. 이삭이 37살이 되었을 때, 그의 어머니 사라가 127세의 나이로 세상을 떠났다. 그때 아브라함의 나이는 137세였다.

유목민인 아브라함은 가축 떼는 많았지만 자기 앞으로 소유한 땅은 없었다. 아내인 사라가 죽자, 아브라함은 아내를 장사 지내기 위해 헷 족속의 땅과 그 땅에 딸린 막벨라 동굴을 매입하고자 했다.

동굴의 소유자인 에브론은 아브라함을 존경하여 아무 대가 없이 동굴을 매장지로 내어주겠다고 했지만, 아브라함은 굳이 은화銀貨 400세겔이라는 거액을 지불하고 정식으로 매입하였다. 은화 1세겔은 은銀 11.5g에 해당되는 무게로, 대략 노동자 4일치의 품삯에 해당되는 금액이었다.

이리하여 약속의 땅 가나안에 처음으로 아브라함 소유의 땅이 생겼다. 아브라함은 가나안 남부의 헤브론 지역인 막벨라 동굴에 아내를 장사지낼 수 있었다. 이 지역은 그때부터 아브라함의 소유가 되어 가족 묘지가 되었다. 아브라함 부부(아브라함과 사라)뿐만 아니라 이삭 부부(이삭과 리브가), 야곱 부부(야곱과 레아)의 3대가 장차 이곳에 묻히게 된다.

이삭과 리브가

이삭이 리브가를 아내로 맞이하다 창 24장

사라가 죽은 지 어언 3년. 아브라함과 이삭은 쓸쓸했다. 아브라함의 나이는 140세, 이삭은 어느새 마흔이었지만 아직 총각이었다. 늙은 아브라함은 초조해졌다. 하루바삐 이삭을 결혼시켜야 되겠다고 생각했다. 하나님의 축복으로 엄청난 부자가 되었으나, 자신은 언제 죽을지 모를 노인이었다. 며느리를 맞는 일이 무엇보다 시급한 일이었지만, 그렇다고 가나안 지역에서 우상을 섬기는 원주민을 며느리로 맞을 수는 없었다.

아브라함은 생각 끝에 집안 재산을 관리하는 늙은 종 엘리에셀을 불렀다. 오랜 세월 아브라함 집안에서 일해 온 충직한 청지기였다.

"너는 내 환도뼈 밑에 손을 넣어 내가 시키는 일을 꼭 하겠다고 여호와 하나님의 살아 계심을 두고 맹세하여라. 너는 내 고향 하란으로 가서, 내 친척 가운데서 내 아들 이삭과 혼인할 처녀를 골라 오너라."

환도뼈는 허벅지에 있는 사타구니 뼈를 말한다. 종이 아브라함에게 물었다.

"주인님, 만일 제가 고른 처녀가 저를 따라오지 않을 경우에는 어찌해야 할까요? 도련님을 주인님의 고향으로 데려가도 될까요?"

"안 된다. 하나님께서는 이 땅을 나의 후손에게 주시겠다고 약속하셨다. 그러니 내 아들 이삭이 그리로 가서는 안 된다. 하나님이 이삭의 신부를 고를 수 있도록 도와주실 것이다. 혹시라도 그 처녀가 너를 따라오지 않는다면, 너는 네가 한 맹세를 지키지 않아도 된다. 그러니 내 아들을 고향으로 데려갈 생각은 하지 말아라."

종은 아브라함에게 맹세한 다음 길을 떠났다. 낙타 열 마리에 많은 선물을 싣고 아브라함이 떠나온 고향 하란으로 갔다. 500km나 되는 먼 길이었다.

여러 날 동안 여행을 하여 하란을 눈앞에 두게 되었다. 아브라함의 종은 우물가에서 지친 낙타들을 쉬게 했다. 마침 저녁때가 되어서 마을 여인들이 이제 물을 길으러 올 것이었다. 종은 마음속으로 기도하였다.

"주인님이 섬기시는 여호와 하나님이시여, 아무쪼록 저의 임무를 무사히 마칠 수 있게 도와주소서. 이 마을에 사는 처녀들이 물을 길으러 나오면 저는 한 처녀에게 이렇게 말하렵니다. '아가씨, 물 항아리를 내려 제게 물을 마시게 해 주십시오.' 하고 부탁할 것입니다. 그때 그 처녀가 '예 어르신. 어르신의 낙타에도 물을 먹이세요.'라고 대답한다면, 그 아가씨가 바로 도련님의 신붓감인 줄로 알겠습니다."

기도가 채 끝나기도 전에 아름다운 한 아가씨가 우물로 다가왔다. 그 아가씨의 이름은 리브가였다. 그녀는 항아리를 내려놓고 물을 가득 채우더니 어깨에 메고 집으로 돌아가려고 하였다. 아브라함의 종은 어쩌면 이 아가씨일지도 모른다는 생각이 들어 기도한 대로 말하였다.

"아가씨, 물을 좀 마실 수 있을까요? 목이 말라서요."

아가씨는 주저없이 물항아리를 내려놓더니 그에게 물을 떠 주었다. 그가 물을 마시고 나자 아가씨가 말했다.

"낙타들도 마시게 하시지요."

아가씨는 남아 있는 물을 구유에 쏟아붓고는, 물을 충분

히 마실 수 있도록 우물로 달려가 물을 더 길어 왔다.

낙타가 물을 다 마시자, 아브라함의 종은 가져온 금코걸이와 금팔찌 한 쌍을 아가씨에게 주었다.

"아가씨는 어느 댁의 따님이신지요? 아가씨 집에 우리 일행이 묵고 갈 방이 있는지 모르겠소."

아가씨는 귀한 선물에 감사하며 대답하였다.

"저는 나홀의 손녀랍니다. 아버지는 브두엘이구요. 저희 집에는 어르신께서 묵으실 만한 방이 있습니다. 낙타에게 줄 여물도 충분합니다."

아브라함의 종은 너무나 놀랐다. 이 아름다운 처녀의 할아버지가 바로 주인님의 동생인 나홀이라는 것을 알았기 때문이었다. 주인님은 자신의 친척 중에서 신붓감을 골라 오라고 하였는데, 세상에, 주인님의 조카손녀를 이렇게 쉽게 만나다니! 그는 그 자리에 엎드려 하나님께 감사의 기도를 드렸다.

그날, 일행은 리브가의 오빠 라반의 정중한 초대를 받아 그 집에서 묵게 되었다. 저녁상이 푸짐하게 차려졌다.

"저는 제가 여기 온 사연을 말씀 드리기 전에는 음식을 먹지 않겠습니다."

"그러시다면 어서 말씀하십시오."

라반이 승낙하자 아브라함의 종이 입을 열었다.

"저는 60여 년 전에 이곳을 떠나 가나안으로 가신 아브라함의 종입니다."

리브가 가족은 깜짝 놀랐다. 이 얼마나 반가운 소식인가. 그 동안 아브라함의 소식을 몰라 얼마나 궁금했던가. 온 가족이 아브라함의 종의 말에 귀를 기울였다.

"저의 주인님은 하나님이 큰 복을 내려주셔서 양 떼와 소 떼가 많습니다. 종들도 많습니다. 큰 부자가 되셨습니다. 주인님은 늘그막에 외아들을 얻으셨는데, 주인님이 돌아가시게 되면 그 재산은 모두 외아들 이삭의 것이 됩니다."

종은 그간의 사정을 낱낱이 고하였다. 아브라함의 집안 사정은 물론이고, 주인님께 맹세하고 고향 친척 중에서 외아들 이삭의 신붓감을 찾으려고 먼 길을 여행한 것과 우물가에서 하나님께 기도한 내용까지, 하나도 빠뜨리지 않았다.

"그러니 이제 제게 말씀해 주십시오. 어르신들께서 우리 주인님의 뜻을 받아주실 것인지요? 어르신들께서 제 주인 아브라함의 뜻을 받아주셨으면 합니다."

아브라함의 조카가 되는 리브가의 아버지 브두엘과 리브가의 오라비인 라반은 실로 오랜만에 듣는 혈육 소식이 너무나 반가웠다. 거부가 된 아브라함의 정중한 청혼을 망설일 이유는 어디에도 없었다.

"이 일이 하나님의 뜻이신데, 우리가 어찌 된다 안 된다를 말할 수 있겠소. 내 딸을 데려가셔서, 그대 주인의 아들과 결혼시키시오."

아브라함의 종은 감격했다. 그 답을 듣자마자 엎드려 여호와 하나님께 감사를 드렸다. 그는 낙타에 싣고 온 금은 패물과 좋은 옷들을 리브가에게 주고, 가족들에게도 값진 선물을 안겨 주었다.

다음 날 아침, 아브라함의 종은 길 떠날 채비를 서둘렀다. 리브가의 가족이 열흘쯤 쉬었다 가라고 붙잡았지만, 종의 마음은 한시가 급했다.

"저를 붙들지 마십시오. 주인님께 속히 돌아가게 해 주십시오. 주인님은 저를 애타게 기다리고 계실 것입니다."

하지만 리브가의 가족은 하루라도 딸을 더 붙잡고 싶은 심정이었다. 그 먼 길을 한 번 떠나면 언제 다시 보게 될지, 어쩌면 다시 못 보게 될지도 몰랐다. 멀고 먼 땅으로 사랑하는 딸을 보내야 하는 가족의 마음이 어찌 섭섭하고 안타깝지 않을까.

"그러면 리브가를 불러 그녀에게 물어 봅시다."

아브라함의 종도 고개를 끄덕였다. 리브가의 어머니가 딸에게 물었다.

"리브가야, 네 생각은 어떠냐? 이분이 지금 당장 떠나시겠다는 구나. 너도 지금 함께 떠나겠니?"

리브가가 주저 없이 대답하였다.

"예, 지금 따라가겠어요."

아브라함의 종은 출발을 서둘렀다. 리브가는 유모와 함께 아브라함의 종이 데려온 낙타에 올라탔다. 리브가의 가족들은 딸의 앞날을 축복하며 작별을 고했다.

어느 날, 이삭은 날이 저물 즈음에 산책하러 나갔다가 멀리서 한 무리의 낙타 행렬이 다가오는 것을 보았다. 낙타에 타고 있던 리브가도 한 남자가 자기들에게로 다가오는 것을 보았다.

"우리 쪽으로 오고 있는 저 사람은 누구죠?"

리브가가 아브라함의 종에게 물었다.

"예, 제 주인 어른의 아드님이십니다."

리브가는 얼른 너울로 얼굴을 가리고 몸 매무새를 가다듬었다. 여성들은 낯선 사람에게 얼굴을 보이지 않는 것이 그 지방의 풍습이었다.

낙타가 이삭에게 이르자 종은 이제까지의 일을 다 이야기해 주었다. 이삭은 리브가를 자기 어머니가 쓰던 장막으로 데리고 갔다. 리브가는 이삭의 아내가 되었다.

어머니가 세상을 뜬 뒤 늘 외롭고 울적한 나날을 보내던 이삭은, 리브가로 말미암아 인생의 새로운 기쁨을 찾았다.

아브라함이 세상을 뜨다 창 25:1–11

아브라함은 아내 사라가 죽고 난 후 그두라라는 여인과 혼인하여 여섯 명의 자식을 더 두었다. 아브라함은 거의 모든 재산을 아들 이삭에게 물려주었지만, 그두라에게서 난 자식들에게도 재산을 나누어 주어 이삭이 살고 있는 땅을 떠나 동쪽으로 가서 살게 했다.

아브라함은 175세가 되어 세상을 떠났다. 그때 이삭의 나이는 75세, 하갈을 통해 낳은 이스마엘은 89세였다. 아브라함이 죽자, 이복 형제 이삭과 이스마엘은 아버지를 막벨라 동굴에 장사하였다. 아브라함은 아내 사라가 묻힌 그 동굴에 나란히 누웠다.

쌍둥이 형제, 야곱과 에서

쌍둥이 아들 에서와 야곱이 태어나다 창 25:19-28

그로부터 15년 전, 그러니까 아브라함이 160세이고 이삭이 60세일 때, 이삭과 리브가 사이에서 쌍둥이 형제가 태어났다. 이삭이 리브가와 결혼한 후 무려 20년 만에 얻은 첫 아기였다.

두 아이는 뱃속에서부터 심하게 다투었다. 리브가는 뱃속에서 서로 발길질을 하는 두 아이 때문에 고통이 심했다.

"어쩌다 나에게 이런 일이 닥친담!"

도대체 어떡하면 좋으냐고 하나님께 하소연하자, 하나님은 이렇게 대답하셨다.

"두 나라가 네 뱃속에 들어 있구나. 형제가 각자 나라를 이루겠지만, 형이 아우를 섬기겠구나!"

리브가는 과연 쌍둥이를 낳았다. 먼저 나온 형은 온몸이 불그레하고 털투성이여서 '붉다'는 뜻으로 '에서'라고 이름 지었고, 뒤이어 나온 아우는 형의 발뒤꿈치를 야무지게 붙들고 나와서 '붙잡다'는 뜻으로 '야곱'이라고 이름 지었다.

에서는 어려서부터 힘이 세고 거칠더니, 사냥꾼이 되어 밖으로 나다니기를 좋아했다. 동생인 야곱은 조용한 성격에 매끄러운 피부를 가졌으며 집안에서 지내기를 좋아했다. 이삭은 사내다운 장남 에서를 더 사랑하였고, 리브가는 가정적이고 여성적인 성격인 야곱을 더 사랑하였다.

야곱이 형 에서의 장자권을 사다 창 25:29–34

어느 날이었다. 들판에 나가 종일 사냥을 하던 에서가 저녁 무렵 집에 돌아왔다. 에서는 몹시 배가 고팠다. 마침 야곱은 부엌에서 맛있는 팥죽을 끓이고 있었다.

"야곱아, 배고파 죽겠다. 그 팥죽 좀 다오."

꾀가 많은 야곱은 그 순간 좋은 생각이 났다.

"내가 팥죽을 주면, 그 대신 형은 나한테 뭘 줄 건데?"

"뭘 줄까? 말만 해."

평소 아우로 태어나 맏아들의 특권이 없는 것을 억울해 하던 야곱은 바로 이때다 싶었다.

"팥죽을 줄 테니까 형의 장자권을 내게 팔아."

장자권은 상속권이다. 그 시대에 맏아들은 한 집안에서 아버지의 유산을 많이 물려받았을 뿐만 아니라 가문을 잇는 축복까지 받았다. 이처럼 장자권은 결코 가벼운 것이 아니었다. 하지만 들사람 에서는 미련하게도 그것을 대수롭지 않게 여기고는 선뜻 대답하였다.

"좋아, 배고파 죽을 지경인데 장자권이 무슨 소용이냐. 너 가져."

"맹세할 수 있어?"

"그래. 맹세하마."

야곱은 약속대로 팥죽을 형에게 주었다. 빵 몇 덩이도 함께 주었다. 이리하여 에서의 장자권은 너무나 간단하게 야곱에게로 넘어갔다.

이삭의 아내와 우물

이삭이 아내 리브가를 누이라고 속이다 창 26:1-16

대략 100년 전쯤, 이삭의 아버지 아브라함이 가나안 땅의 가뭄을 피해 이집트로 내려갔을 때, 그는 아리따운 아내 사라 때문에 목숨을 잃을까 봐 두려워 사라를 누이라고 속인 적이 있었다. 하마터면 사라가 이집트 왕의 후궁이 될 뻔한 위기를 하나님의 도움으로 넘긴 적이 있었다.

역사는 되풀이되는 것인가? 아브라함의 아들 이삭도 아버지가 저지른 잘못을 똑같이 범했다. 가나안 땅에 극심한 흉년이 들자 이삭은 블레셋 땅 그랄로 내려갔다. 아버지 아브라함이 그랬던 것처럼, 이삭은 아리따운 아내 리브가 때문에 자기가 목숨을 잃을까 봐 크게 염려했다. 아름다운 아내를 노리고 누가 무슨 짓을 할지 몰랐다.

아닌 게 아니라, 이삭 일행이 블레셋 땅 그랄에 살기 시작한 지 얼마 안 되어 리브가의 예쁜 얼굴은 사람들의 눈길을 끌었다.

"저 여인은 정말 아름답군요. 누굽니까?"

그랄 사람들은 야릇한 미소를 지으며 이삭에게 물었다.

"아, 제 누이랍니다."

이삭은 가슴이 철렁했다. 아내를 누이라고 말한 것이 양심에 걸렸지만, 살아남기 위해서는 어쩔 수 없다고 생각했다. 따지고 보면, 아내 리브가와는 오촌 친척 관계였으므로 순전한 거짓말은 아니라고 스스로를 위로하였다.

다행스럽게도 별일 없이 세월이 흘렀다. 어느 날, 블레셋 왕 아비멜렉이 지나가던 길에, 이삭이 아내 리브가를 다정스럽게 껴안는 광경을 창문을 통해 우연히 목격하였다. 리브가의 빼어난 미모에 대해서는 블레셋 왕도 이미 소문을 들어 알고 있던 차였다. 그런데 자신이 방금 목격한 광경은 오누이 관계에서는 있을 수 없는 일이었다. 둘은 부부임에 틀림없다고 판단한 블레셋 왕은 이삭을 불러들였다.

"이삭, 내가 보기에 그 여인은 분명 당신의 아내임이 틀림없소. 그런데 어째서 누이라고 우릴 속인 거요?"

"실은… 이곳 사람들이 제 아내를 빼앗으려고 저를 죽일까 봐 두려웠습니다."

이삭은 실토하지 않을 수 없었다.

"그런 법이 어디 있소? 누군가가 그녀를 범했으면 어쩔 뻔했소? 그렇게 되었다면, 당신은 우리에게 큰 죄를 짓게 하는 꼴이 아니고 뭐요?"

이삭은 너무나 부끄러웠다. 언약의 족장 이삭이 하나님을 의지하지 않고 세상적인 처신으로 위기를 모면하려 하다니! 이방인 왕에게 훈계를 들어야 하는 자신의 처지가 너무 초라해졌다.

어찌 되었든 이삭의 사정을 알게 된 블레셋 왕 아비멜렉은, 어느 누구도 이삭이나 이삭의 아내를 범해서는 안 된다고 단속을 해두었다. 누구든지 그들을 다치게 한 경우에는 사형에 처하겠노라고 엄포를 놓았다. 하나님께서는 이삭이 제 스스로의 믿음으로 확보하지 못한 안전을 아비멜렉을 통해 은혜로 확보해 주셨던 것이다.

아비멜렉이 이삭과 평화 조약을 맺다 창 26:17-35

아브라함이 죽은 후, 이삭은 가나안 남방의 블레셋 땅 그랄에서 오래 살았다. 오래전에 아브라함도 그 땅에서 산 적이 있었는데, 그때 아브라함의 종들이 판 우물이 그곳에 그대로 남아 있었다.

이삭은 그랄 땅에서 목축을 하며 농사도 지었다. 농사는 매년 풍작이었고, 양과 소와 노비 등의 재산이 날로 증가하였다. 이를 보고, 블레셋 사람들이 이삭을 시샘하기 시작했다.

그러던 어느 날, 우물 때문에 충돌이 생겼다. 이삭이 잘 되는 것을 시기한 블레셋 사람들이 아브라함 때에 판 이삭의 우물을 흙으로 메워버렸던 것이다. 우물은 가축은 물론 사람들의 생존에도 직결되는 소중한 재산이었다. 그래서 우물 때문에 싸움이 일어나는 일이 적지 않았다.

그랄 왕 아비멜렉은 이삭을 그 지역에서 떠나게 하였다. 이삭은 아비멜렉과 대결할 수도 있었지만 충돌을 원치 않았다. 그래서 그 우물을 포기하고, 그랄을 떠나 골짜기 지대로 거주지를 옮겼다. 그리고 거기서 우물을 팠더니, 맑은 물이 콸콸 터져 나오는 것이었다. 그랄의 목자들이 다시 또 그 우물을 넘보았기 때문에, 이삭의 종들과 자연 충돌이 생겼다. 그랄의 목자들은 그 우물이 자기들의 것이라고 생떼를 썼다.

이삭은 온유한 사람이었다. 이번에도 이삭은 충돌을 피해 그 우물을 포기하고, 더 멀리 이동하여 또 다른 우물을 팠다. 이번에도 물이 쏟아져 나왔다. 그러자 그랄 사람들도 더 이상 어찌해 볼 도리가 없었다.

얼마 후, 이삭은 더 멀리 브엘세바로 거주지를 옮겼다. 하루는 그랄 왕 아비멜렉이 고문과 군사령관을 데리고 이삭을 찾아왔다. 이삭의 세력이 워낙 커진 바람에 이러다가 행여 큰 충돌이라도 생기지 않을까 염려가 되어 찾아온 것이다. 그들은 이삭과 평화 조약을 맺기를 원했다.

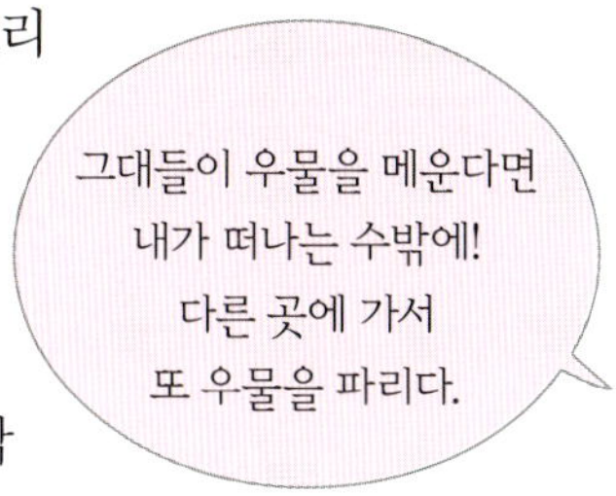

"여호와 하나님이 당신과 함께 하신다는 것을 우리는 똑똑히 보았소. 우린 당신을 해칠 생각이 없소. 그러니 당신도 우리를 해치지 않겠다는 조약을 맺는 것이 어떻겠소?"

평화를 사랑하는 온유한 성품의 이삭이 반대할 리 없었다. 이삭은 그들을 위해 잔치를 베풀고 평화 조약을 맺었다. 이 사실은 당시 이삭의 세력이 얼마나 컸는지, 이방 사람들의 눈에도 하나님이 함께 하시며 복을 주신다고 인정할 정도로 이삭의 존재가 대단했음을 보여주는 사건이다.

한편, 이삭의 장자인 에서는 헷 족속의 두 원주민 여인을 아내로 맞았다. 이삭과 리브가는 그런 아들이 탐탁치 않았다. 원주민 여인이 과연 조상들이 믿어 온 여호와 신앙을 이어 나갈 수 있을지 걱정이 되었기 때문이었다.

야곱의 속임수와 에서의 눈물

리브가와 야곱이 이삭을 속이다 창 27:1–17

세월이 흘렀다. 늙은 이삭은 앞이 잘 보이지 않을 정도로 기력이 쇠약해졌다. 어느 날 그는 맏아들 에서를 불렀다.

"에서야, 내가 너무 늙어서 죽을 날이 가까워진 것 같구나. 언제 죽을지 모르니, 너에게 가문의 복을 빌어 주어야겠다. 그러니 들에 나가서 사냥을 해서 들짐승을 잡아오너라. 고기가 먹고 싶구나. 그 고기를 먹으면서 마지막으로 널 축복해 주고 싶다."

장막 밖에서는 리브가가 이 말을 엿듣고 있었다. 리브가는 즉시 야곱에게 그 사실을 알렸다. 원주민을 아내로 둔 에서보다는 야곱에게 더 정이 가고 마음이 쏠렸기 때문에, 리브가는 야곱이 에서보다 더 잘 되기를 바라고 있었다.

리브가는 이삭이 에서를 축복하려 한다는 사실을 귀띔해 준 다음, 야곱에게 말했다.

"그러니 야곱아, 어서 가축 떼가 있는 곳으로 달려가서 살찐 염소새끼 두 마리를 잡아 오너라. 아버지가 좋아하는 요리를 내가 만들어 줄 테니, 너는 그걸 아버지에게 잡수시게 하고 아버지의 마지막 축복을 받아라."

야곱은 아무래도 걱정이 되었다.

"어머니, 형은 털이 많고 나는 매끈하잖아요. 아버지가 축복하시면서 제 몸에 손이라도 대시면 금방 탄로가 날 텐데요. 일이 잘못되면, 축복을 받으려다 오히려 저주를 받을지도 모르잖아요."

"저주를 받게 되면 내가 다 받을 테니, 넌 걱정 말고 어서 염소새끼나 잡아 와라."

리브가의 독촉에 야곱은 서둘러 염소새끼를 잡아 왔고, 리브가 역시 에서가 돌아오기 전에 일을 마무리 짓기 위해 서둘러 요리를 장만하였다.

음식이 다 되자, 리브가는 에서의 옷 중에서 가장 좋은 것을 골라 야곱에게 입히고, 염소새끼의 가죽털로 야곱의 팔을 감아주고, 목 부분도 감싸주었다. 완벽한 위장이었다.

빼앗은 축복, 빼앗긴 축복 창 27:18-40

야곱이 음식을 들고 아버지 앞으로 갔다.

"아버지!"

"넌 첫째냐, 둘째냐?"

야곱은 움찔하였으나 마음을 가다듬고 태연하게 말했다.

"맏이 에서입니다. 아버지께서 해오라고 하신 대로 음식을 준비해 왔습니다."

"어떻게 이렇게 빨리 잡아 왔느냐?"

이삭은 아무래도 의심쩍은 모양이었다.

"예, 오늘은 하나님께서 특별히 도와주신 것 같습니다."

야곱은 애써 능청을 떨었다.

"그래? 이리 좀 가까이 다가오너라. 너를 만져봐야 되겠다."

야곱은 긴장했지만, 용기를 냈다. 야곱이 가까이 다가가자, 이삭은 그의 팔을 만지며 말하였다.

"거참, 이상하구나. 목소리는 야곱인데 손은 에서로구나."

이삭은 야곱에게 축복하려다 말고 다시 물었다.

"네가 정말 에서가 맞느냐?"

"그럼요, 아버지."

어딘가 이상한 데가 없지 않았지만, 이삭은 의심을 떨쳐버리려고 애쓰며 말했다.

"음식을 이리 가져오너라. 네가 사냥해 온 고기를 먹으면서 마음껏 축복해 주마."

이삭은 음식을 맛있게 먹었다. 포도주도 마셨다.

"자, 가까이 와서 내게 입을 맞추어라."

야곱이 다가가 입을 맞추자, 이삭은 그 옷에서 나는 냄새를 맡고 축복하였다.

"내 아들의 몸에서 나는 이 냄새는 하나님께 복을 받은 밭에서 나는 그 향기로다. 하나님께서 이슬을 내리시어 네 밭을 기름지게 하시길 비노라. 곡식과 새 포도주가 너에게 풍성하기를 비노라. 뭇 나라가 너를 섬기리라. 그들이 네게 무릎을 꿇고, 네 피붙이들도 모두 너에게 복종하리라. 너를 저주하는 자는 저주를 받고, 너를 축복하는 사람은 복을 받으리라."

이삭은 마음껏 축복하였다. 야곱은 아버지의 축복을 받자마자 서둘러 아버지의 장막을 떠났다. 마음이 급했던 것이다. 아니나 다를까, 야곱이 떠나자마자 에서가 음식을 들고 아버지의 장막으로 들어갔다.

"아버지, 아버지께서 드실 음식을 마련해 왔습니다. 일어나서 드시고, 저를 축복해 주십시오."

"아니? 넌…, 넌 누구냐?"

이삭은 크게 놀라고 당황하였다.

"저예요. 아버지의 맏아들 에서입니다."

그 말을 듣는 순간 이삭의 온몸이 부들부들 떨렸다. 그렇지만 이제 와서 어쩔 것인가? 여호와의 이름으로 한 번 베풀어진 장자의 축복은 취소될 수도 없었고, 그렇다고 다시 베풀어질 수도 없었다.

"한 발 늦었구나, 에서야! 네 아우 야곱이 이미 네 축복을 가로채 갔다. 그 아이가 가져온 음식을 먹고, 그 아이를 마지막으로 축복해 주었어. 그러니 어쩌겠느냐? 축복을 거두어들일 수는 없는 일이야. 네 아우를 축복해 주신 분은 내가 아니라 하나님이시니까."

에서는 너무나 억울하고 화가 났다. 애써 감정을 누르고, 울면서 이삭에게 매달렸다.

"아버지, 저도 축복해 주세요. 야곱은 저번에도 저를 속였습니다. 팥죽 한 그릇에 제 장자권을 빼앗아갔단 말입니다. 그런데 이제 제가 받을 축복마저 가로채 갔군요. 아버지, 저에게 주실 복은 남기지 않으셨나요?"

에서는 울부짖었다. 이삭은 그런 에서가 무척 안타까웠지만, 야곱에게 이미 베풀어 준 복을 되무를 수는 없는 일이었다.

"네가 살 땅은 척박하며 하늘에서 이슬 한 방울 내리지 않으리라. 너는 칼에 의존하여 살아가리라. 너는 아우를 상전으로 섬겨야 할 것이다. 너 스스로 힘을 길러 아우가 씌워준 굴레를 벗어나거라."

에서에게 주어질 남은 복은, 야곱이 받은 어마어마한 복에 비하면 사실 찌꺼기 복에 가까운 것이었다.

이리하여 하나님의 택한 가문인 아브라함 집안의 축복은 아브라함과 이삭을 거쳐 이제 야곱에게로 이어졌다.

야곱의 피신과 벧엘 들판의 꿈

야곱이 하란으로 피신하다 창 27:41–28:9

에서는 분통이 터져 견딜 수가 없었다. 당장이라도 야곱을 죽이고 싶었다. 그러나 아버지가 매우 연로하셨으므로, 아버지 이삭이 세상을 떠나시면 그때 죽이기로 작정했다.

'너 이놈 야곱, 조금만 기다려라. 내가 반드시 너를 죽이고 말리라.'

에서는 복수의 칼을 갈았다.

리브가의 귀에 에서가 야곱을 죽이려 한다는 말이 들려왔다.

"야곱아!"

리브가는 속히 손을 쓰기로 마음먹고 서둘렀다.

"네 형 에서가 너를 죽여야만 한이 풀릴 모양이다. 암만해도 멀리 피하는 게 좋겠다. 하란에 있는 외삼촌 라반에게 가면 안전할 거야. 거기서 네 형의 분이 풀릴 때까지 머물러 있거라. 때가

되면, 내가 사람을 보내 너한테 기별할 것이다."

리브가는 곧장 남편에게로 가서, 야곱을 하란으로 보내 신붓감을 구해야 되겠다고 말했다.

"생각해 보세요. 에서가 원주민 여자와 사는 꼴이 못마땅한데, 야곱마저 그렇게 되도록 내버려둘 수는 없잖아요. 당신이 그랬던 것처럼, 메소포타미아 고향으로 보내서 친척 가운데서 신부를 얻도록 해야겠어요."

이삭은 쉽게 동의하였다.

"네 어머니의 고향인 하란으로 가라. 거기서 외삼촌 라반의 딸 중에서 아내를 맞도록 해라."

이삭은 야곱에게 단단히 당부한 다음, 먼 길을 떠날 야곱을 위해 축복해 주었다.

아브라함이 종을 시켜 이삭의 신붓감을 구하러 보낼 때는, 열 마리의 낙타에 많은 선물을 싣고 여러 명의 종들이 갔었다. 그러나 야곱은 혼자였다. 큰 부자의 아들인데도 홀홀단신으로 외로운 나그네의 길을 떠나야 했다. 에서가 알면 뒤쫓아와 해칠지도 모른다는 우려 때문에, 리브가가 다른 사람들 몰래 야곱을 떠나보냈기 때문이다.

야곱, 하늘이 열린 꿈을 꾸다 창 28:10–22

야곱의 피난길은 멀고 험했다. 아버지의 장막이 있는 브엘세바에서 외삼촌 라반의 집이 있는 메소포타미아 북부의 하란까지는 북북동 방향으로 500km 정도나 되는 먼 길이었다. 요단 강과 얍복 강을 건너야 하고, 요르단의 구릉 지대와 아라비아 사막의 북동 지역을 통과해야 했다.

홀로 걸어서 가기에는, 사방에 많은 위험이 도사리고 있는 외롭고 힘든 길이었다. 그동안 야곱은 대부호의 아들로서 힘든 일을 해본 적이 없었다. 모든 것을 종들이 알아서 해주었다. 더군다나 야곱은 어머니의 품 안에서 자라다시피 한 나약한 성격이 아닌가!

형 에서의 보복이 두려워 도망가는 길이 아니라면, 야곱으로서는 엄두가 나지 않는 길을 떠난 것이다. 두려움이 엄습해 왔다. 태어난 이후 한 번도 홀로 되어본 적이 없는 그였다. 그러나 그 모든 것이 자신의 욕심이 불러온 죄였으니, 누구를 원망할 수도 없었다.

위로가 되는 것이 있다면, 아버지로부터 받은 축복이었다. 할아버지 아브라함과 함께 하셨던 여호와 하나님, 아버지 이삭과도 함께 하시면서 복을 주신 여호와 하나님, 그분 하나님이 자기도 지켜주시고 복을 내려주시리라. 그런 믿음이 야곱에게 용기를 주었다.

어느 날 해질 무렵이었다. 지칠 대로 지친 야곱은 노숙을 위해 돌 하나를 베개 삼아 다리를 뻗고 누웠다. 지친 야곱은 이내 깊은 잠에 빠졌고, 꿈을 꾸었다.

땅에서부터 하늘까지 닿은 긴 사다리가 보였다. 흰옷 입은 천사들이 그 사다리를 타고 오르락내리락하였다. 그 위에서 여호와 하나님이 말씀하셨다.

"나는 여호와다. 네 할아버지 아브라함의 하나님이며, 네 아버지 이삭의 하나님이다. 네가 지금 누워 있는 땅을 너와 네 후손에게 주리라. 네 후손이 땅의 티끌처럼 많아져서 동서남북으로 가득하게 되리라. 또한 너와 네 후손으로 말미암아 뭇 나라들이 복을 받으리라."

하나님의 말씀은 계속 이어졌다.

"나는 늘 너와 함께 할 것이다. 네가 어디로 가든지 널 지켜주리라. 넌 이리저리 돌아다니겠지만 다시 이곳으로 돌아오리라. 내가 약속한 것을 다 이루기 전까지는, 난 절대로 네 곁을 떠나지 않을 것이다."

잠에서 깨어난 야곱은 감격했다. 그리고 혼자 중얼거렸다.

'오, 여호와께서 바로 여기에 계시는구나. 그분이 바로 여기에 계신데도 내가 그걸 몰랐구나!'

그의 감격은 다음 순간 두려움으로 변하였다.

'이곳은 얼마나 두려운 곳인가. 바로 여기가 하나님의 집이라니! 이곳이 바로 하늘이 열리는 문이라니…!'

아침이 되자, 야곱은 베개로 삼았던 돌을 세워 비석으로 삼고 그 위에 기름을 부었다. 그런 후에 그곳을 '하나님의 집'이라는 뜻으로 '벧엘'이라 불렀다. 그러고 나서 맹세하였다.

"하나님이 나와 함께 하시고 내가 가는 길마다 나를 지켜주시고 먹을 것과 입을 것을 내게 주시면, 그리하여 마침내 아버지가 계시는 집으로 무사히 돌아가게 하신다면, 저는 여호와를 저의 하나님으로 섬길 것입니다. 이 비석은 '하나님을 섬기는 집'이 될 것입니다. 그리고 저는 하나님께서 저에게 주시는 모든 것의 십분의 일을 반드시 주께 드리겠습니다."

야곱의 하란 생활

야곱이 레아와 라헬을 아내로 맞다 창 29:1–30

길고 고달픈 여행 끝에 야곱은 마침내 하란 근처의 어느 들판에 도착하였다. 그곳 우물가에 이르자, 목자들이 양떼에게 물을 먹이려고 모여들고 있었다.

"어디서 오는 길입니까?"

야곱이 목자들에게 물었다.

"하란에서 오는 길이오."

'하란'이라는 말에 야곱의 귀가 번쩍 띄었다.

"그럼… 혹시 나홀의 손자 라반을 아시는지요?"

"물론 잘 알지요."

"그분께선 안녕하신가요?"

"그럼요. 오, 마침 저기 그분의 딸 라헬이 양떼를 이끌고 이리 오고 있네요."

잠시 후, 라헬이 양떼와 함께 우물가에 도착하였다. 야곱은 일단 라헬이 몰고온 양떼에게 물을 먹인 후, 라헬에게 가서 입을 맞추고는 엉엉 소리내어 울었다. 고달픈 여행 끝에 만난 친척인지라 너무도 반가웠기 때문이다.

"내가 그대 아버지의 조카요. 그대의 고

모인 리브가의 아들이란 말이오."

라헬은 크게 놀랐다. 곧장 집으로 달려가 아버지 라반에게 그 사실을 알렸다. 라반은 곧, 조카를 만나기 위해 달려 나왔다. 야곱이 그동안 있었던 일을 모두 이야기하자 라반은 참으로 반가워하였다.

"오, 네가 정말 우리 피붙이로구나."

식구들 모두가 야곱을 반겨 주었다. 야곱은 외삼촌 라반의 집에서 일을 거들며 머물렀다. 그러기를 한 달쯤 지났을 때였다. 라반이 야곱에게 말했다.

"야곱아, 네가 아무리 내 조카이긴 하지만 이렇게 거저 일을 해서야 되겠느냐. 내가 보수를 얼마나 쳐주면 좋겠느냐?"

야곱이 서슴없이 대답하였다.

"라헬과 결혼을 하도록 허락해 주세요. 허락만 해 주신다면 7년 동안 그냥 일하겠습니다."

라반에게는 두 딸이 있었다. 큰 딸 레아는 총기가 부족한 듯 보였고, 작은 딸 라헬은 미인이었다. 야곱은 그동안 라헬에게 사랑하는 마음을 품게 되었다.

"그래? 하기야 다른 사람에게 주는 것보다는 너에게 주는 게 좋겠구나. 좋다, 그럼 그렇게 하도록 하자꾸나."

7년, 결코 적은 세월이 아니었다. 하지만 야곱은 라헬을 너무나 사랑하였으므로, 라헬을 신부로 맞기 위한 7년의 세월이 전혀 길게 여겨지지 않았다.

마침내 7년이 지나자, 야곱과 라헬의 혼인 잔치가 성대하게 벌어졌다. 첫날밤이 되자, 라반이 신부를 신방으로 들여보냈다. 야곱은 잔뜩 술에 취한 상태였다. 신부는 눈만 보이도록 온몸과 얼굴을 너울로 가리고 있었으므로, 야곱은 아무런 의심 없이 그녀가 당연히 라헬이려니 생각하고 잠자리를 함께 했다.

그러나 어찌된 일인가. 다음 날 아침이 되어 신부의 얼굴을 본 야곱은 기절초풍할 지경이었다. 사랑하는 신부 라헬이 아니라, 그 언니인 레아였다. 레아와 첫날밤을 치른 것이다.

기가 막힌 야곱은 즉시 라반에게 달려가 항의했다.

"외삼촌, 내가 라헬에게 장가들려고 7년 동안이나 뼈 빠지게 일했는데, 이러

실 수가 있습니까? 왜 라헬이 아닌 레아를 신방에 들여보낸 겁니까? 왜 약속을 안 지키고, 이렇게 나를 속였습니까? 이래도 되는 건가요?"

라반은 태연자약 대답하였다.

"이 사람아, 우리 고장 풍습에는 언니보다 아우가 먼저 결혼하는 법이 없다네. 자넬 속이려는 게 아니야. 내 말을 믿고 잔치 기간인 이레가 끝나기만 기다려 주게. 그럼 라헬도 자네에게 주겠네."

야곱이 조금 안도하자, 라반이 말을 이었다.

"그렇지만 조건이 있어. 라헬을 주는 조건으로, 앞으로 7년 동안 더 일해야 하네."

야곱은 속았다는 느낌이 들었지만, 라헬과 결혼할 수 있다는 말에 거부할 수가 없었다. 라헬과 결혼할 수만 있다면, 7년이 무슨 문제랴!

잔치 기간이 끝나자 라반은 약속대로 작은 딸 라헬을 야곱에게 주어 아내로 맞아들이게 했다. 야곱 또한 약속대로 외삼촌 라반을 위해 7년 동안 열심히 일했다.

하란에서 낳은 야곱의 아들들 창 29:31–30:24

야곱이 외삼촌 라반에게 속아 레아를 첫번째 아내로 맞긴 했지만, 야곱의 사랑은 두 번째 아내가 된 라헬뿐이었다. 레아는 늘 쓸쓸하고 허전했다. 야곱이 라헬을 사랑하고 레아를 사랑하지 않는 것을 보신 하나님은, 레아를 위로하기 위해 그녀로

하여금 여러 아들들을 낳게 하셨다.

레아는 아들 넷을 줄줄이 낳았다. 르우벤, 시므온, 레위, 유다가 그들이었다. 이제 레아는 남편 앞에서 당당한 부인이 되었다.

하지만 웬일인지, 야곱의 사랑을 듬뿍 받는 라헬에게는 자식이 없었다. 자식을 낳지 못한 라헬은 그것이 늘 마음에 걸렸다. 라헬은 궁리 끝에 자식을 얻을 속셈으로 자기의 몸종 빌하를 야곱에게 주었다. 일찍이 아들을 낳지 못한 사라가 자기의 몸종 하갈을 아브라함에게 주었던 것처럼. 당시에는, 여종이 낳은 아이는 여주인의 아들로 간주되었다.

야곱과 라헬의 몸종 빌하 사이에 두 아들이 태어났다. 그 자식들의 이름은 단과 납달리였다. 이리하여 라헬도 몸종을 통해 자식을 가질 수 있었다. 이쯤 되자, 두 자매는 아들 낳기 경쟁을 벌였다. 레아는 자기의 몸종 실바를 야곱에게 주어, 실바를 통해 두 아들을 얻었다. 레아는 그들을 갓과 아셀이라고 이름 지었다.

레아는 또, 자신이 직접 두 아들을 낳았다. 잇사갈과 스불론이 그들이었다. 레아는 매우 흡족하였다. 자기가 낳은 아들 여섯에다, 자기 종이 낳은 아들 둘이 있으니, 모두 여덟 형제가 아닌가. 거기에 레아는 또 딸을 하나 낳고 이름을 '디나'라고 지었다.

시샘이 많은 라헬은 언니에게 뒤지는 것이 크게 속이 상했다. 무엇보다 자신이 직접 낳은 친아들이 없다는 것이 안타까웠다. 라헬은 하나님께 매달렸고, 하나님은 라헬에게 아들을 낳게 하셨다. 바로 요셉이었다. 야곱은 많은 아들들 중에서 요셉을 가장 사랑하였다. 사랑하는 라헬이 낳은 외아들인 데다가, 늙어서 낳았기 때문이었다.

나중에 야곱의 고향인 가나안 땅으로 돌아간 후, 라헬은 아들 하나를 더 낳다가 산고産苦로 인해 죽었다. 그 아들이 요셉의 친동생 베냐민이었다. 이렇게 해서 야곱에게는 아들만 12명이 되었다. 이들 열두 명이 훗날 이스라엘 12 지파의 조상이 된다.

야곱이 또다시 도망쳐 가나안으로 향하다 창 30:25–31:55

야곱은 사랑하는 라헬과의 결혼을 위해 14년 동안이나 외삼촌 라반의 집에서 일해 주었다. 그 후 6년 동안은 대가를 받고 일하였다. 야곱은 어느 정도의 대가를 받았을까? 야곱은 자신이 받을 노동의 대가를 스스로 제안했다.

야곱은 자신이 치는 양떼 중에서 새끼가 태어나게 되면 점 있는 것, 얼룩무늬 있는 것, 검은 것은 모두 자신의 품삯으로 달라고 했다. 염소떼 중에서도 점 있는 것과 얼룩무늬 있는 새끼는 모두 자신의 품삯으로 쳐달라고 했다.

라반으로서는 손해 볼 것이 없었다. 양들은 순수한 흰색을, 염소들은 순수한 흑갈색을 띠는 것이 거의 전부였고, 태어나는 새끼들도 대개가 그러했기 때문이다. 점 있는 것이나 얼룩무늬 있는 것 또는 검은 것들은 아주 드물게 태어났기 때문에, 라반은 미소를 지으며 흔쾌히 야곱의 계약 조건을 받아들였다.

"좋다, 그리하도록 하자."

라반은 얼른 그러마고 약속하고, 자신의 양과 염소 중에서 얼룩무늬가 있거나 점이 있거나 검은 것들은 따로 골라내어 자기 아들들에게 맡기고, 야곱에게는 흰 양과 검은 염소만 맡겼다. 그리고는 안전 대책으로 야곱이 돌볼 가축 떼와 자기 아들들이 돌보는 가축 떼와의 간격을 사흘 길이 되도록 멀리 떨어지게 하였다. 라반의 생각에, 이렇게 해 놓으면 야곱이 말한 조건을 갖고 태어날 새끼가 없을 것 같았다.

'또 몇 년 동안을 공짜로 부려먹게 생겼구나.'

라반은 속으로 쾌재를 불렀다.

그러나 이게 웬일인가! 해를 거듭할수록 야곱이 말한 조건을 갖고 태어나는 새끼들이 부쩍부쩍 늘었다. 모두 야곱의 재간이었다. 야곱은 나뭇가지 껍질을 벗겨내어 얼룩무늬가 생기게 한 다음, 양들이 개울로 물을 먹으러 와서 교미를 할 때마다 그 나뭇가지를 바라보게 하였다. 그러다 보니 가축이 낳는 새끼들 중에 얼룩무늬가 있는 경우가 많아졌다.

더구나 야곱은 건강한 가축이 교미를 할 때는 껍질을 벗긴 나뭇가지를 그

앞에 갖다 놓았지만, 약한 가축이 교미를 할 때는 그 나뭇가지를 가져다놓지 않았다. 이렇게 되니 줄무늬가 있는 것들은 자연 건강한 축에 속했다.

그리하여 6년이 지나자, 야곱은 엄청난 부자가 되어 있었다.

"야곱이 우리 아버지의 양떼를 다 빼앗아 가는구나."

"야곱이 가진 가축 떼는 본래 다 우리 아버지의 소유가 아닌가."

야곱이 라반보다 더 큰 부자가 되자, 라반과 그의 아들들의 태도가 달라졌다. 그들은 야곱을 시기하고 미워했다. 야곱도 이전과 달라진 그들의 태도를 확연히 느낄 수 있었다. 그 무렵, 하나님이 야곱에게 말씀하셨다.

"야곱아, 네 조상들이 있는 땅으로 돌아가라. 내가 너와 함께 하리라."

야곱이 가족을 떠나 하란 땅으로 온 지 어느덧 20년이 흘러 있었다. 그 긴 세월을 멀리 하란 땅에서 외삼촌 집안의 일만 하면서 살았다. 아버지와 어머니가 그리웠다. 이제는 고향으로 돌아가고 싶었다. 그러나 외삼촌 라반이 야곱을 과연 곱게 보내줄 수 있을까? 아마도 아닐 것이다. 라반은 쉽사리 보내주지 않을 것이 분명했다. 고민 끝에 야곱은 두 아내를 불러, 왜 자신들이 몰래 떠나지 않으면 안 되는지를 이야기했다. 두 아내도 야곱의 뜻에 따르겠다고 했다.

그 무렵 라반은 양털을 깎느라고 멀리 떠나 있었다. 기회였다. 야곱은 가족들과 가축 떼를 이끌고 고향 땅을 향해 길을 떠났다. 형 에서를 피해 고향 집에서 몰래 도망쳐 나온 지 20년, 이제 야곱은 외삼촌 라반을 피해 발걸음을 재촉하고 있었다. 20년 만에 또다시 도망자의 신세가 된 것이다. 달라진 것이 있다면, 20년 전에 도망칠 때는 가진 것 없이 홀홀단신이었으나, 지금은 많은 가족과 종들과 엄청난 가축 떼를 거느리게 되었다는 점이었다. 엄청난 대가족이 500km를 여행하려면 족히 한 달은 걸릴 것이다.

야곱이 몰래 도망친 지 사흘, 라반은 그제야 야곱의 도주 사실을 보고 받았다. 라반은 부랴부랴 추격대를 조직했다. 그리고 칠일 동안 밤낮으로 추격한 끝에 야곱 일행이 있는 곳에 이르렀다. 그런데 바로 그날 밤이었다. 라반의 꿈에 하나님이 나타나, 좋은 말로든 나쁜 말로든 야곱과 시비하지 말라고 경고하셨다.

다음 날, 라반은 야곱에게로 갔다. 하지만 이미 하나님의 경고를 받았는지라, 라반은 야곱에게 나쁜 말을 할 수가 없었다. 두 사람은 서로 해치지 않기로 언약을 맺고, 그 증거로 돌무더기를 쌓았다. 그리고 그곳 이름을 갈르엣이라고 하였다. '갈르엣'은 '증거의 무더기'라는 뜻이다.

라반과 야곱은 하룻밤을 함께 보내면서 많은 이야기를 나누었다. 다음 날 아침, 라반은 자신의 딸들과 외손자들에게 입을 맞추고 복을 빌면서 석별의 정을 한껏 나눈 다음, 다시 하란으로 돌아갔다.

야곱의 귀향과 얍복 강변의 씨름

야곱이 천사와 씨름하다 창 32장

20년 만의 귀향이 어찌 기대와 흥분으로 가슴 설레지 않을 수 있으랴. 그럼에도 불구하고 야곱은 고향이 가까워질수록 오히려 두려움이 증폭되어 갔다. 복수의 칼을 갈고 있었던 형 에서 때문이었다. 고향을 떠날 때, 돌아와도 괜찮을 상황이 되면 사람을 보내 기별하겠다던 어머니의 약속은 어떻든 지금껏 이루어지지 않고 있었다.

가나안 땅에 들어선 야곱은 우선 형 에서의 마음이 어떤지를 미리 알아보기로 했다. 야곱은 종들을 보내면서 당부했다.

"내 형 에서를 만나거든 정중하게 인사를 올리도록 해라. '형님의 아우 야곱은 지금까지 외삼촌 라반의 집에 머물러 지내면서, 많은 가축을 얻어 부자가 되었습니다. 그래서 형님께 인사를 드리러 왔으니 부디 너그러운 마음으로 아우를 봐 주십시오.' 이렇게 전갈을 하도록 해라."

그러나 돌아온 종들의 보고는 야곱의 마음을 더욱 불안하게 했다.

"주인님의 형님께 다녀왔습니다. 형님도 주인님이 돌아오신다는 소식을 들으신 모양입니다. 그분도 4백 명의 종들을 거느리고 주인님을 만나려고 이리로 오고 있는 중입니다."

야곱은 이 말을 듣고 생각했다. '이젠 죽는구나. 나도, 내 가족도, 나의 가축 떼도 다 죽일 작정이로구나.'

야곱은 즉시 가축 떼를 둘로 나누어 거리를 두게 했다. 에서가 와서 한쪽을 공격하더라도 나머지 절반은 도망칠 수 있도록 하기 위함이었다. 야곱은 다급한 마음으로 하나님께 기도하였다.

"할아버지 아브라함의 하나님, 아버지 이삭의 하나님, 하나님께서는 저에게 고향 땅 저의 피붙이들이 있는 곳으로 다시 돌아가라고 하셨습니다. 사실 저는 하나님께서 베풀어 주신 모든 은총을 받을 만한 자격조차 없는 몸입니다. 20년 전에 요단강을 건널 때는 지팡이 하나가 전부였습니다. 그런데 지금은 이렇게 큰 부자가 되었습니다. 하나님, 저를 구해 주십시오. 형 에서가 우리 가족을 모두 죽일지도 모릅니다. 하나님은 제가 하는 일마다 다 잘되게 해주신다고 약속하셨습니다. 제 후손을 셀 수 없도록 많게 주신다고 약속하셨습니다. 하오니 주님, 약속을 잊지 마시고 제발 저를 기억해 주십시오."

다음 날, 야곱은 형의 마음을 누그러뜨릴 한 가지 묘안을 떠올렸다. 많은 예물을 미리 보내는 것이었다. 야곱은 종들을 시켜 암염소 2백 마리, 숫염소 20마리, 암양 2백 마리, 숫양 20마리, 어미 낙타 30마리와 그 새끼들, 암소 40마리, 황소 10마리, 암나귀 20마리, 새끼 나귀 10마리 등, 큰 목장 하나를 차릴 만한 6백 여 마리의 가축을 형에게 예물로 보내도록 준비시켰다.

야곱은 그 예물을 한꺼번에 보내지 않고 몇 무리로 나누어 각각 1km 정도씩 거리를 두게 하고 차례로 출발시켰다. 형 에서를 기쁘게 하고 감동시키려는 계산이었다. 첫 무리만 자기에게 보내지는 예물로 알았는데 그 뒤를 이어 또 한 무리가 오고, 또 다른 무리가 오면, 그 많은 예물에 흐뭇해져 마음이 풀어질 수도 있을 것이기 때문이었다.

종들이 예물용 가축 떼를 이끌고 얍복 강을 다 건넌 후에 밤이 되기를 기다려, 이번에는 두 아내와 두 소실과 자녀들, 가축 떼 모두를 건너 보냈다. 이제 남은 자는 야곱뿐이었다. 야곱은 홀로 얍복 강변에서 밤을 보내게 되었다. 큰 근심과 두려움에 휩싸인 채 야곱은 밤새도록 홀로 기도했다.

그날 밤, 기도하고 있는 야곱에게 느닷없이 어떤 사람 하나가 나타났다. 야곱은 그 사람을 붙들고 밤새도록 씨름을 했다. 밤이 지나고 날이 새도록 그들은 온 힘을 다해 싸웠다. 관객 없는 고독한 싸움이었다. 야곱은 이 사람에게 지면 죽기라도 하는 듯 혼신의 힘을 다 쏟아 싸웠다. 낯선 사람은 도저히 이길 수 없음을 알았는지 야곱의 엉덩이를 힘껏 후려쳤다. 엉덩이뼈가 부러졌다. 그 상처로 인해 야곱은 다리를 절게 되었다.

동녘이 밝아오고 날이 새려 하자 낯선 이가 말했다.

"날이 새니 이젠 가야겠다. 어서 놔라."

그때서야 야곱은 낯선 그자가 천사라는 사실을 알았다. 그렇다면 그냥 보내줄 수 없었다. 야곱은 엉덩이뼈가 부러져 큰 고통을 느꼈으나, 천사를 힘껏 부여잡고 놔주질 않았다. 그야말로 죽기 살기로 매달렸다.

"저를 축복해 주실 때까지는 절대로 놓아줄 수 없습니다."

"네 이름이 뭐냐?"

끈질지게 매달리는 야곱에게 천사가 물었다.

"야곱입니다."

"이제는 야곱이라 부르지 마라. 너는 하나님과 씨름하였고 사람들과도 싸워 이겼다. 그러니 이제부터는 네 이름을 '이스라엘'이라고 하여라."

'이스라엘'은 '하나님과 겨루어 이겼다.'라는 뜻이다. 야곱이 끈질지게 매달려 마침내 하나님에게서 기도의 응답을 받아낸 것을 기념하는 이름이었다. 야곱은 천사와 씨름을 한 그 곳을 '브니엘'이라고

명명하였다. '브니엘'은 '하나님의 얼굴'이라는 뜻인데, 야곱이 하나님을 뵙고도 목숨을 건졌다는 의미가 담긴 이름이었다.

20년 만의 상봉 창 33장

날이 샌 후, 야곱은 앞서간 가족을 만나기 위해 절뚝거리며 얍복 강을 건넜다. 몸은 피곤에 절어 있었지만, 지난 밤에 하나님을 만나 새로운 이름을 부여받은 기이한 체험을 떠올리면서 용기를 냈다. 얍복 강을 건넌 야곱은 미리 건너가 있던 가족과 일행을 만날 수 있었다.

얼마 후 야곱은 저 앞에서 모래 먼지가 뽀얗게 일어나는 것을 보았다. 형 에서의 일행이었다! 에서가 4백 명을 이끌고 자신에게로 다가오고 있었다. 야곱은 두려웠다. 가슴이 떨렸다. 하지만 서둘러 두 여종과 그들이 낳은 자식들을 앞세우고, 그 뒤로는 레아와 자식들, 그 뒤로는 라헬과 요셉을 따라오게 하고, 자기는 맨 앞에 섰다.

마침내 형 에서를 보는 순간, 야곱은 형 에서에게 다가가 일곱 번이나 땅에 허리를 굽혀 절하였다. 과연 에서는 어떤 반응을 보일 것인가? 땅에 엎드린 야곱은 초조하고 떨렸다. 모든 것을 하나님께 맡겼다.

에서는 낙타에서 내리더니 야곱에게로 달려왔다. 그리고는 곧 동생을 일으켜 세우고는 끌어안고 입을 맞추었다. 뜨거운 형제 상봉이었다. 형제는 얼싸안고 엉엉 울었다. 그동안의 미움과 두려움이 눈 녹듯 사라지고, 20년 만에 상봉한 애틋한 혈육의 정만이 두 사람의 가슴을 뜨겁게 덥히고 있었다. 한참 만에야 에서가 야곱의 뒤에 서 있는 여자와 아이들을 바라보며 입을 열었다.

"이 사람들은 누구냐?"

"예, 하나님께서 저에게 주신 아내와 자식들입니다."

그러자 두 소실과 자식들이 앞으로 나와 에서에게 절하였다. 다음으로는 레아와 자식들이, 그 다음으로는 라헬과 요셉이 나와서 절하였다. 마침내 첫 대면의 인사가 끝났다.

"오다가 보니 가축 떼가 여러 무리더구나. 그건 다 뭐냐?"

"그건 형님께 드리는 선물입니다."

"아니다. 나는 괜찮다. 나도 넉넉하단다. 네 재산을 축내지 말아라."

에서가 웃으며 사양했다. 야곱도 양보하지 않았다.

"아닙니다, 형님. 형님 얼굴을 뵙는 것이 마치 하나님 얼굴을 뵙는 것 같습니다. 하나님이 제게 큰 복을 주셔서 많은 재산을 갖고 있습니다. 제 정성입니다. 선물을 꼭 받아 주십시오."

야곱이 물러설 기미가 없이 간곡하게 권하자, 에서는 더 사양하지 않고 선물을 받았다.

"자 자, 여기서 이럴 게 아니라 나와 함께 가자. 내가 앞장서마."

"아닙니다, 형님…."

야곱이 말을 이었다.

"보시다시피 제 자식들은 아직 어리고, 가축들도 어린 새끼가 많습니다. 그동안 먼 길을 여행했습니다. 계속해서 강행군을 하면 모두 쓰러질지도 모릅니다. 형님이 먼저 가시면 저는 천천히 뒤따라 가겠습니다."

말은 그렇게 했지만, 실은 아직도 에서와 함께 있는 것이 은근히 두려웠던 것이다. 그리하여 에서는 자신의 본거지인 가나안 땅 남부의 세일 산으로 향하고, 야곱은 숙곳을 거쳐 요단 강을 건넌 후 서쪽으로 한참을 가다가 중앙 고지대에 있는 세겜 땅에 정착하였다. 야곱은 자기 장막을 친 밭을 은화 100 세겔을 주고 세겜 사람에게서 사들였다.

야곱의 슬픔과 벧엘의 제단

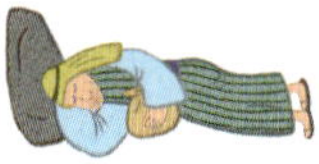

야곱의 딸 디나가 강간을 당하다 창 34장

하란에서 가나안 땅으로 돌아온 야곱이 형 에서와 화해하고, 이후 세겜 땅에 정착하여 산 지도 어느덧 10년이 흘렀다. 하루는 야곱의 딸 디나가 호기심에 끌려 세겜 땅의 여자들을 보려고 혼자 외출을 했다.

마침 그곳을 지나던 그 땅의 추장 세겜이 디나를 보고는 홀딱 반하고 말았다. 세겜은 디나를 강제로 자기 집으로 끌고 가서 욕보였다. 그런 후에 세겜은 디나의 아름다운 미모와 매력에 빠져 어떻게든 그녀의 마음을 사려고 애썼다.

세겜은 자기 아버지를 조르기 시작했다.

"아버지, 부탁이 있는데요. 꼭 들어주셔야 해요."

그 당시, 결혼의 결정권은 부모에게 있었다.

"그래, 무슨 말이냐?"

"우리 땅을 사서 장막을 치고 사는 유목민의 족장 야곱에게 딸이 하나 있는데요, 이름이 디나입니다. 저는 그녀를 무척 사랑합니다. 지금 우리 집에 와 있습니다. 제가 그녀를 데리고 왔어요. 그녀와 결혼할 수 있도록 아버지께서 좀 도와주세요."

한편, 야곱은 외동딸 디나가 원주민에게 납치되어 강간당했다는 소식을 들었다. 끓어오르는 분노를 참을 수 없었다. 그러나 아들들과 종들이 가축 떼를 몰고 목초지를 찾아 멀리 나가 있었기 때문에 그들이 돌아오기만을 애타게 기다리고 있었다. 그러던 차에, 세겜의 아버지 하몰이 야곱을 찾아왔다.

"내 아들 세겜이 따님에게 반하고 말았소. 그러니 둘을 결혼시킵시다. 앞으로 우리 서로 잘 지내봅시다. 당신의 딸들이 우리 아들들과 결혼하고, 당신의 아들들도 우리 딸들과 결혼하고 말입니다. 그러면 우리가 사돈지간이 되니 얼마나 좋습니까. 여기서 마음 푹 놓고 살고 싶은 곳에서 사셔도 됩니다. 우리와 거래해서 돈도 많이 버십시오. 적극 협조해 드리겠습니다."

한편, 소식을 전해 듣고 목초지에서 급히 돌아온 이스라엘의 아들들은 하나같이 수치와 슬픔과 분노를 삭이지 못하였다.

"그놈이 감히 우리 누이를 강간하다니, 우릴 어떻게 본 거야? 우릴 얼마나 하찮게 여겼으면 그런 짓을 하지? 여호와 하나님이 우리 아버지와 함께 하시는데, 그런 우리 아버지의 딸을 감히 건드리다니…."

그러나 세겜 족장은 포기하지 않았다. 정말로 디나를 사랑했기 때문이다. 그는 또다시 디나의 부친과 오라비들을 찾아와 간청하였다.

"제게 은혜를 베풀어 따님을 제 아내로 삼게 해주신다면, 원하는 건 무엇이든지 다 드리겠습니다. 말씀만 하십시오."

야곱의 아들들은 이 문제를 놓고 의논했다. 그들은 세겜 일가에게 복수하지 않고는 도무지 명예를 회복할 수 없고, 분노와 슬픔을 씻을 수 없다는 데 의견을 모았다. 특히 디나에게 친오빠가 되는 레아의 아들들인 시므온과 레위의 복수심은 아무도 말릴 수 없을 정도였다. 그들은 끔찍한 복수를 다짐했다. 그리고 성공적인 복수를 위해 하나의 방책을 짜냈다.

"당신의 뜻은 잘 알겠습니다. 그런데

우리는 할례 받지 않은 사람과는 결혼하지 않습니다. 만일 당신이 할례를 받는다면 혼인을 생각해 보겠습니다. 뿐만 아니라 당신네 성읍 주민들이 우리들과 같이 모두 할례를 받는다면, 우리도 당신네 딸들과 혼인할 수 있습니다. 그렇게 되면, 우린 한 민족처럼 사이좋게 지낼 수 있을 것입니다. 그러나 할례를 받지 않는다면, 우리는 누이를 데리고 다른 곳으로 갈 것입니다."

세겜은 어떻게든 디나와 결혼하겠다는 생각에 그 제안을 기꺼이 수락하였다. 세겜의 아버지 하몰도 동의했다. 그러자 세겜은 지체하지 않고 성읍 백성들에게 그 사실을 알렸다.

"우리가 야곱 사람들을 만나고 왔소. 아주 친절한 사람들이더군요. 우리 땅은 넓습니다. 우리가 그들과 혼인도 하고 거래도 하면서 함께 사는 것이 좋겠소. 다만 그들이 제시한 조건이 한 가지 있는데, 우리 성읍의 남자들이 모두 그 사람들처럼 할례를 받아야 한다는 것이오. 우리가 그 사람들과 피차 결혼하면 저 사람들의 많은 재산도 사실상 우리 것이나 마찬가지가 되는 거요. 그러니 우리 모두 할례를 받고 그들과 함께 살도록 합시다."

반대하는 사람이 없었다. 세겜 성에서 가장 영향력 있는 추장의 제안인 데다가, 야곱 일가는 많은 가축 떼를 거느린 큰 부자였기 때문이다. 그리하여 세겜 성 안의 모든 남자들은 일시에 할례를 받았다.

할례를 받은 지 사흘 후, 할례로 인한 몸의 고통이 가장 클 때였다. 야곱의 아들들은 집안의 모든 종들을 동원하여, 세겜 남자들이 할례 때문에 모두 고통스러워하고 있을 때를 노리고 세겜 성을 불시에 공격하였다. 복수심에 불타는 시므온과 레위가 앞장 서서 지휘하였다. 그들은 세겜 성의 모든 남자들을 죽였다. 하몰과 그의 아들 세겜도 죽였다. 그리고는 세겜의 집안에 있던 디나를 데리고 나왔다.

하지만 복수는 여기서 끝나지 않았다. 야곱의 아들들은 세겜 성 주민들의 재산도 모조리 약탈하였다. 그들의 아내들과 자식들도 포로처럼 잡아 왔다. 가축들도 끌고 왔다. 전투에 이긴 승자가 전리품을 노획해 오는 것처럼, 세겜 성을 철저히 약탈하였다.

사태가 이 지경에 이르자, 야곱은 걱정이 태산이었다. 아들들은 벌집을 건드리고 만 것이다. 그는 특히 이번 일을 주동하고 앞장선 시므온과 레위를 불러 야단을 쳤다.

"너희들이 큰 골칫거리를 만들었다. 이 땅에 사는 다른 종족들이 우리를 그대로 두겠느냐? 우리 가족을 몰살시킬 것이다. 그들은 우리보다 수효도 많은데, 우리가 어찌 그들과 맞서 싸운단 말이냐? 이 일을 어찌면 좋단 말이냐? 우리 집안이 망하게 생겼다."

시므온과 레위가 대들었다.

"아버지, 그러면 저놈들이 우리 누이를 창녀 취급하며 희롱해도 좋다는 말씀입니까?"

야곱이 벧엘로 올라가 제단을 쌓다 창 35:1-15

큰 어려움에 빠진 야곱에게 하나님의 말씀이 임했다.

"야곱아, 지금 벧엘로 가거라. 거기서 제단을 쌓고 제사를 드려라. 그곳은 네가 형 에서를 피해 도망칠 때 내가 네게 나타났던 곳이 아니냐?"

그렇다! 30여 년 전, 형 에서의 복수를 피해 하란으로 도망치던 야곱이 들판에서 잠을 잘 때 꿈 속에서 하나님을 뵈었던 곳이 바로 벧엘이었다. 야곱은 그곳에 돌로 기둥을 세우고 하나님께 서원을 했었다. 자기를 평안히 가나안 땅으로 돌아오게 해주신다면 돌을 세운 이곳에서 하나님께 감사의 제사를 드리고 자신의 십분 일을 하나님께 드리겠노라고.

가나안 땅으로 돌아온 지 어느덧 10여 년이 흘렀건만, 야곱은 벧엘에서의 서원을 까맣게 잊고 있었다. 그렇게 하나님과의 약속을 잊고 세상 속에 살고 있을 때, 디나 사건이 일어나고 세겜 학살 사건이 터진 것이다. 하나님의 명령은 바로 그런 시점에 주어졌다.

그때서야 야곱은 아차! 싶었다. 야곱은 즉시 집안을 정결하게 하는 일을 시작했다. 집안의 모든 이방 우상들을 수거하여 세겜 근처 상수리나무 아래에 묻고, 모든 사람들로 하여금 새 옷으로 갈아입게 했다. 그런 다음, 하나님께 제사를 드리기 위해 세겜을 떠나 벧엘로 갔다.

야곱 일행에게 감히 시비를 거는 사람은 아무도 없었다. 세겜 성의 무시무시한 사건이 인근 마을 사람들에게 다 알려졌기 때문이었다. 하나님께서 그들에게 두려운 마음을 심어주신 것이다.

벧엘로 간 야곱은 제단을 쌓고 하나님께 희생 제물을 바치고 제사를 드렸다. 그런 야곱에게 하나님이 나타나셔서 말씀하셨다.

"네 이름을 다시는 '야곱'이라 부르지 않으리라. 앞으로는 '이스라엘'이라고 부를 것이다."

야곱의 이름이 '이스라엘'로 개명된 것이다. 사실 이것은 얍복 강에서 천사와 씨름을 한 이후에 이미 말씀하신 내용이었다. '야곱'은 '(발꿈치를) 붙잡은 자'라는 뜻이고, '이스라엘'은 '하나님과 겨루어 이긴 자'라는 뜻이다. '야곱'이라는 이름이 과거 인간적인 속임수와 술수로 살아온 생활을 대변하는 부끄러운 이름이라면, '이스라엘'이라는 이름은 하나님께 매달려 기도하는 신앙의 삶을 가리키는 영광스런 이름이라 할 수 있다.

라헬이 죽고, 이삭이 죽다 창 35:16–36:43

서원한 대로 하나님께 제사를 드린 후, 야곱은 벧엘을 떠나 베들레헴으로 향했다. 야곱 가족이 베들레헴 근처에 이르렀을 때, 해산할 때가 다 된 라헬에게 심한 산고産苦가 찾아왔다. 힘겨운 출산이었다.

라헬은 간신히 아들 하나를 더 낳고 세상을 떠났다. 그 아들이 요셉의 아우이며 형제들 중 막내가 된 '베냐민'이었다. 야곱에겐 12번째 아들이었다.

야곱에게는 아내 둘과 소실 둘이 있었지만, 누구보다도 라헬을 끔찍하게 사랑했었다. 그녀와 결혼하기 위해 무려 14년의 세월을 외삼촌 라반을 위해 대가 없이 봉사하지 않았던가! 그런 그녀가 아이를 낳고 나서 죽고 말았으니, 야곱의 슬픔이 얼마나 컸으랴!

야곱은 라헬을 그곳에 장사지내고 묘비를 세운 후 베들레헴으로 가서 거기에 머물렀다. 얼마 후에는 다시 그곳을 떠나 늙은 아버지가 있는 가나안 남방의 헤브론으로 이주했다.

야곱이 아버지 이삭이 살고 있는 헤브론으로 돌아올 당시, 그의 나이는 어언 108세였다. 야곱보다 60세 많은 이삭은 168세였다. 야곱의 어머니 리브가는 벌써 오래 전에, 그러니까 야곱이 하란의 외삼촌 집에 있을 때 세상을 떠났다. 리브가는 그토록 사랑하는 야곱을 멀리 친정으로 도피시킨 후 한 번도 야곱을 다시 보지 못하고 눈을 감았던 것이다. 속임수에 대한 대가였다.

오래전, 야곱이 장자의 축복을 받기 위해 에서라고 속일 때에도 이삭은 시력이 나빠 사물을 제대로 분별하지 못했었다. 그 이후로도 이삭은 점점 더 노쇠해졌고, 야곱이 헤브론 집으로 돌아온 이후 12년 동안을 더 살다가 180세를 일기로 세상을 떠났다. 아버지 아브라함이 있는 곳으로 돌아간 것이다. 그때 쌍둥이 아들 에서와 야곱은 120세였다.

에서와 야곱은 아버지 이삭을 할아버지 아브라함과 할머니 사라, 그리고 먼저 돌아가신 어머니 리브가가 잠들어 있는 헤브론 땅의 가족묘인 막벨라 동굴에 장사지냈다. 장차 야곱도 그의 첫째 아내인 레아와 함께 이 가족묘에 장사된다.

아버지를 장사지낸 후, 형 에서는 자신의 모든 가족과 가축 떼를 이끌고 사해死海 남단의 동남쪽으로 이동하여 세일 산의 산악 지대에 터전을 잡았다. 거기에서 후손을 낳고 문명을 일구어 에돔 족속의 시조가 되었다. 반면, 동생 야곱은 아버지 이삭이 살던 가나안 땅의 헤브론에 터전을 잡고 거기에서 계속 거주하였다.

요셉의 꿈과 형들의 음모

꿈쟁이 요셉 창 37:1–11

야곱의 열한 번째 아들 요셉이 열일곱 살이 되었을 때, 요셉의 형들은 이미 어른이었다. 형제들은 모두 아버지의 양 떼와 염소 떼를 돌보면서 살았다. 때로는 가축 떼를 이끌고 물과 풀을 찾아 멀리까지 가서 한동안 그곳에서 지내다 오는 경우도 있었다. 요셉도 일을 거들었다.

요셉은 아버지 야곱의 사랑을 가장 많이 받았고, 그래서 가장 좋은 옷을 입었다. 요셉은 성격이 순수하고 올곧아서 형들의 잘못을 보면 그냥 넘기지 않고 아버지에게 모두 말하였다. 바로 그런 점 때문에 배 다른 형들이 요셉을 좋아할 리가 없었다. 형들은 요셉을 시샘했고 미워했다.

어느 날, 요셉은 형들에게 자신이 꾼 꿈을 이야기했다.

"형님들, 내 꿈 얘기를 좀 들어보세요. 우리 형제들이 밭에서 곡식 단을 묶고 있었거든요. 그런데 내 곡식단이 벌떡 일어서자 형님들의 곡식단이 내 곡식단을 죽 둘러서더니 꼿꼿이 서 있는 내 곡식단에게 넙죽넙죽 절을 하지 뭐예요."

가뜩이나 미운 털이 박힌 요셉이 이런 얼토당토않은 꿈 이야기를 하니, 형들이 가만 있을 리 없었다.

"뭐야? 아니 그럼 네가 우리의 왕이라도 된다는 소리야? 네가 우릴 다스린다는 거야, 뭐야?"

꿈 이야기 때문에 형들은 요셉을 한층 더 미워하게 되었다.

얼마 안 가서 요셉은 또다시 꿈을 꾸고, 형들에게 또 새로 꾼 꿈 얘기를 했다.

"형님들, 어젯밤에 또 꿈을 꾸었는데 말이죠, 해와 달과 열한 개의 별이 나에게 절을 하더군요."

요셉에 대한 형들의 시기와 미움은 한층 증폭되었다. 야곱도 그 이야기를 듣고는 요셉을 꾸짖었다.

"그것도 꿈이라고 자랑스럽게 떠벌였단 말이냐? 그래, 나와 네 어미와 네 형제들이 모두 너에게 절을 할 거란 말이냐?"

야곱은 요셉을 꾸짖긴 했지만, 요셉의 꿈이 아무래도 심상치가 않아 마음에 담아 두었다.

요셉이 노예가 되어 이집트로 팔려가다 창 37:12-31

그 후 요셉의 형들은 양떼를 이끌고 멀리 북쪽 땅 세겜으로 갔다. 그곳은 야곱 가족이 한때 머물러 살았던 지역으로, 높은 지대이긴 했지만 물과 풀이 비교적 풍성하여 양떼를 치기에 좋은 곳이었다. 그들이 집을 떠난 지 여러 날이 지나자, 아버지 야곱은 아들들의 사정이 궁금해서 요셉을 불러 일렀다.

"얘야, 네가 한번 형들에게 가보고 오너라. 형들과 가축들이 잘 있는지 궁금하구나."

"예, 아버지."

헤브론 골짜기를 출발한 요셉은 여러 날이 걸려 세겜에 도착했다. 세겜은 야곱의 집이 있는 헤브론에서 북쪽으로 70km 정도 떨어진 먼 곳이었다. 힘들게 세겜까지 왔지만, 요셉은 형들을 쉽사리 찾을 수 없었다. 이곳저곳을 헤매고 다녔지만, 형들도 양떼도 보이지 않았다. 워낙 무리가 커서 쉽게 발견할 수 있을 텐데도 웬일인지 눈에 띄지 않았다. 요셉이 이리저리 헤매고 다니는 걸 본 어떤 사람이 말을 걸었다.

"누굴 찾고 있느냐?"

"예, 형들을 찾고 있습니다. 양 떼를 치는 목자들인데요, 세겜으로 갔다던데 혹시 못 보셨습니까?"

"아, 그 사람들? 벌써 여길 떠났어. 도단으로 간다고 하던데…."

요셉은 그 사람 말대로 더 멀리 북쪽의 도단으로 갔다. 도단은 세겜에서 북쪽으로 30km 정도 떨어진 곳이었다. 그만 집으로 돌아가도 되었지만, 17세 소년 요셉은 아버지의 심부름을 끝까지 완수하려고 했다.

가나안 땅 중부의 고원 지대에 위치한 도단은, 예로부터 좋은 목초지로 잘 알려졌고, 시리아에서 이집트로 향하는 주요 장사꾼들의 상업도로의 길목에 자리하고 있었다.

"어? 저게 누구야?"

양을 치던 형들은 멀리서 요셉이 다가오고 있는 것을 보았다.

"저기 꿈쟁이가 오는군."

"이번 기회에 저 녀석을 아주 없애버리는 게 어때?"

형들은 음흉한 미소를 지으며 서로 수군거렸다.

"그래, 저 녀석을 웅덩이에 처넣고 없애 버리는 거야."

"저 녀석을 없애 버린다면, 저 녀석이 꾸었다는 꿈들은 모두 개꿈이 되고 말겠네. 하하하…."

모두가 아버지의 사랑을 독차지하고 있는 배 다른 요셉을 눈엣가시처럼 여기고 있었다.

"그런데 아버지에겐 뭐라고 하지?"

형제들 중 누군가가 말했다.

"그야 녀석이 들짐승에게 잡혀 먹혔다고 하면 그만이지 뭐. 녀석의 옷에 짐승의 피를 묻혀 가면 감쪽같이 속을걸."

"그래, 그러면 되겠군."

잠자코 듣고 있던 르우벤이 나섰다.

"아무리 그래도 죽이는 건 너무하잖아."

야곱의 열두 아들들 중 장남인 르우벤은 아무래도 책임감이 있었던지 요셉을 죽이는 것에는 반대했다.

"그래도 우리 동생인데…, 피를 흘리게 하지는 말자. 웅덩이에 처넣기만 하는 거야."

르우벤이 이렇게 말한 것은, 다른 형제들이 보지 않을 때 몰래 꺼내어 아버지에게로 되돌려 보낼 속셈에서였다. 그들이 요셉을 처넣을 구덩이는, 바싹 마른 우물이었다. 구덩이가 깊어서 한 번 빠지면 혼자서는 도무지 나올 수 없었다.

"그래, 그게 더 좋겠다."

아홉 명의 아우들은 모두 맏형 르우벤의 제안에 따르기로 했다.

"형님들! 저 왔어요, 요셉이에요. 그동안 잘들 있었나요?"

형들을 만났다는 기쁨에, 요셉은 멀리서부터 힘껏 달려왔다. 요셉은 숨을 헐떡거리며 반갑게 형들에게로 다가왔다. 자신을 죽이려는 형들의 음흉한 음

모는 꿈에도 생각지 못한 채.

매정한 형들은 반갑게 다가서는 요셉을 향해 일시에 달려들어 옷을 벗긴 후, 구덩이에 던져 넣었다.

"형님들, 왜 그래요. 제발 꺼내 주세요. 절 살려주세요!"

요셉은 무섭고 두려워 울부짖으면서 형들에게 애원했다.

"형님들, 저 요셉이에요. 형님들의 동생인 요셉이란 말예요. 제가 잘못했어요. 제발 절 꺼내 주세요."

요셉은 무조건 잘못했다고 빌며 살려달라고 애걸했지만, 아무도 거들떠보지 않았다. 모두가 속이 후련한 듯 외면했다.

"자, 이제 저녁이나 먹읍시다."

한 형제의 말에 그들은 아무 일도 없었다는 듯 빙 둘러앉아 음식을 먹기 시작했다. 한참 밥을 먹고 있는데, 저쪽에서 이집트로 가는 이스마엘 족속의 장사꾼 무리들이 다가왔다. 그들의 낙타에는 유향과 몰약과 향품 등 여러 진기한 상품이 실려 있었다. 그걸 본 유다가 형제들에게 말했다.

"가만, 우리가 우리 아우를 죽인들 뭘 하겠어. 거짓말을 해서 그 일을 숨긴다고 해도 우리 마음이 편할 것 같애? 아무리 미워도 동생은 동생이야. 차라리 내 생각엔, 저 이스마엘 상인들에게 팔아넘기는 편이 좋을 것 같아. 이집트로 팔려 가면 노예가 될 거고, 그렇다면 다시는 만나지 못하게 될 테니 죽은 거나 다를 게 없잖아."

"하긴 그것도 그렇네…."

누군가가 동의하였다.

"내 생각에도 그게 좋을 것 같아. 팔아넘기면 돈도 생길 거 아냐?"

모두들 좋다고 동의하였다. 그들은 요셉을 다시 구덩이에서 꺼내어 이스마엘 상인들과 흥정을 했다. 장정 한 사람의 몸값이 당시에는 은화 30세겔이었다. 요셉은 아직 온전한 장정 몫을 하지 못한다고 하여 은화 20세겔에 상인들의 손에 넘겨졌다. 야곱의 사랑을 독차지하면서 왕자처럼 귀하게 살아온 요셉이, 타인도 아닌 자기 형들에 의해 낯선 상인들에게 팔아넘겨져 머나먼 타국으로 가게 된 것이다. 이제 요셉은 몸값으로 거래되는 비천한 노예의 신세가 되었다.

요셉이 이스마엘 상인들에게 팔려갈 때, 맏형 르우벤은 마침 그 자리에 없었다. 르우벤은 나중에 요셉을 구덩이에서 몰래 꺼내어 아버지에게 돌려보낼 생각이었다. 그런데 르우벤이 돌아와 구덩이에 가 보니 요셉이 보이지 않는 것이 아닌가? 르우벤은 당황했다. 아우들이 기어코 일을 벌인 모양이라고 생각했다.

"아니, 도대체 요셉을 어떻게 한 거야? 너희들이 결국 죽였구나! 그렇지?"

"죽이지 않았어. 상인들에게 팔아넘겼어."

아우들은 르우벤에게 사정 이야기를 했다. 르우벤도 어쩔 수 없었다. 이제는 아버지 야곱에게 사실을 들키지 않고 요셉의 죽음을 그럴 듯하게 둘러대는 일이 시급했다. 요셉의 형들은 염소를 죽인 다음 그 피를 요셉의 옷 여기저기에 발랐다.

요셉 때문에 야곱이 슬피 통곡하다 창 37:32-36

요셉의 형들이 헤브론의 집으로 돌아왔다. 야곱은 가장 먼저 요셉의 모습을 찾았으나 웬일인지 요셉이 보이지 않았다. 어린 아들을 멀리 보내 놓은 야곱은 안절부절못하며 요셉을 손꼽아 기다렸던 터였다. 요셉이 형들의 소식을 갖고 무사히 돌아오기를 학수고대했건만, 다른 아들들은 모두 돌아왔는데 요셉이 보이지 않는 것이었다. 게다가 다른 아들들의 표정이 매우 우울하고 슬퍼 보였다. 야곱은 가슴이 철렁했다.

"너희들에게 요셉을 보냈는데, 못 만났느냐?"

아들 하나가 슬픈 얼굴로 다가오더니 야곱 앞에 찢어지고 피 묻은 옷을 내놓았다.

"아버지, 이게 요셉의 옷 맞나요? 돌아오는 길에 이런 옷이 떨어져 있길래, 아무래도 요셉의 옷인 것 같아서 갖고 왔어요."

피 묻은 옷을 본 야곱은 숨이 턱 막힐 지경으로 놀랐다.

"그래, 이건 요셉의 옷이야. 이게 도대체 어찌된 일이냐?"

"아무래도 사나운 들짐승에게…."

차마 말을 맺지 못하였다.

"뭐라고? 요셉이 들짐승에게 당했단 말이냐? 요셉이…, 우리 요셉이 들짐승에게 당하다니…! 이럴 수가…, 도대체 이럴 수가!"

야곱은 요셉의 피 묻은 옷을 끌어안고 목 놓아 울었다. 사랑하던 아내 라헬이 어렵게 낳은 첫아들, 금지옥엽으로 키운 요셉이 이렇게 비참하게 죽다니…. 그것도 자신이 보낸 심부름 때문에 이런 개죽음을 당한 것이 아닌가!

야곱은 북받치는 슬픔과 괴로움을 가눌 길이 없어 자기 옷을 찢고 굵은 베옷을 걸쳤다.

"요셉이 죽다니…, 요셉이 죽다니…, 나도 어서 빨리 저승으로 가고 싶은 마음뿐이구나!"

보다 못한 자식들이 여러 말로 위로하였으나 아무런 소용이 없었다. 야곱의 귀에는 어떤 말도 들어오지 않았다. 요셉을 따라 야곱 자신도 차라리 죽고 싶은 마음뿐이었다.

"내 아들 요셉아, 나도 너를 따라 무덤으로 내려가고 싶구나. 아들아, 내 아들 요셉아…!"

사랑하는 아들을 잃은 야곱은 통곡으로 나날을 보냈다.

한편, 이스마엘 상인들에게 팔린 요셉은 어찌 되었을까? 요셉을 이끌고 이집트로 내려간 상인들은, 이집트 왕의 경호대장인 보디발에게 요셉을 팔아넘겼다.

유다와 다말

시아버지 유다와 며느리 다말 창 38:1-12

요셉의 이야기는 잠시 뒤로 미루고, 야곱의 넷째 아들인 유다와 그의 며느리 다말 사이에 일어난 흉칙하면서도 놀라운 사건을 뒤따라가 보자. 성경에서 이 이야기가 중요한 비중을 차지하는 것은, 장차 유다의 가문에서 '여인의 후손' 곧 메시아 예수가 태어날 것이기 때문이다.

세월이 흘렀다. 요셉을 팔아넘긴 일이 있고 나서 상당한 세월이 흐른 후, 유다는 헤브론의 아버지 집을 떠나 독립했다. 헤브론에서 60리쯤 떨어진 아둘람 계곡으로 내려가 살다가, 그곳 원주민인 가나안 여인을 만나 결혼하여 첫째 아들 엘과 둘째 아들 오난과 셋째 아들 셀라를 낳았다.

세월이 흘러 맏아들 엘이 다말과 결혼하였다. 그러나 엘은 못된 짓만 일삼다가 하나님께 벌을 받아 자식 하나 없이 일찍 죽었다. 당시에는 형이 자식 없이 죽으면, 다른 형제가 미망인이 된 형수와 결혼하게 되어 있었다. 형의 동생이 형수와 결혼하여 자식을 낳음으로써 형의 이름으로 가문을 이어가도록 하는 풍습이 있었다. 이 같은 풍습이 생긴 것은, 자식을 낳아 가문을 이어가는 일이 다른 무엇보다도 중요한 일로 여겨진 그 시대의 전통 때문이었다.

그래서 유다는 둘째 아들 오난에게 말했다.

"얘 오난아! 형이 자식 없이 죽었으니 어쩌겠느냐? 네가 형수와 결혼해서 아들을 낳도록 해라. 그게 형제 된 도리가 아니냐?"

오난은 마지못해 형수와 결혼하여 동침했다. 그러나 아들을 낳아도 어차피 자기 아들이 아니라 형의 아들로 인정될 것이므로, 오난은 마음이 뒤틀렸다. 그래서 일부러 방바닥에다 사정하여 형수로 하여금 임신을 하지 못하게 했다. 하나님은 그 일을 괘씸하게 여기시고, 오난을 벌하여 일찍 죽게 하셨다.

두 아들을 잃고 보니, 유다는 근심이 깊어졌다.

"며느리야, 이제 네 남편의 대를 이을 셋째가 아직 저렇게 어리니 어쩌겠니? 저 아이가 클 때까지 당분간 친정에 가 있어야겠다."

유다는 며느리를 일단 친정으로 돌려 보내야겠다고 생각했다. 며느리 다말은 시아버지의 말대로 친정으로 돌아갔다. 여러 해가 흘렀고, 유다의 아내가 죽었다. 유다는 아내의 장례를 치렀고, 애도 기간이 지나자 슬픔도 달랠 겸 친구와 함께 양털을 깎으러 딤나로 올라갔다.

다말이 낳은 쌍둥이 형제 창 38:13-30

한편, 다말은 시아버지가 양털을 깎으러 딤나로 올라온다는 말을 듣고 과부의 옷을 벗고 새 옷으로 단장한 후, 너울로 얼굴과 몸을 감싼 채 성문에 앉아 있었다. 막내아들 셀라가 성장하여 어른이 되었는데도 자신과 함께 살도록 해주지 않았기 때문에, 다말은 시아버지의 씨라도 얻고 싶었다.

성문으로 들어가려던 유다는 너울로 얼굴을 가린 여자가 새 옷을 입고 있는 것을 보고는 몸을 파는 여인으로 알았다. 아내를 여의고 쓸쓸했던 유다는 여자 생각이 간절했다. 그 여인이 자신의 며느리인 줄은 꿈에도 생각하지 못했다.

"나하고 자지 않겠소?"

유다가 먼저 말을 걸었다.

"좋아요. 대가는 뭐죠?"

"염소새끼 한 마리면 되겠소?"

흥정이 시작되었다.

"좋아요. 그런데 언제 주실 거죠? 염소새끼를 줄 때까지, 다른 것을 저에게 맡겨야 합니다."

"그럽시다. 뭘 맡기면 되겠소?"

변장한 다말은 망설이지 않고 요구하였다.

"당신 손에 있는 지팡이와 끈 달린 도장을 맡기세요."

흥정은 끝났다. 그날 밤 유다는 그 여인과 잤고, 여자는 유다의 아이를 임신했다. 날이 밝자, 다말은 얼른 일어나 집으로 돌아간 후 언제 그랬냐는 듯이 다시 과부의 옷을 입었다.

다음 날, 유다는 함께 온 친구를 보내어 성문에서 여인을 찾아 새끼염소를 전해주고 대신 지팡이와 도장을 찾아오라고 부탁하였다. 하지만 그 친구는 유다가 말한 몸 파는 여인을 찾을 수 없었다. 사람들을 붙잡고 물어 보았더니, 이곳에는 몸 파는 여자가 없다는 대답들이었다. 친구는 유다에게 돌아가 말했다.

"아무리 찾아도 그런 여자는 없더군. 사람들의 말이 그곳에는 애초부터 몸 파는 여인이 없다고 하던걸."

"하는 수 없지 뭐. 자꾸 찾으면 소문만 날 테니 그냥 포기하세. 난 약속을 지키려고 자넬 보냈는데…."

석 달쯤 지나서였다. 어떤 사람이 유다를 찾아와 귀띔해 주었다.

"당신 며느리가 어떤 사내와 눈이 맞아 임신을 했다는군."

"뭐야? 저런 고얀…. 다말을 끌어내어 불태워 죽여라!"

간음죄가 엄하게 다스려지던 때였다. 며느리의 간통 소식에 화가 머리끝까지 오른 유다는, 가문의 명예를 더럽힌 며느리 다말을 화형火刑에 처하도록 명령했다.

다말이 붙잡혀 시아버지 앞으로 끌려 왔다. 이제 곧 죽게 될 처지였다.

"제가 임신한 것은 사실입니다."

다말이 입을 열었다.

"하지만 이 물건의 주인으로 말미암아 임신을 했습니다. 이 물건들이 누구의 것인지 보시지요."

유다는 놀라지 않을 수 없었다. 다말이 내놓은 물건은 다름 아닌, 자신의 지팡이와 끈 달린 도장이었다. 유다는 한눈에도 그것이 자신의 것임을 알 수 있었다.

'아…, 그 여자가 바로 며느리였다니….'

후회했지만 이미 때는 늦었다.

"며느리에겐 잘못이 없군. 내 잘못이야. 내가 그녀를 셋째 셀라와 혼인시켜야 되는 건데, 그 약속을 지키지 않았으니…."

유다는 며느리 다말을 집으로 데리고 갔다. 그러나 다시는 동침하지 않았다. 달이 차자, 다말이 쌍둥이 형제를 낳았다. 한 아기가 먼저 손을 내밀었다. 산파가 "네가 먼저 나왔다."하며 아기의 손에 붉은 줄을 메어주었더니 다시 엄마 뱃속으로 쏘옥 들어가 버렸다. 그러자 다른 아기가 머리를 내밀며 먼저 나와버렸다. 먼저 나온 아이는 '베레스'라 이름 지었고, 나중 나온 아이는 '세라'라 이름 지었다. 형과 동생이 출생하는 과정에서 바뀌었지만 세라가 형이 되었다. 이처럼 형제는 시아버지와 며느리라는 부적절한 관계를 통해 태어났지만, 죄가 많은 곳에 은혜가 넘치듯 장차 '여인의 후손' 메시아는 쌍둥이 동생 베레스 가문을 좇아 이 땅에 탄생하게 된다.

요셉의 누명과 투옥

요셉의 이집트 생활 창 39:1–6

이제 다시 요셉의 이야기로 돌아가 보자. 노예의 몸이 되어 이집트로 팔려간 요셉은 어찌 되었을까?

타는 듯한 사막을 지나 멀리 이집트로 끌려간 열일곱 살의 귀공자 요셉은 파라오 왕궁의 경호대장 보디발의 집에 노예로 팔려갔다. 보디발은 이집트 왕의 신임을 받는 경호대장으로, 막강한 권세와 높은 지위에 걸맞게 대저택에서 많은 노예들을 거느리고 살았다.

아버지의 사랑을 독차지했던 요셉은 이제 노예로서, 힘든 일을 해야 했다. 요셉은 비록 노예의 신분이었지만 마음으로 하나님을 섬기면서, 누구보다 성실하게 일했다. 우상을 섬기는 이집트인들과 달리, 요셉에게는 여호와 하나님이 항상 함께 하셨기 때문에 그가 맡아서 하는 일은 모두가 형통하였다. 요셉은 자기와 함께 하시는 하나님을 굳게 믿었고, 하나님께 늘 감사하면서 하루하루를 진실되고 성실하게 살았다.

불평은 불평을 낳고, 증오는 증오를 낳는다. 다른 것을 낳을 수 없다. 콩 심는 데에 팥이 날 수 없는 것과도 같다. 마찬가지로, 감사는 감사를 낳고, 사랑은 사랑을 낳는다. 어딜 가든, 무엇을 하든, 정직하고 성실하게 감사하면서 살아가는 사람은 모든 사람들에게 인정받고 사랑과 신임을 받게 마련이다.

보디발도 요셉이 남다르다는 사실을 알게 되었다. 요셉의 성실하고 진실된 삶의 태도를 높이 평가하게 되었다. 요셉에게는 무슨 일을 시켜도 실수는커녕 아주 훌륭하게 성공적으로 해내곤 했기 때문이었다.

"흠…, 저 아이가 노예만 아니라면 장차 큰 인물이 될 텐데…."

시간이 흐를수록 요셉은 더욱 더 주인 보디발의 신임을 받게 되었다. 보디발은 마침내 요셉을 자기 집안의 총무로 삼았다. 나이 지긋한 노예도 있었고 더 오래 일한 노예도 많았지만, 보디발은 요셉으로 하여금 집안의 모든 노예를 관리하고 모든 재산을 다루게 했다.

히브리인 요셉이 보디발 집안의 총무로 일하게 되면서부터, 하나님께서는 그 집안에 복을 크게 내리셨다. 그 결과, 보디발의 집안은 날로 번창해 갔다. 요셉은 서슴없이 고백하곤 했다. 여호와 하나님께서 자신과 함께 하셔서 자신이 하는 모든 일을 잘 되게 해주시는 것이라고.

"내가 보기에도 그렇다. 과연 너의 하나님 여호와가 너를 도우시는 것 같구나. 네가 우리 집안을 관리하면서부터는 우리 집안 사람 누구든지 아픈 사람이 없어졌다. 가축들도 질병이 없어졌고, 새끼를 많이 낳았다. 그 덕분에 재산이 몰라보게 늘어났다. 아무리 생각해도 너 때문인 게 틀림없다. 너는 참으로 특별한 아이로구나."

보디발도 요셉의 말에 전적으로 공감하였다.

보디발의 아내가 요셉을 유혹하다 창 39:7-20

탁월한 미인이었던 어머니 라헬을 닮아서인가? 요셉은 잘생기고 몸매도 좋았다. 라헬을 보고 첫눈에 반한 야곱은 그녀와 결혼하려고 무려 14년 동안이나 품삯을 받지 않고 일했다. 라헬이 얼마만한 미인이었는지 미루어 짐작할 수 있는 일이다. 요셉의 할머니인 리브가 역시 뛰어난 미인이었다. 그래서 할아버지 이삭은 다른 사람들이 그녀를 욕심내어 자기를 해칠까 봐 누이라고 거짓말을 하기도 했다. 요셉의 증조할머니 사라 또한, 이집트 왕이 그녀를 보자마자 후궁으로 삼으려 했을 정도로 미인이었다.

그런 집안 혈통을 증명하듯, 요셉은 건장하게 잘생긴 청년이 되어 있었다. 그런 요셉을 언젠가부터 눈여겨보는 사람이 있었으니, 바로 보디발의 아내였다. 보디발의 젊은 아내는 집안을 이리저리 돌아다니며 일을 처리하는 요셉을 볼 때마다 저런 건장한 미남 청년과 사랑을 나누고 싶다는 강한 욕망을 품곤 했다.

아무리 똑똑하고 잘났어도 노예를 죽이고 살리는 권한은 주인에게 있다. 주인이 죽으라면 노예는 죽어야 한다. 노예가 주인에게 불복종하면 주인은 언제라도 그를 죽일 수 있었다. 요셉은 그런 노예 신분이었다.

"요셉아, 이리 들어오너라."

어느 날, 요셉을 눈여겨보며 욕망의 불꽃을 태우던 보디발의 아내가 마침내 그를 불러들였다.

"예, 주인마님. 부르셨습니까?"

"그래. 너는 내가 하라는 대로 해야지?"

"물론입니다, 주인마님. 말씀만 하십시오."

타오르는 욕정의 눈빛으로 요셉을 바라보던 여주인이 은근하게 말했다.

"나와 함께 침실로 가자."

요셉은 놀라고 당황하여 눈을 크게 떴다. 주인마님과 동침이라니…?!

"왜 그러느냐? 내 명령을 감히 거절하려느냐?"

뿌리치기 어려운 유혹이었다. 건장한 청년의 몸속에는 뜨거운 남자의 피가 끓고 있었다. 더구나 주인마님과 가까워지게 되면 노예의 신분에서 해방될 가능성도 높았다. 이거야말로 저절로 찾아온 행운이 아닌가! 그러나 요셉은 여호와 하나님을 경외하는 신앙의 인물이었다.

"마님, 주인님께서는 이 집안의 모든 것을 저에게 맡기셨습니다. 주인님은 제가 하는 일에 일체 간섭하지 않으십니다."

요셉은 겸손한 자세로 말을 이었다.

"그러나 주인님은 마님까지 저에게 맡기지는 않으셨습니다. 그런데 제가 어찌 감히 주인마님과 동침하여 죄를 지을 수 있겠습니까?"

그날은 그렇게 넘겼다. 그러나 여주인은 요셉을 포기하지 않았다.

'잘난 체하지만, 그래 봤자 기껏 노예일 뿐이다. 노예인 주제에 내 말을 듣지 않겠다고? 어디 두고 보자. 저도 남자라면, 내 유혹을 오래 버텨내지 못할 것이다.'

그릇된 사랑의 포로가 된 여주인은 끈질겼다. 여주인은 기회 있을 때마다 요셉에게 눈짓하고 유혹하였다. 그까짓 노예에게 거절을 당하다니! 여자로서의 자존심을 회복하기 위해서라도 기어코 요셉과 동침하고야 말겠다고 오기를 부리는 것인가? 어쩌면 그럴지도 몰랐다.

그러던 어느 날, 여주인에게 좋은 기회가 왔다. 안채에서 홀로 있을 때, 요셉이 볼일이 있어 안채로 들어온 것이다. 단 둘뿐이었다! 평소엔 가족도 많고 노예도 많아 좀처럼 생기지 않던 절호의 기회였다.

"요셉, 이리 와. 침실로 가자."

이번에는 거절하지 못하도록 아예 요셉의 옷자락을 움켜잡고 침실로 끌다시피 했다. 당황한 요셉은 거절할 여유조차 없었다. 요셉의 옷자락을 움켜쥔 그녀의 손에는 잔뜩 힘이 들어가 있었다. 그러니 억지로라도 뿌리칠 수밖에 없었다. 그렇다! 뿌리쳐야만 했다.

요셉은 힘껏 몸을 돌려 그녀를 뿌리친 후, 침실 밖으로 황망히 도망쳐 나갔다. 그러나 여주인의 손에는, 엉겁결에 벗겨진 요셉의 겉옷이 들려 있었다.

"누구 없느냐? 밖에 아무도 없느냐?"

뒤따라 나온 여주인은 참을 수 없는 수모와 분노를 이기지 못하고 고함을 질렀다. 비명에 가까운 주인마님의 소리에 놀란 집안 사람들이 달려왔다. 여주인은 요셉의 겉옷을 치켜들고 소리쳤다.

"주인이 데려온 히브리 녀석이 감히 나를 욕보이려 했다. 갑자기 내 침실로 뛰어들어 나를 덮치려 했단 말이다. 내가 소리치니까 다급해서 이렇게 옷까지 벗어둔 채 도망쳤다. 이게 증거다."

보디발의 아내는 요셉의 옷을 흔들며 분하고 억울한 듯 가쁜 숨을 몰아쉬고 있었다. 여주인은 요셉에게 앙갚음할 심산으로 남편 보디발이 집으로 돌아올 때까지 그 옷을 곁에 두고 있었다.

"뭐요? 요셉이?"

아내의 말을 들은 보디발은 화가 머리끝까지 치솟았다. 믿는 도끼에 발등 찍힌다더니, 이 꼴이 뭔가.

"요셉을 당장 끌어내어 시위대 감옥에 넣어라."

요셉에게는 변명의 기회조차 주어지지 않았다. 곧바로 감옥행이었다. 그나마 처형을 당하지 않았다는 것이 다행이라고나 할까.

주인 여자를 욕보이려 한 노예가 있다면, 그 당시엔 물어볼 것도 없이 당장 처형감이었다. 하지만 보디발은 요셉을 처형시키지 않고 감옥에 보내는 것으로 끝냈다. 평소 요셉의 신실함을 워낙 인정하고 있었던 데다 아내의 말을 곧이 곧대로 다 믿지는 않았기 때문일 것이다.

죄 없는 죄수, 옥중의 요셉 창 39:20–23

경호대 감옥은 좀 특별한 곳이었다. 경호대장의 집 안에 있는 그 감옥은, 왕에게 잘못을 저지른 사람들을 가두는 곳이었다. 반역죄를 지었거나 고위직 관리들이 부정을 저질렀을 때, 그들을 가두어 놓고 특별 관리하는 감옥이었다. 경호대장 보디발 집안의 노예였던 요셉은 바로 그 경호대 감옥에 죄수로 갇혔다.

요셉은 앞이 캄캄하였다. 물론 억울하기 그지없었다. 음란한 여자의 악한 유혹을 뿌리치다가 도리어 파렴치한 강간범으로 몰려 감옥에 갇혔으니 원통한 일이 아닐 수 없었다.

그러나 요셉은 하나님이 함께 하는 사람이며 의로운 사람이었다. 감옥에 있다 한들, 어찌 하나님이 그를 도우실 수 없겠는가.

감옥에서도 성실함과 근면함과 정직함으로 신의를 지키며 의연하게 행동하는 요셉은 얼마 안 가서 간수장의 눈에 띄었다. 간수장은 요셉이 보통 죄수와는 다른, 아주 쓸 만한 청년임을 알아보았다.

"요셉, 오늘부터 너는 죄수들의 총무다. 너를 줄곧 지켜보았는데, 너라면 잘 할 줄로 믿는다."

간수장은 죄수 요셉을 옥중 총무로 지명했다. 경호대장 보디발이 노예 요셉을 가정 총무로 삼았던 것처럼.

요셉은 할 일이 많아졌다. 죄수들을 관리하는 일에서부터 이런저런 옥중의 사무적인 일과 간수장을 보조하는 일까지. 요셉은 그런 일들을 잘 해냈고, 간수장의 신임이 더욱 두터워져 갔다.

이상한 것은, 요셉이 옥중 총무가 된 후부터는 죄수들의 말썽도 없어지고, 간수장이 따로 신경 쓰지 않아도 모든 일이 잘 풀려 나간다는 점이었다. 그 비결은 어디에 있었을까? 하나님을 전적으로 믿고 신뢰하는 요셉의 신앙 덕분이었다. 억울한 죄수의 신분이었지만, 요셉은 누구도 원망하거나 미워하지 않았다. 오히려 감옥에서조차 세심하게 돌보아 주시는 여호와 하나님께 감사할 따름이었다.

요셉의 꿈 해석과 출세

요셉이 두 시종장의 꿈을 해석해 주다 창 40장

어느 날, 감옥에 죄수 두 명이 새로 들어왔다. 그들은 이집트 궁중의 고위 관리들로서, 한 명은 왕이 먹을 식탁을 책임지는 시종장이었고, 다른 한 명은 왕이 마시는 술을 책임 맡은 시종장이었다. 둘은 왕 앞에서 큰 실수를 범하여 왕의 노여움을 산 죄로 감옥에 들어온 것이었다.

하루는 요셉이 죄수들을 둘러보는데, 그 두 죄수가 유독 깊은 근심에 잠겨 있었다.

"무슨 걱정이라도 있습니까? 안색이 안 좋으시군요."

도와줄 일이 없을까 해서 요셉이 물었다.

"우리 둘 다 지난밤에 꿈을 꾸었다네. 하지만 어찌나 마음이 뒤숭숭한지…. 어디 속시원하게 해몽해 줄 사람이 있어야지."

"그렇습니까? 꿈을 해몽하는 능력은 하나님이 주시지요. 제가 한 번 들어볼까요?"

왕의 술을 맡은 시종장이 먼저 입을 열었다.

"꿈속에서 말이야, 내 앞에 포도나무가 서 있는데 가지가 셋이야. 그 가지에 싹이 나고 꽃이 피더니 포도송이가 열리더군. 내 손에는 평소 왕이 드시는 술잔이 들려 있었어. 그래서 탐스러운 포도송이를 따서 그것을 으깨어 즙을 짜 가지고 그 잔에 담아 왕께 올렸지."

꿈을 듣자마자, 요셉의 꿈풀이가 이어졌다.

"포도나무 가지 셋은 사흘을 뜻하고요, 왕께 술잔을 올린 것은 예전에 맡으셨던 관직으로 복직되는 것을 뜻합니다. 축하드립니다. 사흘만 참으십시오. 좋은 소식이 있을 것입니다."

술 시종장의 얼굴이 활짝 펴졌다. 요셉이 말을 이었다.

"부탁이 있습니다. 복직되시면, 저를 기억해 주십시오. 저는 이곳에 들어올 만한 죄를 짓지 않았습니다. 억울한 누명을 썼습니다. 그러니 왕께 말씀드려 저를 여기서 구해 주십시오."

"헛헛… 그래? 아, 물론이지. 아, 이젠 살았구나!"

술 맡은 시종장은 복직된다는 말에 기분이 좋아 연신 웃음을 터뜨리며 약속했다.

"내 꿈도 해몽해 주게나."

요셉의 해몽이 기막히게 좋은 걸 옆에서 지켜본 다른 시종장이 기대감으로 눈빛을 반짝이며 입을 열었다.

"난 말일세, 꿈속에서 내가 빵을 담아 두는 바구니 셋을 머리에 이고 있었네. 바구니에는 왕의 식탁에 올릴 온갖 빵이 들어 있었지. 그런데 새들이 날아오더니 그 빵을 쪼아 먹더군."

순간, 요셉의 얼굴이 어두워졌다. 요셉은 잠시 망설였다. 하지만 듣기 좋으라고 거짓으로 해몽할 수는 없었다.

"저…, 그 해몽은 이렇습니다. 바구니 세 개는 역시 사흘을 뜻합니다. 말씀드리기 죄송스럽습니다만, 사흘 후 왕은 시종장님의 목을 쳐서 나무에 매달 것입니다. 그러면 새들이 날아와 시신을 쪼아먹게 될 것입니다. 이런 해몽을 하게 되어 죄송합니다!"

왕의 식탁 맡은 시종장은 얼굴이 흙빛으로 변했다.

그로부터 사흘 후, 요셉의 해몽은 한 치도 어김없이 그대로 적중되었다. 왕의 술 맡은 시종장은 다시 복직되어 예전의 지위를 찾았고, 왕의 식탁 맡은 시종장은 끌려나가 처형을 당했다.

요셉이 파라오의 꿈을 해몽하다 창 41:1-36

그로부터 2년의 세월이 흘렀다. 요셉은 여전히 죄수였다. 요셉의 해몽대로 복직된 술 시종장은 요셉의 부탁을 까맣게 잊었다. 은혜를 망각한 것이다. 그러나 요셉은 절망하지 않았다. 오래전, 이집트에 노예로 팔려오기 전에 자신이 꾼 두 번의 꿈을 잊지 않고 가슴 속에 고이 품고 있었다. 그 꿈대로, 때가 되면 언젠가는 분명 높은 자리에 오를 것이다. 그래서 형님들은 물론 아버지까지도 자기에게 절하게 되는 날이 올 것이다.

희망은 용기와 인내를 수반한다. 희망은 현재의 나쁜 환경에 매달리지 않고, 밝은 미래를 바라보고 살 수 있는 힘의 원천이 되어준다. 요셉은 누구도 원망하지 않고, 하나님이 세워주실 때를 믿음으로 기다렸다. 그게 꿈의 힘이다.

드디어 때가 왔다. 꿈쟁이 요셉에게 꿈을 해석해주고 석방될 수 있는 절호의 기회가 찾아온 것이다.

이집트 왕이 희한한 꿈을 꾸었다. 꿈속에서, 왕은 나일 강가에 서 있었다. 강물에서 살찌고 건강한 일곱 마리의 암소가 올라오더니 갈대밭에서 풀을 뜯어먹었다. 그런데 뒤이어 뼈와 살이 달라붙은 듯 비쩍 마른 암소 일곱 마리가 강에서 올라와 살찐 소 곁에 서더니, 그 살찌고 건강한 소 일곱 마리를 모두 잡아먹는 게 아닌가!

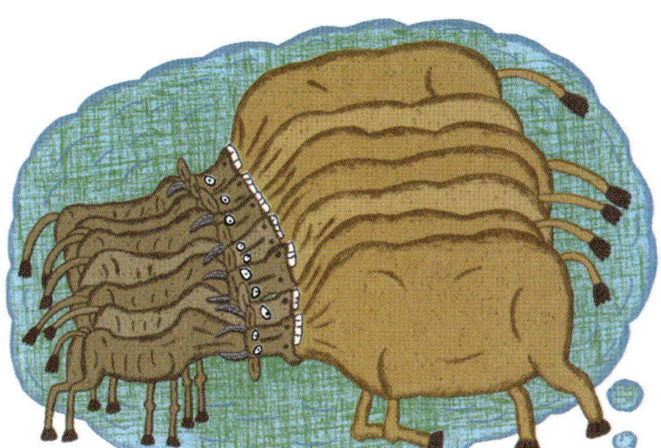

파라오는 깜짝 놀라 잠을 깼다. 마음이 뒤숭숭하고 심란해졌다.

'이게 대체 무얼 말해주는 꿈인가? 불길한 꿈이로다….'

파라오는 곧 다시 잠들었고, 또 한 차례 꿈을 꾸었다.

꿈속에서, 이번에는 아주 알차게 잘 익은 이삭 일곱 개가 한 줄기에서 나왔다. 이어서 쭉정이 같은 이삭이 그 줄기에서 또 일곱 개가 나왔다. 그 이삭들은 마치 뜨거운 샛바람을 맞은 듯 볼품없이 바싹 말랐다. 그런데 나중에 나온 쭉정이 같은 이삭 일곱 개가 먼저 나온 알찬 이삭 일곱 개를 눈 깜짝할 사이에 집어 삼키는 게 아닌가!

파라오는 놀라서 꿈에서 깼다. 불길하도다… 불길한 꿈이로다…. 등에서 식은땀이 흘렀다. 흉몽인가? 길몽인가? 파라오는 도무지 갈피를 잡을 수 없었다. 날이 밝아오자마자 이집트 왕은 서둘러 온 나라의 유명한 박사들과 마술사들을 모두 소집했다. 그리고 자신이 꾼 꿈을 들려준 후, 해몽을 요구하였다. 그러나 허사였다. 아무도 꿈을 해석하지 못했다.

파라오는 더욱 답답해졌다. 파라오의 왕궁이 꿈 해몽 사태로 뒤숭숭할 때, 파라오의 술잔을 책임지고 있는 술 시종장의 머릿속에는, 문득 2년 전 감옥에서 만난 요셉이 떠올랐다.

"폐하! 아뢰올 말씀이 있습니다."

그는 즉시 왕에게 가서 자신의 허물을 고백하였다.

"폐하, 제 잘못을 용서하십시오. 오늘에야 비로소 생각났습니다. 2년 전, 저와 음식을 맡아보는 시종장이 함께 경호대 감옥에 들어갔을 때 우리 두 사람이 같은 날에 꿈을 꾼 적이 있었습니다. 그때 요셉이라는 가나안 땅에서 온 노예 죄수가 있었는데, 그 죄수가 우리들의 꿈을 아주 정확하게 해몽해 주었습니다. 그가 해몽해 준 그대로, 꿈을 꾼 지 사흘째 되는 날에 저는 복직되었고, 음식을 맡아보던 시종장은 처형되었습니다."

"그것이 사실인가?"

왕의 안색이 갑자기 환해졌다.

"그걸 왜 이제서야 말하는가? 당장 그 죄수를 이리 데려오너라."

왕의 긴급 특명이 내려졌다. 신

하들은 급히 경호대 감옥으로 달려가서 요셉에게 왕의 명령을 알렸다. 요셉은 수염을 깎고 좋은 옷으로 갈아입은 뒤 곧장 파라오의 왕궁으로 인도되었다.

"그대가 요셉인가?"

"예, 폐하."

"내 꿈을 해몽하는 자가 없도다. 그런데 너는 해몽을 잘한다고 들었다. 사실인가?"

"폐하, 제가 꿈 해몽을 잘하는 것이 아니라 하나님이 꿈 해석의 능력을 제게 주신 것입니다. 이제 폐하가 꾼 꿈의 해석도 하나님께서 알려주실 것입니다. 폐하가 꾼 꿈을 말씀해 주십시오."

파라오는 요셉에게 은근히 희망을 걸고, 자신이 꾼 꿈 이야기를 들려주었다. 꿈 이야기를 다 듣고 난 요셉은 조금도 망설임 없이 파라오의 꿈을 해석하였다.

"폐하, 폐하가 꾼 두 가지 꿈은 사실은 한 가지 뜻을 갖고 있습니다. 하나님께서 이 나라의 미래를 폐하께 미리 알려주신 꿈입니다."

왕과 신하들이 사뭇 흥미롭다는 표정으로 요셉의 말에 귀를 기울였다.

"살찌고 건강한 암소 일곱 마리와 알차게 여문 일곱 이삭은 모두 7년을 가리킵니다. 그 뒤에 나타난 마르고 흉측한 일곱 마리의 암소와 쭉정이같이 바싹 마른 일곱 이삭 역시 7년을 나타냅니다. 앞의 것은 7년의 풍년을 뜻하고, 뒤의 것은 7년의 흉년을 뜻합니다. 하나님은 앞으로 7년 동안 이집트 전역에서 그 유례를 찾아볼 수 없을 만큼 엄청난 풍년이 들게 하셨다가, 이어서 7년 동안은 전국 방방곡곡에서 역시 유례가 없는 극심한 흉년으로 기근이 들게 하실 것입니다. 이 사실을 폐하께 알려주신 것입니다. 폐하께서 연달아 꿈을 두 번 겹쳐 꾸신 것은, 하나님이 반드시 이 일을 이룰 것임을 뜻합니다."

"그럼, 언제 그런 일이 일어난단 말이냐?"

"가까운 시일 내에 그런 일이 반드시 일어날 것입니다. 그러므로 폐하께서는 거기에 대비하여 현명하고 지혜로운 인재를 뽑아 나라 일을 맡기셔야 할 것입니다."

거침없는 요셉의 꿈 해몽에 모두들 넋을 잃었다. 요셉의 꿈 해석이 너무나 명쾌하고 조리가 있었으므로 모두들 연신 머리를 끄떡거렸다.

"폐하께 덧붙여 말씀드리고 싶은 것은…."

"그래, 어서 말해 보아라."

왕이 채근하였다.

"일곱 해 동안 대풍년이 들 때, 해마다 수확량의 5분의 1을 거두어 들여 잘 저장해 두어야 합니다. 그래야만 그 뒤를 이을 7년 동안의 대흉년에 백성들이 굶주려 죽는 일이 없을 것입니다."

요셉이 일약 총리가 되다 창 41:37-45

파라오를 비롯한 궁중의 모든 신하들이 크게 감탄해 마지 않았다. 명쾌한 꿈 해석뿐 아니라 그 대비책까지 완벽하게 제시되었기 때문이었다.

크게 감동한 파라오는 즉석에서 신하들에게 말하였다.

"하나님이 이 사람에게 신비한 능력을 주셨도다. 우리가 이런 인재를 어디서 찾을 수 있겠는가."

이어서 요셉에게 말하였다.

"그대같이 지혜로운 사람을 어디서 찾겠는가. 그러니 그대가 이 나라를 다스리도록 하시오. 이제부터는 이 나라의 온 백성이 그대의 말을 따를 것이다. 나 파라오는 그대 요셉을 이집트의 총리대신으로 임명하노라."

세상에 이런 파격적인 인사가 또 있을까. 한낱 이방인의 노예였다가 죄수가 된 비천한 신분에서, 하루아침에 한 나라의 총리가 되다니! 파라오는 자신의 손가락에 끼고 있던 인장 반지를 빼내어 그 즉시 요셉의 손가락에 끼워 주웠

다. 그리고는 곧이어 고급 세모시 옷을 입히고, 목에는 금목걸이를 걸어 주었다.

"모두들 요셉 앞에 엎드려라. 나는 파라오다. 파라오의 권위로 엄히 말하노라. 이집트 온 땅에서 그대의 허락 없이는 손가락 하나, 발가락 하나 꼼짝하지 못하리라."

파라오는 요셉이 왕 다음의 제2인자, 곧 이집트의 총리가 된 것을 엄숙하게 선언했다.

하루 아침에 요셉은 엄청난 권세를 한 손에 쥐었다. 모든 법령도, 명령도 요셉의 손가락에 낀 인장이 찍혀야만 효력을 발휘하게 된다. 요셉이 거부하면 되는 일이 있을 수 없고, 요셉이 명령하면 안 되는 일이 있을 수 없었다.

이제 요셉은 더 이상 노예나 죄수가 아니었다. 거대한 나라 이집트에서 왕 다음가는 높은 지위에 앉은 것이다. 요셉의 나이 30세, 노예가 되어 이집트로 팔려온 지 13년이 지난 때였다.

총리 요셉의 신분에 걸맞는 후속 조치들이 취해졌다. 왕은 요셉에게 귀족 중의 귀족인 제사장의 딸을 아내로 맞도록 골라주었고, 대저택에서 살게 했다. 호화로운 수레도 선물로 주었다. 왕이 타고 다니는 것 다음으로 좋은 것이었다.

요셉과 형들의 상봉

7년의 대풍년, 7년의 대흉년 창 41:46-57

요셉의 꿈 해석은 그대로 적중되었다. 요셉의 해몽에 의하면, 파라오의 꿈은 일종의 예언이었다. 하나님이 하실 일들을 꿈을 통해 파라오에게 보여주셨고, 요셉으로 하여금 그 의미를 알게 해주신 것이다.

이집트의 총리가 된 요셉은 전국을 시찰하였다. 직접 농경지를 확인하고, 풍년 때의 예산과 흉년 때에 대비하는 예산을 수립했다. 요셉은 국정을 돌보느라 눈코 뜰 새 없이 바쁜 나날을 보냈다.

드디어 7년의 풍년이 시작되었다. 단순한 풍년 정도가 아니었다. 곡식을 쌓을 곳이 없을 정도로 대풍년의 연속이었다. 엄청난 곡물이 거두어져 전국의 곡물 창고마다 넘치도록 쌓아 올려졌다. 처음에는 수확량을 일일이 계산하였으나, 워낙 그 양이 많아 나중에는 아예 계산조차 하지 못할 지경이었다. 파라오와 백성들의 기쁨은 한없이 컸다.

그 무렵, 요셉에게도 큰 기쁨이 생겼다. 아들 둘을 낳은 것이다. 맏이는 '므낫세'라 이름 지었고, 둘째는 '에브라임'이라 이름 지었다. 요셉은 두 아들의 이름 속에 자신의 신앙을 담아 고백하였다. '므낫세'는 '(하나님이 나로 하여금) 고난을 잊어버리게 하셨다'는 뜻이고, '에브라임'은 '(하나님이 나로 하여금) 풍성하게 하셨다'는 뜻이다.

7년의 대풍년이 끝났다. 7년의 대풍이 끝나자, 요셉의 말대로 역사상 전례 없는 극심한 흉년이 시작되었다. 7년 대흉년의 시작이었다. 이집트 땅만 흉년이 든 것이 아니라, 주변의 모든 나라들과 먼 나라들까지도 흉년이었다. 극심한 식량난으로, 많은 나라들과 백성들이 굶주림에 빠져 울부짖었다.

이집트 사람들은 걱정이 없었다. 각 성읍의 창고마다 가득가득 쌓아둔 곡식을 적절하게 방출했기 때문이었다. 그러자 멀고 가까운 여러 나라 백성들이 소문을 듣고 이집트로 곡물을 사러 오기 시작했다.

요셉의 꿈이 이루어지다 창 42:1–25

극심한 흉년이 시작될 때, 요셉의 나이는 39세쯤이었다. 열일곱 살에 이집트로 팔려온 이후, 어언 20여 년의 세월이 흐른 셈이었다.

흉년이 들기는 이집트 북쪽의 가나안 땅도 마찬가지였다. 야곱의 집도 전례 없는 식량난에 시달렸다. 야곱에게 딸린 식솔들은 11명이나 되는 아들들과 그들의 아내들, 그 자식들과 손자들을 포함하면 수백 명에 달하였다. 남자만 70명에 육박하는 대가족인 데다가 많은 종들이 딸려 있었기 때문이었다.

"참으로 답답하구나. 아무런 대책도 없이 이렇게 서로 얼굴만 쳐다보고 있을 테냐? 머잖아 우리 가족도 양식이 다 떨어져 굶어 죽을 판이다. 소문에 의하면, 이집트에는 곡식이 많다는구나. 너희들이 내려가서 우리를 위해 식량을 사 오도록 해라."

야곱은 막내 베냐민을 제외한 열 명의 아들들을 이집트로 내려 보냈다. 요셉이 없는 지금, 베냐민은 야곱이 가장 사랑했던 아내 라헬이 낳은 마지막 아들이었다. 베냐민을 형들과 함께 내려 보내지 않은 것은, 야곱이 베냐민을 특별히 사랑했기 때문이었다.

야곱의 아들들은 아버지의 뜻에 따라 오랜 여행 끝에 이집트에 도착했다. 요셉은 여러 나라에서 온 사람들에게 곡식 파는 일을 직접 감독하고 있었다.

요셉의 형들은 곡식을 사려고 요셉에게 나아가 무릎을 꿇고 엎드려 절하였다. 요셉은 한눈에 형들을 알아보았다.

'앗, 저들은… 형들이 아닌가?'

속으로는 무척 반가웠지만, 겉으로는 모르는 척했다. 하지만 형들은 어려서 헤어진 요셉을 알아보지 못했다. 벌써 20년 이상의 세월이 흐른 데다, 설마 이집트의 총리가 되어 있으리라고는 꿈에도 상상할 수 없었기 때문이었다.

자기 앞에 엎드려 절하는 형들을 보고, 요셉은 어렸을 때의 꿈이 떠올랐다. 형들의 곡식단들이 자기 곡식단에게 절하던 그 꿈을. 그 꿈이 20여 년의 긴 세월이 흐른 지금 눈앞에서 현실로 나타나고 있었다. 요셉은 형들이 쓰는 언어를 너무나 잘 알고 있었으나, 일부러 모르는 척 통역관을 세워 놓고, 이집트 말로 거칠게 물었다.

"너희들은 어디서 왔는가?"

"예, 가나안에서 식량을 사러 왔습니다."

통역관을 사이에 두고 요셉과 형들 간에 대화가 오갔다.

"음-, 식량을 사러 왔다? 거짓말! 너희들은 이 나라를 살피러 온 정탐꾼들이다."

억울했다. 기절할 노릇이었다. 형들은 벌벌 떨었다. 저렇게 높은 분이 자신들을 정탐꾼으로 몰면, 죽음을 면치 못할 것이 틀림없었다.

"아닙니다, 절대로 아닙니다! 총리 각하, 저희들은 순수한 사람들로서, 가나안 땅에 살고 있는 야곱이란 사람의 아들들입니다. 본디 열두 형제였습니다만, 막내는 지금 아버지와 함께 있고 동생 하나는 일찍 죽었습니다."

그들의 입장에서는 그른 말이라고 할 수 없었다. 하지만 요셉은 정탐꾼이 틀림없다고 다시금 엄하게 다그쳐 놓고 말을 이었다.

"그래? 너희들의 말이 진실이라면 너희 중에 한 명이 가나안으로 가서 막내 동생을 데리고 오너라. 그동안 나머지는 이곳 감옥에 가두어 두겠다. 만일 그렇게 하지 못하면, 너희들은 정탐꾼이 틀림없다."

요셉은 형들을 사흘 동안 감옥에 가두어 두었다. 그후 그들을 감옥에서 풀어준 다음 조건을 제시하였다.

"나는 하나님을 모시고 사는 사람이다. 그러니 너희들이 내가 말하는 조건을 그대로 따른다면 너희를 살려줄 것이다. 너희들 모두를 감옥에 가두지는 않겠다. 너희들 중에서 한 사람만 가두어 두겠다. 나머지는 돌아가서 막내를 데리고 오너라. 너희들의 말이 사실이라는 것을 증명하기만 하면 된다. 그렇게만 하면, 너희를 죽이지 않겠다. 너희 말을 믿고 너희에게 곡식을 팔겠다."

형들은 벌벌 떨었다. 요셉의 제안을 받아들일 수밖에 없었다. 요셉의 형들은 자기들끼리 한탄하였다.

"우리가 아우에게 못된 짓을 했으니 이런 벌을 받는 거야."

"그래, 아우가 살려 달라고 애걸복걸할 때 매몰차게 모른 체했었지. 다 그 죗값인 게야."

그러자 맏형 르우벤이 아우들에게 나무라듯 푸념하였다.

"그러게 내가 뭐라 하더냐. 그 아이를 해치지 말라고 했었지? 그런데 내 말을 듣지 않더니, 이런 일을 당하는 거다. 우리가 그 아이를 죽게 하였으니, 우리가 지금 그 대가를 받는 게 당연하지."

형들은 이집트의 총리가 자기들의 대화를 못 알아듣는

줄 알고 편하게 대화하였다. 그러나 형들의 대화를 다 알아듣는 요셉의 가슴은 찢어질 듯 아팠다. 그는 형들 앞에서 황급히 떠나 잠시 목놓아 울었다. 그리고는 마음을 진정시킨 후 다시 돌아와서 신하들에게 형제들 중 하나를 결박하라고 지시했다. 인질로 묶인 자는 둘째 시므온이었다.

"이 사람들이 돌아올 때까지 그를 감옥에 가둬 두어라."

이어 요셉은 신하들에게 별도로 지시하였다.

"이 사람들이 가져온 자루에 곡식을 가득 채우고 그들이 낸 돈도 그 자루에 도로 넣어라. 그들이 고향으로 가는 동안에 먹을 식량은 별도로 챙겨 주어라."

야곱이 베냐민 문제로 심히 괴로워하다 창 42:26–38

형제들은 참으로 두렵고 황당하였다. 일단 고비는 넘겼지만, 시므온을 감옥에 혼자 둔 채 돌아가는 발걸음은 천근만근 무거웠다.

날이 어두워져 어느 여관으로 들어간 후였다. 한 형제가 나귀에게 먹이를 주려고 곡물 자루 하나를 풀었다가 기겁을 했다. 자루 속에서 돈다발이 쏟아져 나왔기 때문이었다.

"아니, 이 돈이 왜 여기 있지?"

그가 다른 형제들을 소리쳐 불렀다. 모두들 돈자루 주변에 모여들어 웅성거렸다.

"이건 우리가 곡물 값으로 지불한 돈 아냐?"

"그 돈이 왜 우리들 자루 속에 들어 있는 거지?"

모두들 안색이 창백해졌다. 아무래도 무슨 불길한 일이 또다시 닥칠 것만 같았다.

"하나님은 왜 우리에게 이런 시련을 주시는 것인가?"

형제들은 근심에 싸여 집으로 들어섰다. 오가는 데에 한 달 가까이 걸린 긴 여행이었다. 그들은 아버지 야곱에게 그간의 사정을 보고했다. 야곱은 반가움도 잠깐, 근심으로 가슴이 터질 것 같았다. 시므온은 현재 감옥에 갇혀 있고, 막내인 베냐민을 데리고 가야만 시므온을 풀어준다니 아무리 궁리해도 이해가 가지 않았다. 하지만 더욱 더 이상한 일은, 분명히 이집트 관리에게 지불했다는 돈이 자루마다 그대로 다 들어 있는 것이었다. 이게 도대체 웬 영문인가? 야곱은 정신을 차리기 힘들 지경이었다.

"야단났구나, 이 일을 어쩌면 좋단 말이냐? 요셉이 이미 없어지더니 시므온에게도 불행이 일어나고, 이젠 베냐민까지도 잃게 생겼구나. 왜 이리 괴로운 일만 생긴단 말이냐."

맏이 르우벤이 간곡하게 설득하였다.

"아버지, 너무 근심하지 마세요. 제가 책임지고 베냐민을 이집트로 데리고 가겠습니다. 만일 베냐민을 무사히 데려오지 못하면, 그땐 아버지께서 저의 아들 녀석들 둘을 죽이십시오. 베냐민을 꼭 다시 데리고 오겠습니다."

그러나 야곱은 완강하게 고개를 흔들었다.

"안 된다, 안 돼! 베냐민의 형 요셉은 이미 죽었지 않느냐? 베냐민마저 죽일 수는 없는 일이야. 그 아이마저 죽는다면, 나는 엄청난 한을 품고 저세상으로 가게 될 거다."

야곱은 고집을 꺾지 않았다. 형제들도, 늙은 아버지 야곱도, 슬프고 괴로운 나날이었다.

요셉과 동생 베냐민의 만남

베냐민이 형들과 함께 이집트로 내려가다 창 43장

흉년은 한 해로 끝나지 않았다. 야곱의 가족들 중에는 그 누구도 흉년이 7년이나 계속 이어지리라고는 상상도 하지 못했다. 그 해에는 이집트에서 가져온 곡식으로 끼니를 이을 수 있었지만, 이듬해에 다시 흉년이 들자 심각한 식량난에 빠지고 말았다. 그대로 앉아서 굶어 죽을 수는 없는 노릇이었다. 야곱은 고민을 거듭하다가 마지못해 다시 아들들을 불렀다.

"얘들아, 다시 한 번 이집트로 가서 식량을 구해 와야겠구나."

넷째인 유다가 나섰다.

"이집트의 총리가 분명히 말했습니다. 막내 동생을 데리고 오지 않으면 자기를 절대로 만나 볼 수 없을 거라고 경고했어요. 그러니 베냐민 없이 그냥 가면 곡식을 사 올 수 없을 거예요."

"그러게 이놈들아, 왜 동생이 하나 더 있다는 말을 해서 나를 이토록 괴롭히는 거냐?"

야곱이 가슴을 치며 말했다.

"우리가 말하고 싶어서 했겠습니까? 그 총리가 우리를 정탐꾼으로 몰면서 우리 집안 사정을 꼬치꼬치 캐물으니까 사실대로 말한 것뿐입니다. 누가 이런 일이 생길 줄이야 꿈엔들 짐작이나 했겠습니까?"

유다가 말을 이었다.

"아버지, 지금 곡식을 사 오지 못하면 아버지는 물론이고 저희의 어린 자식들이 다 굶어 죽습니다. 막내는 제가 책임지겠습니다. 만일 막내에게 무슨 일이 생기면, 그땐 제가 평생 아버지에게 어떤 대가라도 달게 받겠습니다. 그동안 우리가 이렇게 지체하지 않았다면 벌써 두 번이나 이집트에 다녀오고도 남았을 겁니다."

맞는 말이었다. 계속 우물쭈물대다가는 꼼짝없이 온 가족이 굶어 죽을 판이었다. 야곱이 마침내 결단을 내렸다.

"하는 수 없구나. 그래, 막내 베냐민을 데리고 가거라. 우리 땅에서 나는 가장 좋은 토산물을 많이 가지고 가서 이집트의 그 총리에게 선물로 드려라. 유향과 꿀과 향료는 꼭 챙겨 가지고 가거라. 그때 자루 속에 들어 있던 돈이 문제가 될지도 모르니, 꼭 다시 돌려드려라. 전능하신 하나님이 너희들을 잘 돌보아 주시기를 기도하마."

당시 가나안 땅 남부 지방에서 애굽까지는 대략 열흘 길이었다. 야곱의 아들들은 힘겨운 여행 끝에 마침내 이집트에 도착하였다. 그들은 총리 요셉 앞에 다시 모습을 나타냈다.

형제들 가운데에서 막내인 베냐민의 모습을 확인한 요셉은 가슴이 뛰기 시작했다. 자기와 같은 어머니 라헬의 배에서 태어난 유일한 아우 베냐민이 아닌가. 눈물이 왈칵 쏟아질 정도로 기뻤으나 요셉은 겉으로 내색을 못하고 종에게 일렀다.

"저 사람들을 모두 내 집으로 안내하고, 나와 점심을 함께 먹도록 잘 차리도록 하여라."

갑자기 총리의 집으로 초대를 받은 형제들은 기쁘기는커녕 두려움이 앞섰다.

"이거 큰일났네. 이건 분명히 지난 번 우리들의 자루 속에 들어 있던 그 돈을 문제 삼으려는 걸 거야. 그걸 핑계로 우릴 종으로 삼으려는 건 아닐까…."

총리의 저택 앞에 이르자, 형제들은 요셉의 종에게 지난 번 자루 속에 들어 있었던 돈에 대해 자초지종을 이야기하였다. 종은 그 이야기를 듣고도 화를 내기는커녕 친절하게 대답하였다.

"그런 걱정은 하지 마시오. 당신들의 하나님께서 그 돈을 자루 속에 넣으신 모양이지요. 우린 곡물 값을 이미 다 받았으니, 그 돈은 모르는 일이오."

암만해도 알 수 없는 일이었다. 안으로 들어가 조금 기다리고 있으니 그동안 잡혀 있던 시므온이 형제들에게로 인도되었다. 형제들은 시므온을 둘러싸고 서로 기뻐하였다.

총리의 종들은 물을 떠다 주어 형제들에게 발을 씻게 했고, 그들의 나귀에게도 물을 먹였다. 더군다나 주인 요셉이 자기들과 점심을 함께 하려고 집으로 온다는 것이 아닌가. 그 말을 듣자 형제들은 안도와 우려가 겹쳤다. 친절하게 잘해주는 것으로 보아 일이 나쁘게 풀리지는 않을 것 같은데, 이렇게까지 극진한 대우를 받는 이유를 아무래도 이해할 수 없었기 때문이었다. 형제들은 일단 준비해 온 예물들을 꺼내 놓았다.

요셉이 들어오자, 열한 형제는 예물을 드리면서 일제히 엎드려 절을 올렸다. 얼마만인가! 열두 형제가 모두 이렇게 한 자리에 모여 있는 것이.

"늙은 아버지가 계신다고 했는데, 지금도 살아 계시는가?"

"예, 지금도 건강하게 살아 계십니다."

"그래? 음… 처음 보는 저 사람이 그대들의 막내란 말이지?"

"그렇습니다, 베냐민이라고 합니다."

요셉은 베냐민을 바라보았다. 태어나면서 어머니가 산고로 죽는 통에 어머니 얼굴조차 보지 못하고 자란 친동생이었다. 요셉은 북받치는 격정을 참을 수 없었다. 마음이 활활 불타는 듯했다. 급히 자리에서 일어나 안방으로 들어갔다. 요셉은 엉엉 목놓아 울었다. 한참을 울다가 정신을 가다듬고 얼굴을 씻은 후 다시 식사 자리로 돌아왔다.

점심은 진수성찬이었다. 총리인 요셉의 상은 따로 차려졌다. 요셉은 형들의 자리를 나이 순서대로, 서로 마주 보도록 정해 주었다. 열한 형제는 놀라지 않을 수 없었다. 자신들의 나이를 모를 것이 분명한 총리가 어떻게 이토록 정확하게 나이 순서대로 앉힐 수 있단 말인가? 더욱 더 이상한 일은, 총리가 자기 상의 맛있는 음식들을 형들의 상으로 돌려주는 과잉 친절이었다. 총리는 막내인 베냐민에게는 특히 더 신경을 써서 다른 형제들보다 한결 좋은 음식을 먹어 보라고 권하곤 했다.

영문을 알 수 없긴 했지만, 어쨌든 분위기는 좋았다. 형제들은 모처럼 긴장을 풀고 총리와 더불어 기쁘게 먹고 마셨다.

형제들이 베냐민을 감싸다 창 44장

요셉이 속마음을 감추면서까지 자신의 정체를 밝히지 않은 데에는, 이유가 있었다. 형들의 마음을 확인하고 싶었기 때문이었다. 형제된 자신을 죽이려다가 마지못해 노예로 팔아넘긴 그 잔인성, 그 비정함이 이제는 과연 변한 것인가? 그것만은 확인하고 넘어가야 했다.

식사가 끝난 후, 요셉이 종에게 은밀히 지시했다.

"저 사람들의 자루마다 곡물을 가득 채워 주고, 값으로 낸 돈도 다 도로 넣어 주어라. 그리고 내 은잔을 저 막내라는 사람의 자루 속에 넣어두어라."

형제들의 발걸음은 날아갈 것 같았다. 시므온과 베냐민을 데리고 아버지에게로 돌아가게 된 데다 식량도 원하는 만큼 살 수 있었기 때문이었다. 형제들은 서로 웃고 떠들면서 길을 재촉했다.

형제들이 성문을 벗어나 그리 멀리 가지 않았을 때였다. 뒤에서 말발굽 소리가 들리더니 그들을 멈춰 세웠다. 총리대신의 종이 급히 뒤쫓아오더니 형제들을 향해 성난 목소리로 호령했다.

"이놈들, 너희들에게 그토록 친절을 베풀었건만 어찌하여 우리 주인님이 쓰시는 은잔을 훔쳐간단 말이냐? 그 은잔이 우리 주인님께서 얼마나 아끼시는 것인지 모른단 말이냐? 주인님께서는 점을 치실 때에도 반드시 그 은잔을 사용하신단 말이다. 천하에 배은망덕한 놈들 같으니라고!"

아닌 밤중에 홍두깨요, 마른하늘에 날벼락이었다. 형제들은 한목소리로 절대로 은잔을 훔치지 않았다고 펄쩍 뛰었다.

"맹세코 저희들은 그런 짓을 하지 않았습니다. 그분이 어떤 어른이신데 감히 그 어른의 은잔을 훔친단 말입니까? 아시다시피 저희들은 지난 번 자루에 들어 있던 돈까지도 도로 가지고 온 사람들입니다."

다른 형제가 말을 이었다.

"이럴 거 없이 우리 자루들을 모두 뒤져 보십시오. 만약 은잔이 나오면 그는 죽이고 우리 모두 그 어르신의 노예가 되겠습니다. 그러면 되겠습니까?"

얼마나 자신만만한 제안인가. 그러나 총리의 종은 뜻밖의 말을 했다.

"나의 주인님께서는 은잔을 훔친 사람만 노예로 삼겠다고 하셨다. 나머지는 다 돌아가도 된다."

모두들 나귀에서 자루를 내려 풀어놓았다. 요셉의 종이 맏이로부터 막내에 이르기까지 차례대로 자루들을 뒤졌다. 자루들 속에는 웬일인지 지불한 돈이 모두 그대로 들어 있는 것이 아닌가? 그런데도 요셉의 종은 그런 것에는 전혀 신경조차 쓰지 않았다. 종의 관심은 오직 은잔뿐인 것 같았다.

"앗, 여기 있군!"

막내 베냐민의 자루에서였다. 형제들은 모두 기절할 듯 놀랐다. 저마다 옷을 찢으며 괴로워하였다. 베냐민이, 하필이면 베냐민이…, 하필이면 베냐민을 노예로 두고 가게 되다니….

“자, 이 사람은 우리가 데리고 가겠다. 너희들은 모두 고향으로 돌아가도 좋다.”

종이 베냐민을 붙잡았다. 형제들은 베냐민을 그렇게 놓아둔 채로 떠날 수가 없었다.

“막내를 두고는 이대로 못 갑니다. 저희들도 막내와 함께 총리대신께 가겠습니다.”

형제들은 짐을 수습하고 다시 성으로 돌아왔다. 총리대신은 아직 집에 있었다. 형제들은 그 앞에 무릎을 꿇고 땅에 엎드렸다.

“어쩌자고 너희들이 내게 이런 짓을 하였느냐? 은잔을 훔쳐간다고 내가 모를 줄 알았느냐? 내가 점을 쳐서 다 알아낸다는 걸 모른 게로구나.”

넷째인 유다가 앞으로 나서 얼른 입을 열었다. 책임지고 베냐민을 데리고 돌아오겠다고 큰소리쳤던 자신이 아닌가.

“입이 열 개인들 드릴 말씀이 있겠습니까. 증거물이 나왔으니, 저희들의 결백을 입증할 방법이 없습니다. 은잔을 가지고 있는 막내뿐 아니라 우리 모두 총리 각하의 노예가 되겠습니다.”

“아니다, 그럴 필요 없다. 훔친 그 자만 종으로 삼겠다. 너희들의 늙은 아버지께 걱정을 끼쳐 드려서는 안 되니 어서 고향으로 돌아가라.”

유다가 총리에게 다가서며 애원하였다.

“총리 각하, 꼭 드릴 말씀이 있으니 부디 허락해

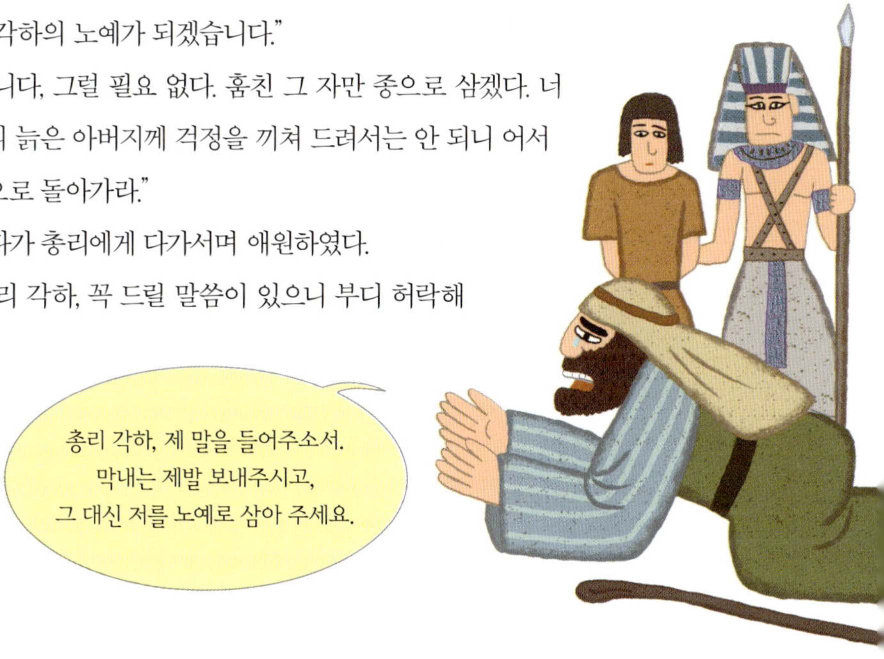

주십시오. 제발 노하지 마시고, 한 마디만 들어 주십시오. 간청합니다."

"그래, 말해 보아라."

총리대신이 허락하자, 유다가 애절하게 호소하였다.

"지난번에 총리 각하께서 저희들의 아비나 아우가 있느냐고 물으셨습니다. 그래서 저희들은 숨김없이 사실대로 말씀 드렸습니다. 늙은 아비와 막내동생이 있다고 말씀드렸습니다. 막내동생은 부친께서 아주 늘그막에 얻으셨습니다. 막내와 어머니가 같은 형이 하나 있었는데, 그는 그만 먼저 죽었습니다. 그래서 아버지는 막내를 유독 애지중지하십니다. 그런데 총리 각하께서 그 아우를 반드시 데리고 오라고 하셔서, 저희가 아주 어렵게 아버지를 설득하여 겨우 이집트에 데리고 온 것입니다. 아버지는 이렇게 말씀하셨습니다. '너희도 알다시피 내가 그토록 사랑하던 아내 라헬에게서 태어난 아이는 두 아들뿐이다. 그런데 그중 한 녀석은 이미 내 곁을 떠나고 없다. 아마도 들짐승을 만나 찢겨져 죽임을 당한 것이 분명하다. 집을 나간 후 이토록 감감무소식이니까 말이다. 그런데 이번에는 너희가 하나 남은 이 아이마저 데리고 가겠다면 난 무슨 보람으로 산단 말이냐? 혹시라도 이 아이에게 불행한 일이 생기면 난 가슴에 한을 품고 저세상으로 가게 될 것이다. 그러니 이 아이만은 데려가지 말아라.' 이렇게 애원하셨습니다. 그런데 만일 저희들이 막내를 여기에 두고 저희들끼리만 집으로 돌아간다면 늙으신 아버지는 충격으로 쓰러져 죽으실지도 모릅니다. 그러하오니 총리 각하, 엎드려 간곡히 청합니다. 늙으신 아버지를 위해서라도 막내는 형들과 함께 보내주시고, 그 대신 저를 노예로 삼아 주십시오. 저는 막내를 두고는 절대로 돌아가지 못합니다."

애끓는 호소였다. 요셉은 북받치는 격정을 참을 수 없어, 종들을 모두 방안에서 내보냈다. 이제 방안에는 형제들과 요셉뿐이었다.

요셉의 눈물과 야곱의 기쁨

요셉이 형들에게 자신의 정체를 밝히다 창 45:1–15

유다를 비롯한 모든 형제들이 훌쩍거리며 울었다. 요셉도 더는 참을 수 없어 마침내 형제들 앞에서 사실을 밝혔다.

"형님들, 내가 요셉입니다!"

그 히브리 말과 함께 요셉의 입에서 커다란 울음이 터져 나왔다. 어찌나 큰 소리로 울었던지, 밖에 있던 종들과 근처에 있던 이집트 사람들도 모두 들을 수 있을 정도였다.

형제들은 도대체 이게 무슨 소린가 싶었다. 그들은 모두 할 말을 잃은 채 어리둥절한 표정으로 요셉과 형제들의 얼굴을 번갈아 돌아볼 뿐이었다.

"형님들, 내가 바로 요셉입니다. 아버지는 아직도 살아 계십니까?"

형제들은 어안이 벙벙했다. 다들 놀라서 한마디 말도 꺼내지 못했다.

"형님들, 이리 가까이 오세요."

형제들이 쭈뼛거리며 요셉에게로 다가갔다.

"내가 형님들의 아우 요셉입니다. 저를 잘 보세요. 오래 전에 형님들이 팔아 넘겼던 바로 그 요셉입니다. 그렇다고 걱정하지 마세요. 저를 이리로 오게 한 것은 형님들이 아니라 하나님이시니까요. 그게 다 우리 가족을 살리기 위해 하나님께서 미리 계획하셨던 일입니다."

크게 두려워하는 형제들의 마음을 편하게 해주려고 애쓰며 요셉이 말을 이었다.

"형님들, 앞으로도 흉년이 이어질 것입니다. 아직도 5년이나 더 남았습니다. 하나님은 형님들과 우리 가족의 목숨을 구하시려고 저를 미리 이곳으로 보내신 것입니다. 저는 이집트의 총리입니다. 이 나라는 내 말 한 마디에 움직입니다. 하나님은 우리 가족에게 큰 복을 내리셨습니다."

그제서야 형제들은 요셉의 말을 믿기 시작했다. 자세히 뜯어보니, 아닌게 아니라 어릴 적 동생의 모습이 그대로 살아 있었다. 형제들은 놀란 가슴을 진정시킬 수가 없었다. 동시에 요셉이 자기들의 악행에 대해 원한을 품기는커녕 오히려 위로하려고 애쓰는 모습을 보자니, 형들의 가슴은 미안함의 눈물로 가득 찼다.

"형님들, 서둘러 고향으로 가셔서 아버지께 전해 주세요. 하나님이 나를 이집트 온 땅을 다스리는 총리로 세우셨으니, 지체하지 마시고 이리로 오시라고 하세요. 가축 떼도 다 이끌고 오셔서 여기서 가까운 고센 땅에 정착해 사시도록 하세요. 걱정 없이 편안하게 사시도록 내가 정성껏 돌봐 드리겠습니다. 극심한 흉년은 아직도 5년이나 남았습니다. 아셨죠?"

요셉은 가까이에 있는 베냐민에게 말했다.

"베냐민아, 내가 바로 네 형이다. 이 형이 이집트에서 어떤 사람인가를 너도 똑똑히 보았지? 아버지께 네가 본 것들을 사실대로 말씀드려라. 그래서 반드시 이곳으로 모시고 와야 한다."

요셉은 아우의 목을 힘껏 끌어안고 목놓아 울었다. 형들과도 입을 맞추며 한 명씩 끌어안고 울었다. 그제서야 형들도 말문이 터져서 이런저런 이야기를 나누면서 감격의 눈물을 흘렸다.

야곱 일가가 이집트로 이주하다 창 45:16–46:27

요셉이 고향의 형제들을 만났다는 소식이 이집트 전역으로 퍼져 나갔다. 파라오와 신하들은 모두 자기 일처럼 기뻐하였다. 파라오는 요셉에게 말했다.

"그대의 형제들에게 가나안의 고향 집으로 가지고 갈 선물을 많이 챙겨 주시오. 아버지와 가족들을 모두 이집트로 데려 오라고 하시오. 내가 이집트에서 좋은 땅을 주겠소. 필요한 모든 것을 다 제공해 줄 것이니, 애써 살림살이들을 챙겨 가지고 올 필요가 없다고 하시오."

요셉은 파라오가 말한 대로 아버지와 부녀자들이 타고 올 좋은 수레, 좋은 옷들, 여행 기간에 먹을 양식을 챙겨 주었고, 형제들이 갈아입을 옷들도 챙겨 주었다. 사랑하는 동생 베냐민에게는 다섯 벌의 옷과 은화 300세겔을 주었다. 아버지에게는 따로 나귀 열 마리에 곡식을 실어 보내고, 이집트의 가장 좋은 특산물들도 듬뿍 챙겨 보냈다.

"형님들, 혹시라도 가시는 길에 서로 싸우지 마세요. 내가 이집트에 온 것은 누구의 잘못도 아니니 마음 편하게 다녀오세요."

가나안 땅에서 아들들에게 요셉 소식을 들은 야곱은 꿈만 같았다. 그토록 눈에 밟혔던 사랑하는 아들 요셉이, 죽은 줄로만 알았던 요셉이 살아 있다니! 더구나 이집트의 총리라는 높은 지위에 올라 있다니!

야곱은 아들들의 말에 충격을 받고, 도무지 믿기지 않았다. 하지만 자초지종 이야기를 모두 전해 듣고, 요셉이 보낸 많은 선물들과 이집트로 타고 갈 화려한 고급 수레를 보고서야 아들들의 말에 믿음이 가기 시작했다.

살다보니 이런 좋은 날도 오는구나! 야곱은 한시라도 빨리 요셉을 보러 가야겠다고 이주를 서둘렀다. 그때 야곱의 나이 130세였다.

야곱은 온 가족과 가축 떼를 이끌고 길을 떠났다. 자신과 며느리들과 손녀들과 어린아이들은 수레를 타고, 아들들과 성장한 손자들은 낙타와 나귀를 타고, 종들은 가축 떼를 몰면서 이집트를 향해 남쪽으로 이동하였다.

야곱 일행은 가나안 남방의 국경 도시인 브엘세바에 이르렀다. 그곳은 일찍이 야곱의 조부 아브라함과 부친 이삭이 하나님께 제단을 쌓고 예배 드리

던 곳이었다. 야곱은 그 옛날 선친들이 쌓아 놓은 제단에서 하나님께 희생 제물을 드렸다. 그러자 밤에 하나님이 환상 가운데 나타나셔서 야곱을 위로하셨다.

"야곱아, 나는 네 조상의 하나님이다. 이집트로 내려가는 것을 겁내지 말아라. 내가 거기서 너로 큰 무리를 이루게 하여 다시 이곳으로 올라오게 할 것이다. 너는 네 아들 요셉의 품에서 평안히 눈을 감게 될 것이다."

가나안을 떠난 야곱과 그 아들들과 손자들은 67명이나 되었다. 이집트에 있는 요셉과 그의 두 아들을 포함하면 모두 70명인 셈이었다. 여기에는 야곱의 딸들과 며느리들과 손녀들은 포함되지 않았으니, 이집트로 내려간 야곱 일행이 정확히 몇 명이었는지는 알 길이 없다.

야곱 일행이 이집트의 고센 땅에 정착하다 창 46:27-47:12

야곱 일행은 지루한 여행 끝에 이집트의 고센 땅에 가까이 이르렀다. 야곱은 넷째 아들 유다를 먼저 요셉에게 보냈다.

야곱 일행이 고센 땅에 도착하자, 미리 연락을 받은 요셉이 수레를 타고 마중 나왔다. 헤어진 지 22년만의 부자 상봉이었다. 요셉은 호화스러운 수레에서 내려 아버지한테로 달려갔다. 그동안 생사조차 알 길이 없었던 늙으신 아버지를 끌어안고 오랫동안 흐느꼈다.

"요셉아, 네가 정녕 내 아들 요셉이 맞느냐. 네가 정말 살아 있다니…! 내가 살아서 네 얼굴을 다 보다니, 이젠 죽어도 여한이 없겠구나."

"아버지, 제가 아버지의 아들 요셉입니다. 아버지…!"

아버지 야곱도, 아들 요셉도, 그리고 모든 가족들과 종들도 함께 흐느끼며 울었다. 상봉의 감격과 기쁨이 오래도록 이어졌다.

이윽고 어느 정도 진정이 되자, 요셉은 형 다섯과 함께 파라오의 왕궁으로 갔다.

"폐하, 저의 아버님이 온 가족과 가축 떼와 모든 재산을 이끌고 고센 땅에 도착하였습니다."

파라오가 크게 반가워하며 요셉의 형제들에게 물었다.

"먼 길을 오느라고 고생이 많았겠군. 그래, 자네들의 생업은 무엇인가?"

형제들 중 하나가 대답하였다.

"예 폐하, 저희들은 선조 대대로 목축업을 하는 목자들입니다. 가나안 땅에는 기근이 심해 가축을 칠 곳이 없으므로 잠시 머무르려고 이곳에 왔습니다. 하오니, 목축에 적당한 고센 땅에서 살도록 허락해 주시면 감사하겠습니다."

그러자 파라오가 요셉을 향해 말했다.

"이집트 온 땅이 그대의 관할 하에 있으니 그대의 아버지와 형제들에게 살기 좋은 땅을 주시오. 내 양 떼와 소 떼도 그들에게 치게 하면 좋겠소."

파라오의 허락이 떨어지자, 요셉은 아버지 야곱을 모시고 가서 왕에게 소개하였다. 파라오가 야곱에게 나이가 어떻게 되느냐고 물었다.

"나그네처럼 떠돌며 살아 온 지가 어느덧 백서른 해입니다. 저의 조상님들보다는 그리 오래 산 것은 아니지만, 험난한 인생 길을 걸어왔습니다."

야곱은 파라오에게 복을 빌어주고 그 자리에서 물러났다.

요셉은 파라오가 명령한 대로 아버지와 형제들이 고센 땅에서도 기름진 좋은 땅을 차지하고 살도록 해주었고, 모든 가족들의 양식을 대어주며 정성껏 보살폈다.

요셉의 통치와 야곱의 축복

계속되는 흉년과 요셉의 양곡 관리 창 47:13-26

해를 거듭할수록 흉년이 심해졌다. 총리 요셉은 양식을 사러 오는 모든 이집트 사람들에게 곡식을 팔았다. 그러나 계속 되는 흉년으로 곡식을 살 돈이 떨어지자 살 길이 막막해진 백성들이 요셉을 찾아와 사정하였다.

"총리 각하, 저희들은 이제 돈이 없어 꼼짝없이 굶어 죽을 수밖에 없는 형편입니다. 부디, 다른 방법으로라도 양식을 구할 수 있게 선처를 베풀어 주십시오."

"그렇다면 너희들이 가진 다른 재산이라도 가지고 오너라. 기꺼이 양식과 바꾸어 주겠다."

그러자 이집트 백성들은 가축을 가지고 와서 곡식으로 바꾸어 갔다. 그러나 해가 바뀌어도 비는 내리지 않았고, 농사를 지을 수 없었다. 백성들은 또다시 총리에게 애원하였다.

"총리 각하, 우리에게 남아 있는 것이라고는 이 몸과 농토가 전부입니다. 농토가 있으면 뭘 합니까. 가물어 농사를 지을 수 없으니 무용지물입니다. 그렇다고 그냥 앉아서 굶어 죽을 수는 없으니, 바라옵건대 토지와 곡식을 바꾸어 주십시오."

이집트 백성들은 그렇게라도 하지 않을 수 없었다. 총리 요셉은 그들의 청을 들어주었다. 그래서 이집트의 모든 경작지를 곡식을 주고 사들였다. 그리하여 이집트의 모든 돈과 토지가 파라오의 소유로 바뀌었다. 온 백성이 파라오의 종이 된 것이나 마찬가지였다.

"자, 내 말을 잘 들으시오."

총리 요셉이 이집트 백성들에게 선포하였다.

"그동안 내가 백성의 밭과 몸까지 사서 파라오에게 바쳤소. 이제 내가 곡물의 씨앗을 줄 테니, 각자 자기가 농사 짓던 땅에 파종하시오. 수확의 5분의 1은 파라오에게 바치고, 나머지는 농사 지은 사람의 몫이오. 그 다음 해부터는 파종할 씨앗도 스스로 충당하도록 하시오."

이집트 백성들은 오랜 대흉년의 기간 동안에도 굶어 죽지 않고 살 수 있게 선처해 준 요셉의 은혜에 감사하며 그대로 따를 것을 약속하였다. 이리하여 총리 요셉은 이집트에 새로운 토지법을 확립하였다.

야곱이 요셉의 두 아들을 축복하다 창 47:27–48:22

야곱이 이집트의 고센 땅에 정착하여 생활한 지 어언 17년이 흘렀다. 이제 야곱의 나이는 147세였다. 그동안 그의 자손들은 이집트의 고센 땅에서 왕성하게 번창하였다.

죽을 날이 다가올 것을 예감한 야곱은 요셉을 불러 당부했다.

"아들아, 내가 죽으면 나를 이 땅에 묻지 말아라. 조상님들이 묻혀 있는 가나안의 헤브론 땅에 장사 지내 다오. 그래야 내 마음이 기쁘겠다. 맹세해 주겠느냐?"

"그럼요, 아버지. 아버지의 말씀대로 꼭 그렇게 하겠습니다."

그로부터 얼마 후, 요셉은 아버지가 병들어 누워 계시다는 소식을 듣고 두 아들 므낫세와 에브라임을 데리고 찾아갔다. 누워 지내던 아버지는 침상에서 일어나 앉으며 요셉에게 뜻밖의 말을 했다.

"요셉아, 네가 이집트에서 낳은 두 아들을 내 아들로 삼겠다. 그렇게 되면, 므낫세와 에브라임은 네 형들과 똑같이 내 유산을 상속받게 된다. 앞으로 낳게 될 네 아들만 너의 아들로 해라."

눈이 어두워져 앞을 잘 볼 수 없었던 야곱은, 아들로 삼은 두 손자들의 머리에 손을 얹고 축복하였다. 그런데 이상하게도 오른쪽에 있는 형 므낫세에게 왼손을 얹고, 왼쪽에 있는 동생 에브라임에게 오른손을 엇갈리게 얹고 축복하는 것이었다.

"나의 조부 아브라함과 부친 이삭을 보살펴 주신 하나님, 이 두 아이에게 복을 내리소서. 세상에서 번창하게 하소서."

아버지의 손이 엇갈린 것을 보고, 요셉이 아버지의 엇갈린 손을 바꾸어 주었다. 당시의 풍습에 따르면 오른손은 왼손보다 더 능력 있는 강한 손으로 간주되었기에, 요셉은 아버지의 오른손이 장자인 므낫세의 머리에 얹혀지기를 바랐던 것이다.

"나도 안다, 내 아들아. 나도 알고 있다."

자신도 잘 알고 있다는 듯이, 야곱은 여전히 손을 엇갈리게 한 채로 또 축복하였다.

"너희들은 하나님의 복을 받아 자손이 번성하며 크게 잘 될 것이다. 사람들은 언제나 이렇게 복을 빌 것이다. '에브라임처럼, 므낫세처럼, 하나님이 그대에게 복 내리시기를 비노라!'고."

그날 야곱은 요셉의 두 아들 므낫세와 에브라임을 자신의 아들로 삼고, 그들에게 축복하였다.

야곱의 12아들, 이스라엘의 12지파 창 49장

죽음이 임박한 야곱은 자신의 열두 아들들을 불러 일일이 축복해 주었다. 야곱의 12아들은 장차 이스라엘 12지파의 조상이 될 것이었다. 그들의 이름은 르우벤, 시므온, 레위, 유다, 스불론, 잇사갈, 단, 갓, 아셀, 납달리, 요셉, 베냐민이었다.

야곱은 열두 아들 중 유다에 대해서는 특별히 이렇게 축복했다.

"유다야, 네 형들이 너를 칭송하리라. 네가 원수들의 목덜미를 잡으리라. 네 형제들이 네게 절하리라. 네 말을 들으리라. 유다는 언제나 왕의 홀笏을 한 손에 잡을 것이며, 자손들이 내내 왕이 될 것이다. 네 자손에서 크신 임금이 오시리라. 뭇 백성이 그분께 허리 굽혀 경배하리라."

이 축복은 장차 야곱의 아들들이 왕국을 이룰 때 유다 지파에서 왕이 나오고, 그 자손들에게 왕권이 세습될 것이며, 나아가 왕 중 왕, 곧 모든 사람이 경배할 '여인의 후손' 그리스도가 유다 지파의 혈통을 좇아 탄생한다는 메시아 예언이다. 성령의 영감이 깃든 야곱의 이 예언대로, 장차 사탄을 쳐부수고 인류를 죄와 죽음에서 건져내실 '여인의 후손' 곧 예수 그리스도는 과연 유다 지파에서 태어나게 된다.

야곱과 요셉의 죽음 창 50장

열두 아들을 저마다의 그릇에 맞게 축복한 야곱은 다시 자리에 누웠고, 마침내 기운이 다하여 숨을 거두었다. 향년 147세였다.

요셉은 파란만장의 인생을 살아온 아버지 야곱의 시신에 입맞추었다. 오랫동안 대성통곡한 후, 요셉은 아버지의 시신을 미라로 만드는 작업을 명령하였다. 그것은 왕에게나 해당되는 성대한 장례 절차였다. 미라를 만드는 데는 대략 40여 일이 걸린다. 이집트는 요셉 총리의 부친 야곱에게 존경의 뜻을 나타내 보이기 위해 전 백성이 70일 동안이나 애도하는 기간을 가졌다.

요셉은 아버지의 유언대로 가나안의 헤브론 땅, 막벨라 동굴에 아버지를 장사 지내기로 했다. 어마어마한 장례 행렬이 이집트의 고센을 출발하여 가나안을 향해 북쪽으로 올라갔다. 이집트의 왕실 관료들과 고위 관리들, 각처의 거물급 유지들이 야곱의 많은 가족들과 종들과 함께 장례 행렬에 들어 있었다. 그 뒤로는 호위군대와 수많은 조문객들이 뒤따랐다. 가나안 사람들은 이런 엄청난 장례 행렬을 한 번도 구경하지 못한 터라 보는 사람들마다 눈이 휘둥그레졌다.

아버지의 장례를 마치고 다시 이집트의 고센으로 돌아온 요셉의 형들은, 아버지가 돌아가신 이제부터는 앞날이 어떻게 될 것인지 갑자기 두려운 마음이 들었다.

"그동안 요셉이 아버지 때문에 우리에게 보복하지 않았지만, 이젠 서서히 앙갚음을 하려고 할 거야. 안 그래?"

형제들 중 한 명이 근심어린 표정으로 말했다.

"맞아. 나 같아도 반드시 앙갚음을 할 거야. 사실 우리가 생각해도, 우리가 저지른 짓이 그냥 넘기기엔 너무 커."

"그럼 어쩌지? 그냥 이대로 앉아서 당해야 하는 거야?"

형제들은 근심에 싸여 대책을 숙의하고는, 함께 요셉을 찾아갔다.

"어쩐 일이세요? 형님들이 이렇게 모두 오시다니, 무슨 일이라도 있으신가요?"

그러자 형들이 요셉에게 말했다.

"아버지께서 돌아가시기 전에 아우님에게 이렇게 말씀하시지 않았소? 형들이 네게 잘못한 일을 이제는 너그러이 덮어 주라고. 이 형들도 아버지의 하나님을 모시고 살고 있으니 못난 형들의 허물을 용서해 주시게. 정말 우리가 못된 짓을 하였으니…."

요셉의 눈시울이 뜨거워졌다.

"우리는 이제부터 모두 아우님의 종일세."

형들은 일제히 요셉 앞에 엎드렸다.

"형님들, 이 아우를 두려워하지 마세요. 내가 어찌 하나님을 대신할 수 있단 말입니까. 형님들이 나를 해치려 한 것은 사실이지만, 하나님은 오히려 그 일을 통하여 우리 모두를 살리셨습니다. 내가 형님들을 잘 보살펴 드릴 테니 아무 걱정 마시고 사세요."

요셉의 마음 씀씀이에 형들은 모두 감격의 눈물을 흘렸다.

세월이 흘러, 야곱이 세상을 떠난 지도 어느덧 54년이 지났다. 죽음이 눈앞에 다가온 것을 예감한 요셉은, 아버지 야곱이 했던 대로 가족들에게 똑같은 맹세를 시켰다.

"하나님은 분명 너희들을 이 땅에서 이끌어내어 우리 조상들에게 약속한 가나안 땅으로 인도하실 것이다. 그때가 되면 내 유골도 반드시 함께 가지고 가서 우리 조상들이 묻힌 가나안 땅에 묻도록 해라."

마지막 유언을 마친 요셉은 평안히 임종을 맞았다. 향년 110세였고, 이집트의 총리가 된 지 80년 만이었다. 이집트 사람들은 요셉의 시신도 미라로 만들어 장사 지냈다.

요셉의 죽음과 함께, 아브라함에서부터 시작되어 이삭과 야곱과 그의 열두 아들, 특히 요셉으로 이어진 족장들의 이야기는 막을 내린다. 아브라함과 이삭과 야곱과 요셉으로 이어지는 4대 족장 이후의 이야기는, 야곱의 열두 아들의 후손인 이스라엘 12지파의 이야기로 이어진다.

모세의 출생과 성장

한 아기가 물에서 건져지다 출 1:1-2:10

야곱이 온 가족을 이끌고 이집트로 내려간 지도 어언 350여 년이 흘렀다. 야곱도, 요셉을 비롯한 그의 열두 아들들도 모두 죽었지만, 그들의 거주지였던 이집트 북부의 고센 땅에는 그 후손들이 나날이 번창해 가고 있었다.

이집트의 왕인 파라오는 이스라엘 백성들이 이집트 땅에서 날로 번성해 가는 것을 못마땅한 시선으로 바라보기 시작했다. 만약 전쟁이라도 일어나서 이스라엘 백성들이 적과 한 패가 된다면 큰일이라고 생각했기 때문이었다. 그래서 이집트의 파라오는 이스라엘 백성들을 핍박하고 노예화하는 강력한 압제 정책을 펼쳤다.

그럼에도 불구하고 이스라엘의 백성들은 하나님의 축복 속에 더욱 더 불어났다. 그러자 파라오는 이스라엘의 자손들, 곧 히브리 족속의 사내아이가 태어나면 즉시 나일 강에 던져 죽이라는 가혹한 명령을 선포하기에 이르렀다.

"응애~ 응애~"

그런 시기에, 어느 히브리인 가정에서 한 사내아이가 태어났다. 그 아기의 울음소리는 우렁찼고, 모습은 매우 준수하였다. 만일 그 아기의 출생이 이집트 사람들에게 알려지기라도 하면, 그 아기는 태어나자마자 죽을 수밖에 없는 기구한 운명이었다. 아기의 어머니는 사랑하는 아들을 그냥 죽게 내버려둘 수 없었다.

아기의 어머니는 석 달 동안 아이를 몰래 키웠다. 하루하루가 피 말리는 긴장의 연속이었다. 하지만 아기가 자라면서 울음소리가 커지자 더 이상은 집안에 숨겨둘 수가 없게 되었다.

달리 방법이 없었다. 어머니는 갈대로 상자를 만들어 물이 스며들지 못하도록 역청과 나무진을 단단히 칠한 후에 아기를 그 안에 담았다. 그리고는 나일 강가로 나가 갈대상자를 강물에 띄웠다. 이집트 사람들 중 누군가가 아기를 발견하여 잘 키워주기를 바라는 마음뿐이었다.

때마침 이집트의 공주인 파라오의 딸이 나일 강변으로 목욕을 하러 나왔다가 갈대 수풀 사이에서 상자를 보았다.

"어머? 저게 뭐지?"

공주는 시녀에게 강물에 떠 있는 갈대 상자를 가져오라고 시켰다. 상자를 열어보니, 놀랍게도 사내아이가 그녀를 향해 방긋 웃음을 짓고 있는 것이 아닌가! 공주는 히브리인의 아들임을 즉각 알아 차렸다. 히브리인 부모 중 누군가가 아기를 살리려고 이런 모험을 감행한 것이리라!

공주는 마음이 흔들렸다. 갈대 상자 안에서 방긋 웃고 있는 아기의 순수함에 강하게 마음이 끌렸기 때문이다. 잠시 머뭇거리던 공주는 아기와 눈이 마주치자 자기도 모르게 상자 속에서 아기를 들어올렸다. 공주는 아기를 왕궁으로 데려가 키우기로 마음먹었다.

이런 광경을 멀찌감치 떨어져 지켜보고 있는 어린 소녀가 있었다. 버려진 아기의 누이인 미리암이었다. 강물에 버려진 동생이 어찌되나 걱정이 되어 내내 갈대 상자를 지켜보고 있었던 것이다. 이집트 공주가 갈대 상자

를 발견하고 그 안의 아기를 건져 올리자, 소녀는 잽싸게 공주에게 다가갔다.

"이 아기에게 젖을 먹여 줄 유모가 필요하지 않나요? 그럴 만한 사람을 알고 있거든요."

공주가 고개를 끄덕이자 소녀는 곧 자신과 어린 동생의 엄마를 데리고 왔다. 공주는 그 여인이 아기의 생모인 것을 몰랐다. 공주는 여인에게 말했다.

"이 아기에게 나 대신 젖을 먹여 키워 주세요. 거기에 대한 삯은 치러 드릴 것입니다."

이리하여 아기는 친엄마의 품 속에서 젖을 먹으며 무럭무럭 자라났다.

세 살 무렵, 아이가 젖을 떼게 되자 유모는 아이를 공주에게로 데려갔다. 공주는 그 아이를 양자로 삼고, 이집트의 궁정에서 키웠다. 공주는 아이를 '물에서 건져냈다'고 하여 아이에게 '모세'라고 이름 지어 주었다.

모세가 이집트 궁정에서 성장하다 출 2:11–25

파라오의 명령에 의해 태어나자마자 죽어야 할 운명을 지닌 한 히브리 사내아이가 자신을 죽이라고 명령을 내린 파라오의 그늘 밑에서 쑥쑥 자라났다. 더구나 아이는 이집트의 왕자 신분으로, 왕자들이 받는 다양하고 깊이 있는 궁정 교육을 모두 받았다. 장차 한 나라의 왕이 되어 백성들을 통치해야 할 왕자이니만큼, 당대 최고의 학자들이 총동원된 최고의 엘리트 교육이었다.

세월이 흘러 모세는 어느덧 어엿한 어른이 되었다. 어느 날, 모세는 자기 동족인 히브리인들이 힘들게 일하는 모습을 보았다. 이집트 관리가 히브리 사람 하나를 채찍으로 내리치고 있었다. 모세는 피가 끓어올랐다. 주변을 살펴보니, 다행히 아무도 보는 이가 없었다. 모세는 즉시 그 이집트 관리를 죽이고, 시체를 모래 속에 파묻어 버렸다.

다음날, 모세는 히브리인들끼리 싸우는 광경을 보고는 말리려 들었다. 그러자 그 중 한 사람이 말했다.

"그래, 이집트 사람을 죽이듯이 나도 죽일 생각이오?"

그 말을 들은 순간, 모세는 가슴이 덜컥 내려앉았다. 자신의 살인 범죄가 소문이 난 것을 알았기 때문이었다.

파라오가 모세를 찾는다는 말을 들은 모세는, 거기서 잡히게 되면 죽음이 있을 뿐임을 즉시 알아차렸다. 이집트 땅을 벗어나 멀리 도망치는 것만이 살 길이었다. 모세는 필사의 탈출을 감행하였다. 몇 날 며칠을 무작정 걷고 또 걸어서 마침내 이집트 국경을 벗어났다. 하지만 국경을 벗어났다고 해서 안심할 일이 아니었다. 모세는 시나이 반도의 사막을 통과하여 홍해의 동편 지류 건너편 땅에 도착하였다. 보름 이상이 걸린 거칠고 험난한 여정이었다.

미디안 땅에 도착한 모세는 몹시 지쳐 있었다. 어느 우물 곁에 앉아 쉬고 있는데, 일곱 명의 아가씨들이 양 떼를 몰고 와서 물을 먹였다. 아가씨들은 그곳 제사장인 이드로의 딸들이었다. 그녀들이 물을 먹이고 있는데 한 떼의 다른 목자들이 와서는 우물을 독차지하려고 아가씨들을 쫓아내려고 들었다. 그 광경을 지켜보던 모세가 몸을 일으켜 목자들에게 다가갔다.

"여보시오, 당신들은 왜 여자들을 괴롭히는 거요? 여자들도 자기네 양떼에게 물을 먹이도록 하시오. 여자들이 먼저 왔으니 여자들이 먼저 물을 먹인 다음에 당신들의 양떼에게 물을 먹이도록 하시오. 그게 옳지 않소?"

"아니, 우리가 어떻게 하든 당신이 웬 참견이오?"

목자들이 화를 내며 모세를 쳐다보았다. 그 순간, 목자들은 움찔했다. 모세의 의젓하고 당당한 모습에 기가 질렸다. 모세가 누군가? 당시 문명의 대국인 이집트에서, 그것도 궁정에서, 최고의 학문과 무술을 익힌 왕자가 아니던가. 왕자로서 풍겨져 나오는 권위와 품격 때문인지 목자들은 자기도 모르게 서로 눈치만 힐끔힐끔 살피더니 뒤로 주춤주춤 물러났다. 그렇게 모세는 여자들을 도와 그녀들의 양떼에게 물을 먹였다.

양떼에게 충분히 물을 먹인 제사장의 딸들은 발걸음을 재촉하여 집으로 돌아왔다. 그리고 아버지에게 우물가에서 있었던 일을 말했다.

"아버지, 세상에 그렇게 훌륭한 사람은 처음 보았어요. 옷은 비록 남루했지만 이집트의 왕족처럼 입었고요, 말투에는 위엄이 있고요, 목자들을 꾸짖는 표정에는 권위가 있었어요. 대단한 사람임에 틀림없어요. 그분이 행패 부리는 목자들을 꾸짖어 눌러 놓더니 직접 물을 길어 우리 양떼에게 먹여 주었어요. 우리에게 행패 부리던 목자들은 그 사람에게는 감히 덤벼들 엄두가 안 나는지 기가 죽어 슬금슬금 물러나던 걸요."

제사장의 딸들은 신나게 늘어놓았다. 그러자 딸들이 전하는 소식에 아버지는 꾸짖듯이 말했다.

"이런…너희들을 그렇게 도와준 사람을 어찌하여 집으로 모시고 오지 않았단 말이냐? 그런 은인에게 식사라도 대접하는 게 옳지 않으냐?"

제사장 이드로는 즉시 하인들을 우물로 보내 모세를 데려오게 하였다. 모세를 본 제사장은 모세의 비범함을 단번에 알아보았고, 그를 자기 집에 머물게 했다. 모세 역시 마땅히 갈 곳도 없는 몸인지라, 마다할 수가 없었다.

시간이 좀 흐르자 이드로는 자신의 딸들 중에서 십보라를 모세에게 주었다. 미디안 땅에 둥지를 틀게 된 모세는 아들을 얻고, 목자로서 살아갔다.

모세의 소명과 이집트 귀환

하나님이 모세를 부르시다 출 3:1–4:17

도망자 모세는 차츰 안정을 찾아갔다. 장인 이드로의 양 떼를 치며, 정착한 지도 어언 40년의 세월이 흘렀다. 홧김에 이집트인을 죽인 후, 파라오에게 쫓겨 죽기 살기로 탈출하던 때는 40세의 혈기왕성한 장년이었는데, 이젠 어느새 팔십의 노인이었다. 낯선 아라비아 사막은 그의 고향처럼 편안해졌고, 목자의 일은 천직이라도 되는 양 익숙해졌다.

모세는 때로 양떼를 이끌고 먼 곳까지 가야 했다. 주변이 워낙 건조한 기후여서 물과 풀을 찾기가 쉽지 않았기 때문이다.

어느 날 모세는 작정하고 먼 길을 떠났다. 40년 전에 그가 도망쳐 온 방향, 곧 서쪽으로 가고 또 가면 홍해의 동편 줄기가 있고, 그 바다를 북쪽으로 우회하여 건너면 시나이 반도로 들어서게 된다. 시나이 반도에는 시내 산이라고도 하고 호렙 산이라고도 불리는 높은 산이 있었는데, 주변에는 오아시스가 있었고 운이 좋으면 목초지도 만날 수 있었다. 모세는 장인의 목자들과 함께 그곳에 가서 양떼를 먹인 적이 몇 차례 있었다. 그곳은 집과 워낙 멀리 떨어진 곳이라 한 번 가면 한동안 그곳에 머물러야 했다.

모세는 양떼를 몰고 호렙 산을 향해 길을 떠났다. 제사장의 여러 목자들도 함께 갔다. 야영할 천막과 음식, 물을 비롯한 일상용품을 낙타에 가득 싣고서였다. 마침내 호렙 산에 도착하여 천막을 친 모세는 산기슭에서 양떼를 먹이

고 있었다.

모세는 얼굴을 들어 멀리 서남쪽 하늘을 바라보았다. 그리로 가고 또 가면, 태어나서 40년의 세월을 보낸 이집트가 나오리라. 이집트 관리를 살해하여 모래 속에 묻어 버렸던 끔찍한 일이 생생하게 떠올랐다. 자신의 동족을 가혹하게 다루는 이집트 관리를 보자 분노가 치솟아 홧김에 저지른 일이, 그의 운명을 이렇듯 바꿔 놓은 것이다.

'나의 동족은 지금도 이집트 사람들의 땅에서 피땀 흘리며 노예 생활을 하고 있겠지. 비참하게 전락해 버린 내 민족의 울분과 고통은 언제나 끝이 날까.'

모세의 눈이 촉촉이 젖어 들었다. 모세는 헛된 생각을 떨쳐 버리려는 듯 머리를 거세게 가로저으며 양떼를 인도하여 더 깊은 산속으로 들어갔다.

그때였다. 모세가 깜짝 놀라 발걸음을 멈춰 세운 것은. 떨기나무에 불이 붙어 활활 타고 있었다. 불이 나면 큰일이 아닐 수 없다. 모세가 다시 한 번 살펴보니, 아무래도 이상했다. 불이 붙어 타오르고 있는데도 떨기나무가 없어지지 않고 그 모습 그대로인 것이다! 떨기나무에 불이 붙었다면 속히 타서 나무 자체가 없어져야 마땅한데도, 웬일인지 떨기나무는 여전히 같은 기세로 불이 활활 타오르고 있었다.

너무나 기이하여 모세는 자기도 모르게 떨기나무 가까이로 다가갔다. 바로 그때, 불꽃 속에서 위엄에 찬 음성이 들려왔다.

"모세야, 모세야."

모세는 너무도 놀라 그 자리에 멈추어 섰다. 본능적으로 그 소리는 지상의 것이 아님을 알 수 있었다. 모세는 떨리는 목소리로 간신히 대답했다.

"예, 제가 여기 있습니다."

하나님의 음성이 이어졌다.

"나에게로 더 가까이 오지 말라. 네가 서 있는 곳은 거룩한 땅이다. 그러니 네 신발을 벗어라."

모세는 영문을 알 수 없었지만, 본능적으로 냉큼 가죽신을 벗었다.

"나는 네 조상의 하나님이다. 아브라함의 하나님, 이삭의 하나님, 야곱의 하나님이다."

모세는 두려웠다. 조상님들의 입으로 전해져 내려오던 하늘과 땅의 주재자이신 하나님 여호와를 직접 뵙다니! 모세는 놀랍고 두려워 그 자리에서 땅에 엎드리고, 소맷자락으로 얼른 얼굴을 가렸다. 감히 여호와 하나님을 정면으로 마주볼 수가 없었기 때문이다. 하나님은 계속 말씀하셨다.

"나는 내 백성이 이집트에서 고통당하는 소리를 보고 들었다. 이집트 사람들의 학대로 신음하는 내 백성의 소리를 들었다. 그 아픔과 슬픔이 얼마나 큰지 내가 다 안다. 내가 내 백성을 이집트 사람의 손에서 건져내어 젖과 꿀이 흐르는 땅, 곧 가나안 족속과 헷 족속과 아모리 족속과 브리스 족속과 히위 족속과 여부스 족속이 사는 땅으로 인도할 것이다. 이제 내가 너를 이집트 왕에게 보내 너로 하여금 내 백성 이스라엘을 이집트에서 인도하게 할 것이다."

아니 이게 무슨 말인가! 모세는 너무나 놀라 상대가 하나님이라는 사실을 깜박 잊을 지경이었다.

"제가요? 아니, 제가 뭔데 감히 이집트 왕에게 갑니까? 제가 무슨 힘으로 그 강한 파라오에게서 우리 히브리 민족을 인도하여 낸단 말입니까?"

하지만 하나님은 단호하였다.

"내가 정녕 너와 함께할 것이다. 네가 내 백성을 이집트에서 이끌어 낸 후, 너희는 이 산에서 나에게 예배를 드릴 것이다."

모세는 하나님의 명령에 순순히 따를 수 없었다. 그것은 그가 감당하기에는 너무나 엄청난 사명이었기 때문이다.

"생각해 보십시오. 제가 이스라엘

자손에게 가서 '너희 조상의 하나님이 나를 당신들에게 보내 이집트 땅에서 너희들을 인도하여 내라고 하셨다'라고 말하면, 그들이 제 말을 과연 믿어 줄까요? 그들은 아마 너를 보낸 하나님의 이름이 뭐냐고 따질 것입니다. 그러면 전 뭐라고 대답해야 합니까?"

모세의 항변에 하나님이 천천히 대답하셨다.

"나는 '스스로 있는 자'다. 가서 이스라엘 자손에게 말하라. 스스로 있는 자가 너를 보냈노라고. '여호와께서는 너희 조상의 하나님, 아브라함의 하나님, 이삭의 하나님, 야곱의 하나님이시다. 그분이 나를 너희에게 보냈다.' 이렇게 대답하라. 여호와는 나의 영원한 이름이다. 너희가 대대로 기억할 이름이다."

그래도 모세는 두려웠다. 그런 말을 인정해 줄 사람이 있을 것 같지 않았다. 떨리고 두려웠지만, 모세는 다시 입을 열지 않을 수 없었다.

"아무래도 이스라엘 자손들이 하나님께서 제게 이런 말씀을 하셨다는 사실을 믿어주지 않을 것 같습니다."

"그래? 네 손에 들고 있는 게 무어냐?"

"예, 지팡이입니다."

"그걸 땅에 던져라."

모세는 시키는 대로 지팡이를 땅에 던졌다. 그랬더니 이게 웬일인가? 지팡이가 살아 있는 뱀으로 변해 꿈틀거리는 것이었다. 모세는 무서워서 얼른 몸을 피했다.

"네 손을 내밀어 그 꼬리를 잡으라."

두려웠지만 모세는 시키는 대로 하지 않을 수 없었다. 모세가 떨리는 손으로 뱀꼬리를 잡았더니, 뱀은 다시 지팡이가 되었다. 모세는 어리둥절했다. 과연 하나님의 말씀만 믿고 가도 될지 아직도 미심쩍었다.

"이런 일이 일어나면, 이스라엘 백성들은 그들의 조상의 하나님이신 여호와께서 너에게 나타났다는 것을 믿을 것이다."

모세는 달리 이의를 제기할 엄두가 나지 않았다. 하지만 선뜻 이집트로 갈 용기가 나지 않았다. 모세의 마음을 보신 하나님이 다시 말씀하셨다.

"네 손을 품에 넣었다 빼어 보아라."

모세는 시키는 대로 하였다. 멀쩡한 손을 품에 넣었다가 빼어 보니 놀랍게도 나병 환자의 손으로 변해 있었다. 기겁을 할 노릇이다.

"그 손을 다시 품에 넣었다가 빼어 보아라."

모세가 시키는 대로 하였더니, 흉측하게 병들었던 손이 어느새 예전처럼 깨끗하고 건강한 손으로 변해 있었다. 모세는 더 이상 여호와 하나님을 의심할 수 없었다.

"이제 되었느냐? 이스라엘 자손이 너를 믿지 않거든 지금 보여준 두 가지 표적을 보여주어라. 그래도 믿지 않으면, 나일 강 물을 조금 떠다가 땅에 부어라. 물이 피로 변할 것이다."

"예, 알겠습니다. 그러나…."

번개처럼 머리를 스치는 걱정이 있었다. 모세는 주눅이 든 표정으로 말을 이었다.

"하나님, 저는 원래 말을 잘 할 줄 모릅니다. 어눌합니다. 이런 입으로 어떻게 이집트 왕을 만나 이스라엘 백성을 보내 달라고 담판을 짓습니까? 기왕이면 제가 아닌, 말을 잘하는 사람을 보내십시오."

어떻게든 모세는 사명을 피할 생각이었다. 하나님은 마침내 화를 내셨다.

"모세야, 이집트에는 말 잘하는 네 형 아론이 있다. 네가 이집트로 가면 아론이 너를 마중 나올 것이다. 아론이 너의 대변인이 되어 줄 것이다."

더 이상 피할 수 없었다. 모세는 꼼짝없이 순종하기로 하였다.

모세가 이집트로 돌아가다 출 4:18-31

호렙 산에서 하나님의 소명을 받은 모세는 양떼를 이끌고 다시 미디안 땅으로 돌아갔다. 장인 이드로에게 그간의 사정을 말하고 이집트로 돌아가야겠다고 하자, 이드로는 기꺼이 허락해 주었다.

이집트에서 도망쳐 나온 지 어느덧 40년, 모세는 이제 팔십 세가 되어 살인과 시체 암매장이라는 끔찍한 죄를 범하고 도망쳐 나온 땅 이집트로 돌아가게 된 것이다. 장인 이드로와 작별한 모세는 아내와 아들들을 나귀에 태우고 머나먼 이집트 땅으로 길을 떠났다. 그의 손에는 하나님의 이적으로 뱀이 되었던 지팡이가 들려 있었다. 어딜 가나 하나님이 함께하실 것이라는 확신이 모세의 마음을 든든하게 해주었다.

모세가 이집트로 돌아가고 있을 때, 하나님은 모세의 형 아론에게 광야로 나가서 모세를 맞이하라고 하셨다. 그리하여 아론과 모세는 헤어진 지 40년 만에 상봉의 기쁨을 나누었다. 둘은 오래도록 껴안고 또 입을 맞추었다.

아론은 모세를 인도하여 이스라엘의 지도자들에게 소개하였다. 모세는 하나님이 이스라엘 자손의 고통을 돌아보셨고, 그 고통으로부터 해방시키기 위해 자기를 보내셨다고 말했다.

모세와 아론은 이집트에 도착하자마자 이스라엘의 모든 장로들을 한자리에 불러 모았다. 아론은 그들에게 하나님이 모세에게 하신 말씀을 다 전해 주었다. 모세는 자신이 들은 말씀이 진실되다는 증거로, 지팡이가 뱀이 되고 나병이 든 손이 금방 깨끗해지는 이적을 보여주었다. 그러자 이스라엘 장로들은 모세의 말을 믿고, 머리 숙여 하나님께 경배했다.

"조상들로부터 입으로만 전해져 내려오던 여호와 하나님께서 우리를 구해 주신다니 꿈만 같군요. 젖과 꿀이 흐르는 비옥한 땅으로 우리를 인도하신다니, 이제야 살게 되었군요."

어르신 장로가 기쁨을 감추지 못하여 눈물을 그렁거리며 말했다.

"그러게 말입니다. 우리 조상 야곱이 70명을 이끌고 이 땅에 들어온 지 자그마치 430년입니다."

"이러고 있을 게 아니라 돌아가서 이 사실을 우리의 동족들에게 알립시다. 모두들 얼마나 기뻐하겠습니까. 이 지겨운 땅을 마침내 떠나게 되었다니 말입니다…"

모세와 파라오의 대결

파라오에게 출애굽을 요구하다 출 5:1–21

모세와 아론은 지체할 수 없었다. 고통받는 히브리인들을 하루라도 빨리 구해주고 싶었다. 두 사람은 이집트 왕 파라오를 만나 하나님의 뜻을 전하고자 왕궁으로 들어갔다. 그 옛날 모세를 죽이려고 했던 왕은 이미 죽은 지 오래되었으므로, 40년 전에 일어난 모세의 살인 사건을 문제 삼는 사람은 없었다.

파라오는 2백만 명에 달하는 히브리인들을 대표한다는 두 사람이 면담을 요청해 오자 응하지 않을 수 없었다. 히브리 노예들은 국가의 대공사에 없어서는 안 되는 나라의 중추적인 노동력이 아닌가.

"그래, 나에게 무슨 용건이 있는 거냐?"

파라오가 짐짓 위엄을 보이며 비웃듯이 물었다.

"폐하, 우리 히브리인의 하나님 여호와께서 우리를 폐하께 보내셨습니다. 하나님은 우리에게 사흘 길쯤 광야로 나가서 제사를 지내라고 말씀하셨습니다. 그렇게 하지 않으면 여호와께서는 우리를 병으로 죽게 하시거나 칼로 치실 것입니다. 우리를 보내 주소서."

"뭐라고?"

파라오는 어처구니가 없다는 표정으로 단번에 거절하였다.

"그러면 그동안엔 국가의 큰 공사를 중단하란 말이냐? 안 된다. 나는 여호와 하나님이 누군지도 모른다. 당장 물러가라."

파라오는 화가 나서 담당 관리를 불러 엄하게 명령하였다.

"히브리인들이 배가 부른 모양이다. 일을 더욱 더 힘들게 시켜라."

혹 떼려다 혹 붙인 셈이었다. 모세의 출현이 결과적으로는 히브리인들을 한결 더 고통스럽게 만든 것이다. 그들의 작업은 진흙에 갈대를 잘게 썰어 넣고 짓이겨 반죽함으로써 벽돌을 만드는 것이었다. 지금까지는 진흙과 짚이 제공되었기 때문에 히브리인들은 반죽을 하여 벽돌로 만드는 일만 해왔다. 그런데 모세와 아론이 파라오와 첫 회담을 가진 후, 파라오는 히브리인들의 작업량을 배가시켰다. 히브리인들이 짚을 직접 구해 와서 벽돌을 만들되, 생산량은 예전과 똑같아야 한다는 명령이 떨어진 것이다.

"광야로 나가서 하나님께 제사를 지내겠다는 것은 그들이 그만큼 한가하고 게을러졌기 때문이다. 그러니 더 힘들게 일을 시켜라. 모세의 홀리는 말에 귀를 기울일 틈도 없게 만들어라."

파라오의 명령이었다. 히브리인들은 이제 들판으로 나가서 마른 줄기를 찾아다가 벽돌을 만들어야 했다. 더구나 예전과 똑같은 양의 벽돌을 만들어야 한다는 조건이었기 때문에 목표를 달성한다는 것은 거의 불가능한 일이었다. 목표량을 채우지 못하면 혹독한 매질이 가해졌다. 히브리인 작업반장들은 파라오를 찾아가 부당함을 호소했지만 아무 소용이 없었다. 마침내 히브리인들의 입에서 불평과 원망이 터져 나왔다.

"모세가 우리를 더 괴롭게 만들었어. 공연히 파라오를 화나게 해서 우리만 더 죽을 지경이 되었다구."

"누가 아니래. 우리를 가만 내버려두었더라면 차라리 좋을 뻔했어."

능력의 대결 출 5:22–7:13

모세는 괴로웠다. 동족의 온갖 원성을 들으려니 너무나 답답했다. 모세는 엎드려 하나님께 기도했다.

"하나님, 왜 저를 보내셔서 하나님의 백성에게 더 큰 괴로움을 겪게 하십니까? 왜, 하나님은 주의 백성을 구원하지 않는 것입니까!"

하나님은 즉시 응답하셨다.

"내가 큰 능력을 보여주면 파라오는 결국 내 백성을 내보내지 않을 수 없을 것이다. 나는 이스라엘 조상들에게 약속한 것처럼 너희를 젖과 꿀이 흐르는 가나안 땅으로 인도할 것이다. 그러니 다시 파라오에게 가서 내 백성을 내보내라고 요구하여라."

"하나님, 하나님의 백성조차 제 말을 믿지 않는데 하물며 파라오가 듣겠습니까?"

자신감을 상실한 모세가 따지듯 되물었다. 그러자 하나님이 모세에게 말씀하셨다.

"파라오가 네 말을 순순히 듣지는 않을 것이다. 그러나 내가 크고 놀라운 증거를 보이면, 이집트 사람들도 결국은 내가 여호와 하나님이라는 것을 분명히 알게 될 것이다."

모세와 아론은 용기를 내어 다시 파라오의 궁정으로 갔다. 하나님의 말씀을 다시 전했지만, 파라오는 코웃음을 치며, 그것이 하나님의 말씀이라는 증거를 대라고 했다. 그 말을 들은 아론이 지팡이를 파라오 앞에 내던졌다. 그러자 지팡이가 뱀으로 변했다. 뱀은 파라오를 향해 혀를 날름거렸다. 그러자 파라오도 궁정의 마술사들을 불렀다. 마술사들이 자기들의 지팡이를 던지자 지팡이들이 뱀으로 변했다. 파라오는 이것 보라는 듯이 기고만장했다.

하지만 곧이어 놀라운 일이 벌어졌다. 아론의 지팡이가 마술사들이 만든 여러 마리의 뱀들을 다 잡아먹어 버린 것이다. 파라오는 안색이 변했지만, 자신이 졌다는 것을 조금도 인정하지 않았다.

모세와 아론은 궁정을 나올 수밖에 없었다.

애굽 땅에 임한 10대 재앙

첫 번째 재앙–나일 강물이 피로 변하다 출 7:14–25

하나님은 모세에게 나타나셔서, 아침에 파라오가 나일 강으로 나올 것이니 강가에서 그를 만나라고 하셨다. 하나님은 나일 강물이 피로 변하고, 강의 물고기들이 모두 죽는 이적을 보여주실 거라고 하셨다.

하나님의 약속에 모세는 힘을 얻었다. 모세와 아론은 궁정 곁의 나일 강가에서 파라오를 만났다. 80년 전 이집트 공주가 갈대 상자에 담긴 어린 모세를 물에서 건져 올린 그쯤이었을 것이다.

"이번에는 무슨 일로 날 찾은 것이냐? 예전과 똑같은 요구를 한다면, 나도 항상 같은 대답뿐이니 그냥 돌아가라. 그리고 다시는 나에게 오지 말라."

파라오는 모세를 만나자마자 차갑게 말했다.

"제가 요구하는 것은 단순히 제 개인적인 것도 아니고, 히브리인들의 요구를 대변하는 것도 아닙니다. 우리의 하나님 여호와의 명령입니다. 그런데도 여호와의 뜻을 거역하시니, 이제 여호와 하나님이 어떤 분이신지 보여드릴 것입니다. 그분께선 이집트의 자랑인 저 나일 강물을 피로 변하게 하실 것입니다."

나일 강물이 피로 변한다는 모세의 말을 듣자, 파라오는 비웃었다. 세계 최강의 나라 이집트에서 신처럼 떠받들어지는 자신이, 고작 노예들의 신을 두려워할 이유가 어디 있겠는가. 파라오는 그렇게 생각했다.

아론이 모세의 지팡이를 들어 강물을 지팡이로 내리쳤다. 그러자 놀라운 일이 벌어졌다. 그 맑고 푸르던 강물이 순식간에 붉은 핏물로 변하는 것이었다. 강에서 살던 물고기들도 모두 죽었고, 곧 냄새가 진동하기 시작했다.

더욱 심각한 문제는 사람들이 마실 물이 없어졌다는 것이었다. 물을 구하기 위해 여기저기서 아우성이 벌어졌고, 땅을 깊게 파야만 겨우 마실 물을 구할 수 있었다. 하지만 파라오는 조금도 고집을 꺾지 않았다.

두 번째 재앙–개구리가 온 땅을 뒤덮다 출 8:1–15

하나님의 말씀이 다시 모세에게 임했다.

"파라오에게 가서 내 백성을 내보내라고 말하여라. 만일 거절하면, 이번에는 개구리 떼가 이집트 온 땅을 뒤덮을 것이다."

모세는 파라오에게 가서 하나님의 말씀을 전했다. 그러나 파라오는 조금도 고집을 꺾지 않았다.

"뭣, 이번에는 개구리라고? 얼마든지 해보아라. 어림없는 수작 같으니라구!"

아론이 지팡이를 쥐고 나일 강 위로 손을 내밀자, 셀 수 조차 없는 개구리 떼가 물에서 기어 올라오더니 순식간에

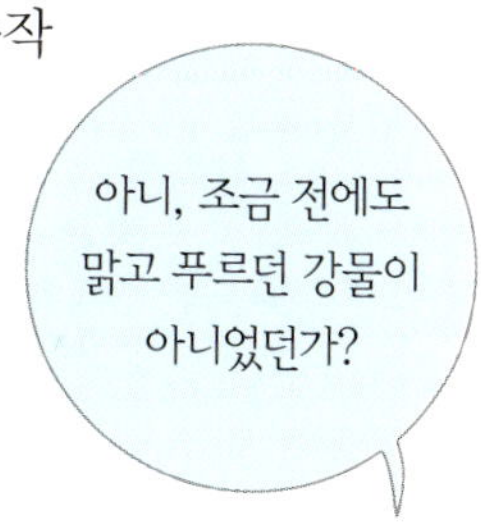

이집트 전체를 덮어 버렸다. 궁전은 물론 이집트의 모든 집안과 거리, 들판은 온통 개구리 천지였다. 아궁이와 부뚜막 같은 데는 물론이고 이불 속에까지 개구리가 들어와 개굴개굴 울어댔다. 지천으로 덮인 개구리를 밟지 않고는 한 발자국도 옮겨놓을 수 없을 지경이었다. 심지어 식탁 위에까지 개구리가 뛰어올라와 밥조차 제대로 먹을 수 없었다. 온통 개구리 세상이었다! 이집트에서 자식을 많이 낳게 한다는 다산多産의 신으로 섬겨졌던 개구리가 이젠 귀찮고 고통스런 대상일 뿐이었다.

이삼일 동안 개구리 때문에 미칠 지경이 된 파라오가 마침내 모세와 아론을 불러 제안하였다.

"좋다! 너희의 신 여호와에게 개구리를 없애 달라고 빌어라. 그러면 히브리인들이 제사를 지낼 수 있도록 내보내 주마."

파라오가 굴복했다고 생각한 모세는 기쁜 마음으로 하나님께 개구리를 없애 달라고 기도하였다. 그러자 그 많던 개구리들이 한꺼번에 죽어 나자빠졌다. 이번에는 이집트 온 땅에 개구리 썩는 냄새가 진동하였다. 사람들은 여기저기에 땅을 파고 죽은 개구리를 쓸어다 묻었다.

세 번째 재앙–먼지가 이로 변하다 출 8:16–19

파라오는 약속을 지키지 않았다. 개구리가 온 땅에서 없어지자 한숨 돌린 파라오가 마음을 바꿨기 때문이다. 노예처럼 부리는 히브리인들의 신에게 굴복한다고 생각하니, 파라오는 도저히 용납할 수가 없었다. 그러자 하나님은 즉시 또 다른 재앙을 준비하셨다.

"모세야, 아론에게 지팡이로 땅의 먼지를 치라고 해라. 온 이집트 땅의 먼지가 이로 변할 것이다."

이는 작지만 사람이나 짐승에게 붙어서 피를 빨아 먹는 징그럽고 더러운 해충이다. 모세가 하나님의 지시대로 하자마자, 이집트 땅 위의 모든 먼지들이 한꺼번에 모두 이로 변했다.

이는 사람과 짐승의 몸에 붙어 피를 빨아 먹었다. 사람들은 몸이 근질거려서 긁어대기 시작했다. 파라오의 왕궁이라고 예외가 아니었다. 파라오도 미칠 지경으로 몸을 긁어대며 마술사들에게 너희들도 똑같이 해 보이라고 고래고래 호통을 쳤다. 그러나 이집트의 마술사들은 갖은 애를 다했지만 이를 만드는 데에는 실패했다.

"이 재앙은 이스라엘의 신이 직접 하는 일인가 봅니다."

마술사들이 포기하듯 아뢰었다. 그래도 파라오는 굴복하지 않았다.

네 번째 재앙–파리 떼가 온 땅에 들끓다 출 8:20–32

하나님의 말씀이 다시 모세에게 임했다.

"가서, 파라오에게 말하라. 내 백성을 내보내어 나를 섬기게 하지 않으면 파리 떼가 이집트 온 땅을 뒤덮게 할 것이라고 전해라. 그러나 내 백성 이스라엘이 사는 곳에는 파리가 한 마리도 들어가지 않게 할 것이다."

고집 센 파라오는 이번에도 모세의 요청을 거절하였다. 그러자 이집트 온 땅이 파리 떼로 뒤덮였다. 어찌나 파리가 많은지 귀와 코로 들어오는가 하면, 입만 벙긋 해도 그 즉시 입 안으로 들어왔다. 파리 떼가 이렇게 극성을 부리니, 음식을 만들 수도 없었고 먹을 수도 없었다.

그런데 이상한 일은, 그 수많은 파리 떼가 이스라엘 자손들이 살고 있는 고센 땅에는 한 마리도 얼씬하지 않는다는 점이었다. 마침내 파라오가 모세와 아론을 불렀다.

"좋다, 너희가 원하는 제사를 너희 신에게 드려라. 그러나 이 나라 안에서 해야 한다."

모세는 고개를 저었다.

"그렇게는 안 됩니다. 우리가 이 나라 안에서 소나 양을 죽여 제사를 지내면, 이집트 사람들이 우릴 돌로 쳐 죽일 것입니다. 이 땅에는 그런 짐승을 섬기고 절하는 사람들이 많기 때문입니다. 그러니 우리는 하나님의 명령대로 광야로 사흘 길을 나가서 우리 여호와 하나님께 제사를 드리겠습니다."

파라오는 모세의 말에 일리가 있다고 여겼는지 순순히 허락했다.

"좋다, 너희를 보내겠다. 그러나 너무 멀리 가서는 안 된다."

모세는 하나님께 기도하여 파리가 없어지게 하였다. 그러자 파라오가 또 다시 변덕을 부렸다. 하루가 지나자 광야로 나가도록 허락한 것을 취소한 것이다.

다섯 번째 재앙-짐승들이 병들어 죽다 출 9:1-7

모세는 화가 났다. 보내 주겠다는 파라오의 말을 듣고 너무 기쁜 나머지 동족들에게 마침내 이집트를 떠나게 되었노라고 신바람 나서 보고를 하고 나면 번번이 뒤집어지곤 하니 난감한 일이 아닐 수 없었다. 모세는 답답한 심정으로 하나님께 호소하였다. 하나님은 진노하셔서 모세에게 말씀하셨다.

"다시 파라오의 왕궁으로 들어가서 전하도록 해라. 이번에도 이스라엘 백성을 내보내 주지 않으면, 이집트의 모든 가축이 다 병들어 죽는다고 하여라. 이번에도 이스라엘 백성의 가축은 한 마리도 죽게 하지 않을 것이다."

파라오는 모세가 전하는 말을 듣고서도 고집을 굽히지 않았다. 그러자 다음 날부터 소를 비롯한 이집트의 모든 가축들이 병들어 죽기 시작했다. 파라오는 겁에 질렸다.

"모세의 말이 과연 정말이란 말인가? 우리 백성의 가축들이 이렇게 병들어 죽는데도, 이스라엘 백성들의 가축은 멀쩡하단 말이냐?"

파라오는 부하들을 보내, 이스라엘 백성들의 가축들의 실태를 조사하게 했다.

"놀라운 일입니다. 고센 땅을 두루 다니며 히브리인들의 마을을 조사해 보았으나, 그들의 가축은 한 마리도 죽지 않았습니다."

"그래? 어찌 그럴 수가 있단 말인가!"

신하의 보고를 받은 파라오는 은근히 짜증이 났다. 하지만 아무래도 굽히고 싶지 않았다. 그는 여전히 여호와의 존재를 인정치 않은 채, 도리어 마음이 더욱 모질게 굳어져 갔다.

여섯 번째 재앙-악성 피부병이 생기다 출 9:8-12

하나님이 모세에게 이미 말한 대로, 파라오는 강퍅하여 아무래도 마음을 굽히지 않았다. 하나님께서는 또 다른 여섯 번째 재앙을 준비하셨다. 모세와 아론에게 큰 가마솥 밑의 검은 그을음을 두 웅큼 가지고 파라오 앞으로 가서, 그가 보는 앞에서 잿더미를 하늘로 날리라고 하였다.

모세와 아론이 하나님의 말씀대로 그을음을 공중으로 날리자, 사방팔방으로 날아다니던 재는 사람이든 짐승이든 가리지 않고 달라붙어 악성 피부병을 일으켰다. 모두들 온종일 몸을 긁어대기 바빴다. 견딜 수 없이 가렵고, 구역질나는 냄새가 진동했다. 긁은 데는 쓰리고 피가 났다. 도무지 정신을 차릴 수 없을 지경이었다.

"흥, 해볼 테면 얼마든지 해보라지."

파라오는 그래도 굴복하지 않고 버텼다.

일곱 번째 재앙-우박이 쏟아지다 출 9:13-35

파라오의 옹고집은 우연한 것이 아니었다. 하나님께서는 그의 강퍅한 마음을 통해 이스라엘의 하나님 여호와가 어떤 신인지 온 천하에 알려주길 원하셨기에, 파라오의 강퍅한 마음을 그대로 내버려두신 것이다.

하나님은 일곱 번째 재앙을 준비하셨다. 모세는 또다시 왕궁으로 들어가서 파라오에게 하나님의 뜻을 전하였다. 이스라엘 백성을 보내주지 않으면, 이번에는 하늘에서 무시무시한 우박이 쏟아져 사람과 짐승이 죽고 모든 농산물이 다 망가지게 될 것이라고 했다. 사람과 가축을 살리려면, 지붕 있는 곳으로 피난시켜야 된다는 것도 알려주었다.

히브리인들의 신 여호와 하나님이 이번에는 무시무시한 우박을 내려 큰 피해가 생길 것이라는 소문이 금방 파다하게 퍼졌다. 이미 여섯 차례의 무서운 재앙을 경험한 이집트 사람들은 두려워 떨며 가족과 가축을 모두 지붕 아래로 숨겼다. 그러나 여호와 하나님을 여전히 두려워하지 않는 사람들은 평소처럼 가축을 부리며 들에서 일을 하고 있었다.

"어쩌다 우연히 일어난 자연적인 재앙이겠지…, 여호와는 무슨 얼어죽을!"

잠시 후, 거센 폭풍이 몰아치기 시작했다. 천지를 진동하는 우렛소리와, 하늘과 땅을 다 태울 듯이 번쩍이는 번갯불, 나무와 농작물이 다 쓰러지고 뽑히도록 불어대는 강한 바람이 불더니, 우박이 후두둑 쏟아지기 시작했다. 지금껏 보지도 듣지도 못한 무시무시한 우박이었다. 얼마나 컸던지, 사람이건 짐승이건 그 우박에 맞기만 하면 정신을 잃고 그대로 쓰러져 죽었다. 그러나 이번에도 이스라엘 백성들이 살고 있는 고센 땅에는 우박이 쏟아지지 않았다.

마침내 이집트의 파라오도 손을 들었다.

"내가 잘못했다. 너희 하나님이 옳아. 그러니 제발 너희 하나님께 빌어 다오. 더 이상은 견딜 수 없으니 당장 우박을 그치게 해다오. 그러면 너희를 즉시 내보내 주겠다."

모세와 아론이 여호와 하나님께 기도하자 우박과 우레가 즉시 그쳤다. 그러나 이번에도 파라오는 약속을 어겼다. 교만하고 고집 센 파라오는 아쉬울 때만 보내준다고 약속하고는, 상황이 바뀌면 언제 그랬느냐는 식이었다.

"여호와가 누구냐? 나는 모르는 일이다. 이스라엘 백성들은 내 땅에서 한 치도 나갈 수 없다."

그러나 이스라엘 백성들은 무서운 재앙이 자기들을 피해 간 지금까지의 경험들을 통해 그들의 조상 대대로 전해져 내려오는 여호와 하나님이 어떤 분인지를 생생하게 깨닫게 되었다. 그렇게 전능하신 분이고 자신들을 보호해 주시는 여호와 하나님이시니, 압제의 땅 이집트에서 반드시 자신들을 해방시켜 주실 것을, 그리하여 아브라함과 이삭과 야곱에게 약속한 젖과 꿀이 흐르는 가나안 땅으로 자신들을 인도해 주시리라는 것을 갈수록 더욱 확신하게 되었다.

여덟 번째 재앙–메뚜기 떼가 지면을 뒤덮다 출 10:1–20

모세는 또 하나님의 명령을 듣고 파라오에게 가서 말했다.

"하나님의 백성을 보내주지 않으면, 이번에는 메뚜기 떼의 재앙이 닥칠 것입니다. 메뚜기 떼가 이집트 땅의 집집마다 날아들고 모든 농작물을 모조리 먹어 치울 것입니다."

모세와 아론은 그 말을 전한 뒤 파라오의 대답도 듣지 않은 채 왕궁 밖으로 나갔다. 그러자 신하들이 파라오에게 애타게 사정하였다.

"폐하, 우린 일곱 차례의 무서운 재앙으로 이미 다 망했습니다. 차라리 그들의 요구를 들어주어 자기들의 신을 섬기게 허락하십시오. 지금 이 땅의 백성들이 다 죽게 생겼습니다."

신하들이 매달리듯 줄줄이 애원하자, 파라오도 마음이 한풀 꺾였는지 모세를 불러오라고 하였다. 신하들이 부지런히 밖으로 나가 모세와 아론을 다시 파라오 앞으로 데리고 왔다.

"좋다, 가는 것을 허락한다. 그러나 남자들만 가야 한다."

"아닙니다. 우리는 모두 갑니다. 남녀노소는 물론이고 가축까지 가야 합니다. 우리의 하나님 여호와께 제사를 드려야 되니까요."

파라오가 펄쩍 뛰었다. 파라오는 몹시 불쾌한지 자리에서 벌떡 일어나 안으로 들어가 버렸다.

"네 손을 이집트 땅 위에 뻗어라. 그러면 메뚜기 떼가 몰려와서 우박에도 피해를 입지 않고 남은 것들까지 다 먹어 치울 것이다."

하나님의 명령에 따라 모세가 팔을 뻗었다. 그러자 그때부터 온종일 강한 동풍이 불어왔다. 다음 날 아침이 되자, 하늘이 새까매질 정도로 메뚜기 떼가 몰려오기 시작했다. 메뚜기들은 농작물과 밭작물, 그리고 나무와 풀 같은 식물을 단숨에 갉아 먹어 치웠다. 푸른빛을 띤 것이라곤 아무것도 남아 있는 것이 없었다.

파라오는 머리를 쥐어뜯으며 급히 모세를 불러들였다.

"내가 잘못했다. 너희 하나님과 너희에게 내가 죄를 지었다. 이번 한 번만 더 용서하여라. 제발 너희 신에게 빌어 다오. 더 이상 견딜 수가 없다."

모세는 파라오의 말을 믿고, 여호와 하나님께 기도했다. 그러자 동풍이 갑자기 방향을 틀더니 강렬한 서풍으로 변했고, 서풍은 메뚜기 떼를 몰아가더니 홍해에 모조리 쓸어넣었다. 한 마리의 메뚜기도 찾아보기 힘들었다.

아홉 번째 재앙–칠흑 같은 어둠이 깔리다 출 10:21–11:10

파라오는 이번엔 약속을 지켰을까? 아니었다! 고집 센 파라오는 위기 모면용으로 잘못을 인정하는 체하였을 뿐, 마음 깊은 곳에서는 잘못을 인정하고 회개한 것이 아니었다. 파라오는 재앙이 멈추자마자 언제 용서를 빌었느냐는 식으로 오만하고 교활한 본래 모습으로 돌아갔다.

"모세야, 하늘을 향하여 지팡이를 든 네 손을 뻗어라. 이집트 온 땅에 어둠이 덮일 것이다."

모세가 하늘을 향하여 손을 뻗자, 즉시 칠흑 같은 어둠이 덮였다. 달빛이나 별빛 한 줄기 찾아볼 수 없는, 깜깜한 어둠이 온 세상을 뒤덮었다. 그야말로 어둠 자체였다. 한 치 앞도 보이지 않았다. 앞에 있는 사람조차 보이지 않았다. 아무것도 보이지 않으니 움직일 수가 없었다. 움직이려면 소경처럼 더듬거려야 했다. 그런 무서운 어둠이 사흘 동안이나 계속되었다. 그런데 놀라운 사실은, 이스라엘 사람들이 사는 지역에는 환한 햇볕이 들어온다는 것이었다. 이 같은 어둠의 재앙은 이집트 사람들이 최고 신으로 섬기던 그들의 태양신 '라Ra'를 무색하게 만들기에 충분했다.

파라오는 더 견딜 수 없어, 다시 모세를 불렀다.

"오냐, 너희 백성을 데리고 가라. 그러나 소와 양을 데리고 가서는 안 된다."

"안 됩니다. 우리는 가축도 데리고 가야 합니다."

모세가 단호하게 대답했다. 파라오는 화가 나서 목소리를 높였다.

"모세, 그리고 아론! 너희들은 오늘 이 왕궁을 나간 다음에는 다시는 왕궁에 나타나지 말아라. 만약 또다시 나타나는 날에는 죽여 버릴 것이다."

모세도 굽히지 않았다.

"우리도 다시는 이곳에 발을 들여놓고 싶지 않습니다. 그래서 분명히 해둡니다. 하나님께서는 이집트 땅에 있는 '처음 태어난 것들'이 모두 죽을 것이라고 하셨습니다. 폐하의 장남을 비롯하여 모든 이집트 사람의 장남들이 다 죽고 가축들의 첫 새끼도 다 죽을 것이라고 하셨습니다. 이집트 전역에 지금껏 들어보지 못한 엄청난 곡소리가 진동할 것입니다. 그러나 이스라엘의 자손에게는 이런 비극이 생기지 않을 것입니다. 그런 일들로 인해, 사람들은 우리 하나님 여호와께서 이스라엘 자손과 이집트 백성을 구별

하고 계심을 확실히 알게 되겠지요. 그렇게 되면 도리어 폐하와 폐하의 신하들이 우리에게 제발 이 땅을 떠나 달라고 절하면서 애원하게 될 것입니다. 그때에야 우리가 이 땅에서 떠날 것입니다."

최후의 통첩이었다. 모세도 화가 많이 나 있었다. 열 번째 재앙을 선포한 모세와 아론은 미련 없이 파라오의 왕궁을 나왔다.

열 번째 재앙-처음 태어난 것들이 모두 죽다 출 12:1-30

모세는 마음이 급해졌다. 하나님이 열 번째 재앙을 내리시면, 그것은 최후의 재앙이 될 것이었다. 그 재앙이 내려지면, 온 이스라엘 백성과 가축들은 430년 동안 정착하여 살아 온 이집트 땅을 떠나게 되리라. 그러니 서둘러 떠날 준비를 해야 했다.

모세는 즉시 이스라엘의 지도자인 장로들을 한 자리에 소집하였다.

"잘 들으시오. 우리 종족들로 하여금 오늘 이웃의 이집트 사람들에게 가서 금이나 은으로 된 장식품들을 얻어 오게 하시오. 그것은 오랫동안 이 땅에서 노예처럼 일해 온 노동에 대한 정당한 대가가 될 것입니다. 그런 다음, 한 가족이 한 마리씩의 어린 양을 잡아 해가 진 후 그 피를 대문 양쪽의 기둥과 그 위의 인방에 바르시오. 그날 밤에는 누구도 대문 밖으로 나가서는 안 됩니다. 왜냐하면 피를 바른 집안의 생명은 하나님께서 다 보호해 주실 것이지만, 그렇지 않은 집안에서는 장남은 물론 그 집에서 기르는 짐승의 첫 새끼까지 다 죽을 것이기 때문입니다."

긴장과 흥분 속에서 모세가 말을 이어갔다.

"어린 양의 피를 바른 후에는 집안에서 그 고기를 불에 구워 가족들끼리 함께 나누어 먹어야 합니다. 누룩을 넣지 않은 빵과 쓴 나물도 함께 먹어야 합니다. 주의할 것은, 음식을 아침까지 남겨 두어서는 안 된다는 점입니다. 당장에라도 멀리 여행을 떠날 수 있도록 만반의 준비를 갖추고 음식을 먹도록 하십시오. 허리에는 띠를 매고, 발에 신을 단단히 신고, 손에는 지팡이를 잡고 먹어야 합니다. 이 땅을 떠나기 위한 마지막 준비이니만큼 조금도 소홀함이 없어야 합니다. 이제 모두들 돌아가서 제가 말한 그대로 이스라엘 백성들에게 전하십시오."

이스라엘 사람들로서는 참으로 분주한 하루였다. 금은 패물을 구해 오랴, 살던 집을 정리하고 장거리 여행을 떠날 짐을 챙기랴, 양을 잡으랴, 발효시키지 않은 빵을 만들 준비를 하랴, 쓴 나물을 뜯어다 삶아서 데치랴, 그야말로 정신없이 하루를 보냈다.

이스라엘 백성들은 모세의 지시에 따랐다. 날이 어두워지자 어린 양의 피를 문의 양쪽 기둥과 그 위의 인방에 발랐다. 그때부터 집 밖에는 사람이라곤 얼씬도 하지 않아 그들이 사는 마을들은 죽음의 도시처럼 깊은 침묵 속에 잠겼다.

그날 밤, 하나님께서 이집트 사람들을 치셨다. 파라오의 왕궁에서부터 첫 왕자가 죽어 곡소리가 나기 시작하였다. 신하의 첫 아들도, 죄수의 첫 아들도, 상인이나 농부나 어부나, 못된 사람이나 선한 사람이나, 누구를 막론하고 이집트 사람들의 첫 아들은 다 죽어갔다. 그리고 가축의 첫 새끼도 다 죽었다.

그 밤에 죽음이 이집트 전역을 휩쓸고 지나갔다. 전국 곳곳에서 비명과 절규와 비통한 울음소리가 터져 나왔다. 하늘과 땅이 떠나갈 듯 한꺼번에 울어대는 통곡의 밤이었다. 그러나 이스라엘 자손들이 사는 집에서는 울음소리가 나오지 않았다. 이집트를 떠날 준비를 갖춘 이스라엘 사람들은 모세의 지시에 따라 누룩 없는 빵과 쓴 나물과 구운 양고기를 먹고 있었다.

출애굽과 홍해의 이적

마침내 이스라엘 백성이 이집트를 떠나다 출 12:31–13:22

파라오는 경악했다. 엄청난 대재앙에 얼마나 놀랍고 무서웠던지, 앞뒤 가릴 것 없이 급히 신하를 보내 모세를 불러들였다.

"지금 당장 떠나라. 사람이건 가축이건 네가 원하는 대로 모두 다 데리고 어서 빨리 이 땅에서 나가라. 어물거리지 말고 속히 떠나라."

파라오가 마침내 여호와 하나님 앞에 완전히 굴복한 것이다. 파라오는 병사들을 고센 땅으로 급파하여 히브리인들의 집집마다 찾아다니며 '속히 이 나라를 떠나라'고 외쳤다.

"아직 준비가 덜 되었소. 빵도 많이 만들어야 하고…."

"아예 밀가루를 가지고 가면 될 게 아니오? 당신들이 이 땅에 계속 머물러 있으면, 우리가 다 죽는단 말이오. 즉시 떠나시오. 빨리 서두르시오."

"그렇다면 당신네들의 금은 패물이나 옷을 주겠소? 긴 광야 여행이라 그런

게 많이 필요하오."

"물론이오. 당장 떠나 주기만 한다면 무엇이든 달라는 대로 모두 주겠소. 지금 그게 문제겠소? 모두 죽는 판국에…."

얼마나 두렵고 다급했던지, 이집트 사람들은 이스라엘 사람들의 요구를 모두 충족시켜 주면서 빨리만 떠나 달라고 애원하였다.

가나안 땅에 극심한 가뭄이 들어 먹을 양식을 구하러 이집트로 이주한 야곱의 가족은 남자 어른만 70명 정도였다. 이제 430년이 지나는 동안 거의 2백만 명으로 증가된 야곱의 후손들, 곧 이스라엘 백성들은 여호와 하나님의 도움으로 혹독한 압제와 시련의 노예 세월을 마감하고 드디어 이집트를 떠나게 되었다.

마지막 열 번째 재앙이 있던 날, 이집트 사람들의 첫 아들은 모두 죽고 이스라엘 백성들은 무사히 살아남은 그 역사적인 날, 이스라엘 백성들의 종교 달력으로 니산 월(오늘날의 태양력으로는 3월과 4월 어간) 14일. 이스라엘 백성들이 이집트의 압제에서 해방되던 그날은 3,500여 년이 흐른 지금까지도 이스라엘의 최대 명절로 지켜지고 있다. 이름하여 유월절逾越節: Passover.

마침내 출애굽! 이스라엘의 남녀노소만도 2백여 만 명에 이르렀다. 거기에 그들이 기르는 가축들과 잡족까지 섞여 모두 여정에 올랐으니, 세간과 짐을 실은 수레와 마차가 꼬리에 꼬리를 물고 이어졌다. 하나님께서는 낮에는 구름기둥으로, 밤에는 불기둥으로 이스라엘 백성들을 안전하게 인도하셨다.

이스라엘 백성들이 약속의 땅 가나안을 향해 첫 발을 내디딘 그날, 그 역사적인 해방과 구원의 그날은 그때로부터 대략 1,500여 년이 흐른 후, '여인의 후손' 된 메시아 곧 예수 그리스도가 인류를 죄와 죽음의 압제에서 구원하기 위해 골고다 십자가에 못 박힌 날과 같은 시기이기도 하다.

파라오가 군대를 이끌고 추격해 오다 출 14:1-9

파라오는 속이 부글부글 끓었다. 모세가 이끄는 이스라엘 백성들이 이집트를 떠나 광야로 출발하고 나자, 교만과 고집의 화신인 파라오는 이내 후회하였다. 수백만 명에 달하는 노예 백성이 일시에 사라지게 될 처지이니, 그동안 히브리 종족이 감당해 왔던 엄청난 노동력을 어떤 방식으로 대체할 것인가? 더구나 열 번에 걸친 대재앙으로 이미 엄청난 피해를 입은 터여서, 국가 자체가 위기에 빠져 있는 형편이었다.

무엇보다도 일찍이 나일 문명을 찬란하게 꽃피우게 했던 이집트의 신들이 한낱 노예 백성인 히브리인들의 신 여호와에게 패배하였다는 사실을 아무래도 받아들일 수가 없었다. 결정적인 열 번째 재앙으로 인해 허탈감과 좌절감, 그리고 큰 두려움에 빠졌던 파라오는 재앙이 목전에서 사라지자 또다시 변덕이 생겨 두 주먹을 불끈 쥐었다.

'이대로 주저앉을 수는 없다. 무슨 수를 써서라도 기어코 그놈들을 다시 잡아오고야 말겠다.'

그러던 차에 반가운 보고가 들어왔다. 이스라엘 백성들이 광야에서 길을 잘못 들어 헤매고 있다는 보고였다.

'그럼 그렇지, 기회가 왔구나.'

파라오는 기다렸다는 듯이 명령을 내렸다.

"모두들 들어라! 우리의 영광스러운 신들의 이름으로, 신의 아들 파라오의 이름으로 명령한다. 속히 군대를 이끌고 이스라엘 백성들을 추격하여 다시 잡아오도록 하라. 그들과 그들이 끌고 간 가축들과 재산도 모두 다시 찾아오도록 하라."

파라오는 병거에 올라 직접 군대를 진두지휘했다. 그 뒤를 이집트의 정예 기병대와 병거 부대가 뿌연 먼지를 일으키며 질풍노도처럼 광야를 내달렸다. 이스라엘 백성들이 떠난 지 며칠이 지났으므로, 파라오와 그의 군대는 밤낮을 가리지 않고 맹렬히 추격했다.

홍해가 갈라지다 출 14:10–15:21

모세가 이끄는 이스라엘 백성들은 처음에는 북쪽 지중해 방향으로 길을 잡았다가, 하나님의 지시로 진행 방향을 갑자기 바꾸어 동쪽으로 이동하기 시작했다. 그렇게 동쪽으로 며칠을 이동하다가 마침내 걸음을 멈추고 말았다. 이게 어찌된 일인가! 그들 앞에는 홍해의 푸른 물결이 가로막고 있었던 것이다.

"아니? 바다가 앞에 있잖아."

"낭패로군. 되돌아갈 수도 없고, 앞으로 계속 갈 수도 없으니…."

"이제 어쩌지?"

이스라엘 백성들이 웅성거렸다. 더구나 저 멀리 뒤쪽에서는 이집트 군대가 자욱한 먼지를 일으키며 노도처럼 달려오고 있었다. 이스라엘 백성들은 겁에 질려 우왕좌왕하며 어찌할 바를 몰랐다.

"오 여호와 하나님, 우리를 이렇게 죽게 하시렵니까? 여기까지 죽을 고생을 하며 왔는데, 다시 이집트로 잡혀가게 하시려는 겁니까? 우리는 어찌해야 합니까?"

울부짖는 기도가 터져 나왔다. 모세를 원망하는 소리도 곳곳에서 터져 나왔다.

"이집트에는 우리를 묻을 장소가 없었단 말이냐? 우리를 광야로 끌어내어 여기서 죽게 할 작정이었더냐?"

"차라리 이집트 사람들을 섬기면서 사는 게 좋을 뻔했다. 우리를 그냥 내버려둘 일이지 왜 쓸데없이 이끌어 내어 광야에서 죽게 한단 말이냐?"

모세는 우선 백성들을 안심시키지 않으면 안 되었다.

"여러분, 두려워하지 마시오. 하나님께서 우리를 어떻게 구하시는지 똑똑히 보도록 하십시오. 하나님께서는 우리를 대신하여 반드시 싸워 주실 것입니다. 여러분이 지금 보고 있는 이집트 군대를 다시는 볼 수 없게 될 것입니다."

그러자 놀라운 일이 벌어졌다. 그동안 낮에는 구름기둥을, 밤에는 불기둥을 앞세워 이스라엘 백성들을 인도해 오신 하나님께서는 그 검은 구름기둥을 뒤로 이동시켜 이집트 군대의 시야를 어둡게 만드셨다. 이집트 군대는 추격의 속도가 떨어져서 이스라엘 백성들을 따라잡을 수가 없게 되었다. 하지만 이스라엘 백성들 쪽의 구름은 밝게 빛나 앞을 잘 볼 수 있었다.

"지팡이를 든 네 손을 바다 위로 내밀어라."

하나님의 명령에 따라 모세가 홍해를 향해 손을 뻗쳤다. 그러자 갑자기 거센 동풍이 불어오더니 바다를 좌우로 가르기 시작했다. 얼마 지나지 않아 바다 가운데로 길이 났다. 뜨거운 바람이 계속해서 불었으므로, 질퍽했던 바다 밑바닥도 이내 마른 땅처럼 단단하게 굳었다. 놀라운 기적이 일어난 것이다! 모세를 비롯한 모든 이스라엘 백성들은 감격했다. 아무래도 믿어지지 않았다. 하지만 그것은 꿈이 아닌 엄연한 현실이었다.

"자, 어서 출발하시오. 어서!"

모세가 앞장서서 갈라진 바다 가운데로 들어서자, 모두들 그 뒤를 따랐다. 물과 물이 갈라져 거대한 절벽을 이룬 그 사이를 이스라엘 백성들이 황급히 건너기 시작했다. 그들이 다 건넜을 때, 바싹 추격해 온 이집트 군대도 바다 가운데로 들어섰다. 그러자 하나님께서 모세에게 말씀하셨다.

"네 손을 바다 위로 다시 내밀어 바닷물이 합쳐지도록 하라."

모세가 하나님의 지시대로 지팡이를 든 손을 바다 위로 내밀자, 좌우로 갈라져 벽을 이룬 바닷물이 다시 합쳐지기 시작하였다.

"앗! 큰일 났다. 바닷물이 도로 합쳐진다. 어서 뒤로 도망쳐라."

이집트 군대는 그야말로 혼비백산했다. 황급히 돌아서서 도망치려 하였으나 이미 때는 늦었다. 헛수고였다. 도로 합쳐진 성난 바다는 순식간에 허리에 차오르더니 이내 머리까지 덮어 버렸다. 물속에서 허우적거리는 것도 잠시, 이집트 군대는 바닷물 속에 잠겨 흔적도 없이 사라져버렸다.

나일 문명을 자랑하던 찬란한 이집트, 그 이집트가 자랑하던 파라오의 병거 부대가 순식간에 홍해에 잠겨 사라지는 순간이었다. 잠시 후, 그들의 시체와 옷가지들이 성난 파도 위로 하나씩 떠오르기 시작했다. 이리하여 이집트 병거 부대는 철저히 멸망했고, 그들의 노예와 다름없었던 이스라엘 백성은 비로소 완전한 해방과 자유를 얻게 되었다.

이스라엘 백성들은 환호했고 감격했다. 자신들을 구원하기 위하여 하나님께서 베풀어 주신 경이로운 기적 앞에 가슴이 벅차올라 한동안 말을 잃었다. 얼마 후 이스라엘 백성들은 너무도 기쁘고 감격하여 탬버린을 흔들고 춤추면서 노래하기 시작했다. 모세가 이끄는 이스라엘 남성 합창대가 먼저 노래하자, 아론과 모세의 누이인 미리암이 이끄는 이스라엘 여성 합창대가 화답했다. 그것은 환희와 구원의 찬양이었다.

너희는 찬양하라
이집트의 기마와 기병을 바다에 던져 넣으신 분
그지없이 높으시고 영화로우신 분
여호와 하나님을 찬양하라

광야 생활과 하늘의 양식

쓴물이 단물이 되다 출 15:22-27

홍해를 무사히 건넌 감격과 기쁨도 잠시, 이스라엘 백성들에게 또 다른 어려움이 닥쳐왔다. 그것은 타는 듯한 목마름이었다. 홍해를 건넌 이스라엘 백성들은 모세를 따라 광야 길을 걷고 또 걸었다. 아직도 얼마나 더 걸어가야 하는지, 그들은 알지 못했다. 광야 길은 하루가 한 달처럼 길고 지루했다.

사흘 길을 걸어 수르 광야에 도착했을 때였다. 가축이 먹을 풀은 조금씩 있었으나 사람이 마실 물은 없었다. 음식은 이집트에서 빠져 나올 때 가져온 것이 아직은 조금 남아 있어 당장 주린 배를 채울 수 있었으나, 물이 없어서 큰 일이었다. 그들은 걷고 또 걸어서 마라에 이르렀다. 거기에는 커다란 오아시스가 있었다.

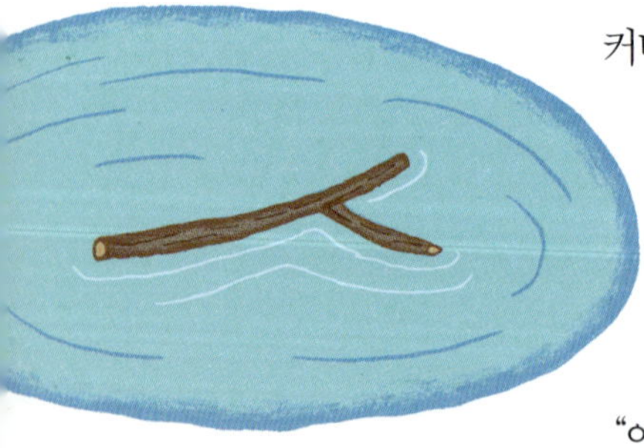

"와, 물이다!"

이스라엘 백성들이 환호했다. 하지만 기쁨은 잠시였다. 물맛이 어찌나 쓴지 도저히 마실 수 없었다. 차라리 없는 것만 못했다.

"이젠 꼼짝없이 다 죽게 생겼군."

"광야에서 목말라 죽게 되다니…, 결국 이렇게 될 줄 알았어."

그동안 참고 견디던 이스라엘 백성들에게서 원성이 터져 나오기 시작했다. 그들은 모세를 향해 원망을 쏟아냈다. 홍해가 갈라져 바다를 건넜던 기적의 감격과 흥분은 까맣게 잊었고, 파라오를 굴복시키고 이집트에서 자신들을 구원해 내신 하나님의 능력과 사랑도 모두 잊었다.

그런 백성들의 모습에 모세는 가슴이 답답할 뿐이었다. 달리 방법이 없어 모세는 하나님께 기도하였다. 그러자 하나님의 응답이 임했다. 하나님은 모세에게 근처에 있는 한 나무를 가리키면서 그것을 물에 던지라고 지시하였다. 모세가 나무를 뽑아 물속에 던지자 그 즉시 물이 달아졌다. 그제서야 이스라엘 백성들은 원망을 그치고 앞다퉈 물을 마셨다. 그런 후 짐승들에게도 물을 주었다.

하늘에서 양식이 내려오다 출 16장

마라에서 갈증을 해소한 이스라엘 백성들은 길을 재촉하여 또 다른 오아시스인 엘림에 당도하여 거기에 천막을 쳤다. 그곳에는 샘이 여럿 있었고 야자수도 많았다. 이스라엘 백성들은 거기에서 충분한 휴식을 취할 수 있었다. 오랜만의 안식이었다.

이스라엘의 종교력으로 정월 15일에 이집트의 고센 땅 라암셋을 떠난 이스라엘 백성들은 숙곳과 에담과 바알스본을 거쳐 홍해를 건넜고, 수르 광야와 마라를 거쳐 이곳 엘림에 이른 것이다. 이집트를 떠난 지 어느덧 보름이 훌쩍 지나 있었다.

엘림에서 얼마 동안 휴식을 취한 이스라엘 백성들은 다시 몸을 추스르고 광야 여행을 계속했다. 갈 길이 아직도 멀었다. 이스라엘 백성들은 또 다시 먼지가 푹푹 일어나는 메마른 광야 길을 걷고 또 걸었다. 엘림과 시내 산 사이에 있는 신 광야에 이르자, 거기에 일단 천막을 쳤다. 그때가 이스라엘 종교력으로 2월 15일, 이집트를 떠난 지 딱 한 달이 되는 날이었다. 이미 한 달 동안이나 광야를 여행한 터라 아이들과 노인들과 여자들은 물론이고, 건장한 남자들도 몹시 지쳐 있었다. 그러자 불평을 늘어놓는 사람들이 생기기 시작했다.

"이젠 먹을 것도 없으니 굶어죽을 일만 남았군."

"그러게 말일세. 죽기 전에 고기라도 실컷 먹어 봤으면 원이 없겠네."

"나는 차라리 이집트 생활이 그립네. 이런 광야에서 굶어죽기보다는 이집트에서 노예처럼 살다 죽는 편이 훨씬 좋을 뻔하였지. 거기서는 그래도 고기와 빵은 실컷 먹지 않았는가…."

원성이 점점 높아갔다. 그들은 노골적으로 모세를 원망하였다. 이스라엘 백성들의 불평을 들으신 하나님이 모세에게 말씀하셨다.

"내가 오늘 밤에는 고기를 실컷 먹게 해주겠다. 또, 내일 아침에는 하늘에서 먹을 양식을 내려주겠다."

그날 저녁 무렵, 거대한 메추라기 떼가 동풍에 실려 날아오더니 이스라엘 백성들이 천막을 치고 머물러 있는 곳에 소낙비처럼 우수수 떨어져 내렸다.

"앗! 이게 어찌 된 일이지?"

백성들은 놀랍고 반가웠다. 모두들 땅에 떨어진 메추라기를 바구니에 주워 담기에 바빴다. 통통한 몸집에 작고 둥근 머리와 짧은 날개를 가진 메추라기는, 구워먹든 쪄먹든 삶아먹든 맛이 있었다. 그날 이스라엘 백성들의 저녁 식탁은 메추라기 요리로 모처럼 푸짐하였다.

다음 날 아침, 잠에서 깬 이스라엘 백성들은 땅에 싸라기 같은 것이 쌓여 있는 것을 보았다. 작고 둥근 싸라기 같은 것이 천막 사방에 지천으로 깔려 있었다.

"이건 또 뭐야?"

"만나?"

만나란 '이것이 뭐야?'라는 뜻이다. 이스라엘 백성들은 이름도 모르는 그 하얀 가루를 손으로 집어 먹어 보았다. 달기가 꿀맛 이상이었다.

"이것은 하나님께서 주신 하늘 양식이오. 오늘 먹을 만큼만 거두시오. 날마다 아침이면 만나가 풍성하게 내려올 테니, 욕심 부리지 마시오. 반드시 오늘 먹을 만큼만 거두도록 하시오."

모세의 설명에 이스라엘 백성들은 그날 하루치의 만나를 거두어 먹었다. 햇살이 뜨겁게 내려 쪼이자, 땅에 남아 있던 만나는 모두 녹아 감쪽같이 없어졌다. 모세의 말을 듣지 않고 욕심껏 거두어들인 사람들도 물론 적지 않았다. 하지만 남은 만나는 썩어서 구더기가 생기고 악취가 나서 다 내다버려야 했다.

하늘에서 만나가 내린 지 엿새째가 되자 모세가 다시 이스라엘 백성들에게 말했다.

"오늘은 이틀 먹을 만큼의 분량을 거두어 들이도록 하시오. 내일은 안식일이라서 만나가 내려오지 않습니다."

그 말을 듣지 않고 평소처럼 하루분만 거두어들인 사람들이 더러 있었다. 그들은 다음 날 아침에 만나를 거두려고 나갔다가 허탕을 쳤다. 모세의 말대로 만나가 내려오지 않았기 때문이었다. 그 후 이스라엘 백성들은 모세의 말에 순종하여, 안식일에는 모두 쉬었다. 만나는 이스라엘 백성이 가나안 땅에 들어가 그 땅의 농작물을 먹기까지 40년 가까이 그들의 식량이 되어 주었다.

반석에서 물이 쏟아지다 출 17:1–7

이스라엘 백성이 신 광야를 지나 르비딤에 이르렀을 때였다. 주변은 풀 한 포기 없는 돌산이 에워싸고 있었다. 물 한 모금 찾을 수 없는 건조 지대였다.

"우리에게 물을 주시오."

"우리 자식들과 가축들이 모두 목말라 죽게 생겼소."

"어쩌자고 우리를 이집트에서 데리고 나와 광야에서 죽게 하는 것이오."

또다시 불평과 아우성이 터져 나왔다. 그동안 하나님이 보여주신 여러 가지 놀라운 기적들을 경험하고도 백성들은 조금도 달라진 것 같지 않았다. 모세는 안타까웠다.

"하나님, 도대체 이 백성을 어찌 하면 좋습니까? 이대로 두었다간 저를 돌로 쳐 죽일 태세입니다."

답답한 모세가 하나님께 호소하였다.

"산에 올라가 네 지팡이로 바위를 쳐라. 물이 쏟아져 나올 것이다."

모세는 곧장 산으로 올라가 바위 하나를 지팡이로 쳤다. 그러자 맑은 물이 콸콸 쏟아져 나왔다. 백성들과 가축들이 실컷 물을 마실 수 있었다.

아말렉 족속의 기습 공격을 물리치다 출 17:8-16

물 때문에 아우성을 피우며 금방이라도 반란을 일으킬 것 같았던 백성들은 목마름이 가시자 언제 그랬느냐는 듯 평온을 되찾았다. 그러나 또 다른 예상치 못한 뜻밖의 난관이 그들을 기다리고 있었다. 아말렉 족속의 침공이었다.

르비딤 산지에는 아말렉이라는 부족이 살고 있었다. 오래전, 야곱의 쌍둥이 형 에서가 결혼한 이방인 여자 두 명 중 한 여자에게서 난 후손이 아말렉 족속이었다. 그들은 야곱이 가족을 이끌고 이집트로 이주한 후 400년이 지나는 동안 큰 민족을 이루었으나 한 군데에 정착하지 못하고 이리저리 광야를 이동하며 살다가 르비딤 산지에 일시적으로 머물고 있었다. 그런데 신 광야를 떠나 이동을 시작한 이스라엘 백성들이 이들 아말렉 족속이 머물고 있는 르비딤 지역을 지나게 된 것이다.

아말렉 족속은 일정한 거처 없이 광야를 유랑하던 호전적인 유목 민족이었기에, 자신들의 땅을 지나가는 이스라엘 백성들을 그냥 놓아두지 않았다. 그들은 매복하고 있다가 광야 여행에 지친 이스라엘 백성들의 뒷 행렬을 기습적으로 공격하였다. 노약자와 아이들이 대부분인 대열이었다. 그것은 비겁한 짓이었다.

이스라엘로서는 예상치 못한 기습 공격을 당한 셈이었다. 모세는 급히 여호수아를 불러 건장한 이스라엘 남자들을 소집하여 아말렉에 맞서 싸우라고 명령하였다. 당시 여호수아는 모세의 부관으로서 군사적인 능력이 탁월한 인물이었다.

모세는 전투 상황을 살펴보려고 근처에 있는 산의 꼭대기로 올라갔다. 전투 장면이 시야에 들어왔다. 이스라엘의 열세였다! 전투 경험이 없는 데다 훈련도 제대로 되지 않은 이스라엘 군사들이 아말렉의 호전적인 전사들에게 분명히 밀리고 있었다.

모세는 손을 높이 들고 하나님께 기도하였다. 그러자 갑자기 전세가 역전되어 이스라엘이 아말렉을 이기기 시작했다. 하지만 모세가 피곤하여 손을 내리니까 이스라엘이 다시 아말렉에게 밀리기 시작했다. 모세가 손을 올리면 이스라엘이 이기고, 손을 내리면 아말렉이 이기는 현상이 나타난 것이다.

모세는 계속 손을 들고 기도할 수밖에 없었다. 그러나 모세도 피곤하고 지쳐서 마냥 손을 들고 있을 수가 없었다. 힘이 부쳐 저절로 손이 내려졌고, 그러면 또 아말렉이 이스라엘을 이기는 국면이 전개되었다.

"손을 내리면 안 되겠습니다. 계속 손을 들고 기도하십시오. 저희들이 양쪽에서 손을 붙들어 드리겠습니다."

모세의 형 아론과 미리암와 남편으로 보이는 훌은 모세를 바위 위에 앉게 하고 양쪽에서 각기 모세의 팔을 붙들었다. 그리하여 해가 질 때까지 모세의 손은 내려오지 않았고, 아말렉 족속과의 전투는 이스라엘의 완전한 승리로 끝났다.

모세는 승리를 일군 그 자리에 제단을 쌓고, 그 이름을 '여호와 닛시'라고 하였다. '여호와 닛시'는 '여호와는 나의 깃발'이라는 뜻이다. 이렇게 이집트를 떠난 후 처음 치러진 전투에서 이스라엘은 하나님의 도우심으로 거칠고 강한 아말렉 족속의 기습 공격을 거뜬히 물리칠 수 있었다.

장인 이드로가 모세를 방문하다 출 18장

아말렉 족속을 무찌른 후, 모세와 이스라엘 백성이 시내 산 부근의 르비딤 광야에 진을 치고 있을 당시였다. 미디안에 살고 있던 모세의 장인 이드로가 모세를 찾아왔다. 이스라엘 백성들이 이집트에서 해방되어 가나안으로 향하고 있다는 소식을 전해들은 이드로는 그동안 자신이 데리고 있던 모세의 아내와 자식들을 모세에게 데려다 주어야겠다고 마음먹었다. 그리하여 먼 길을 여행하여 마침내 모세에게 이른 것이다.

"장인 어르신, 이게 얼마만입니까? 그동안 별고 없으셨습니까?"

"잘 있었다네, 자네도 평안한가?"

모세는 장인을 반갑게 맞으면서 문안을 여쭈었다. 그런 후 장인을 자신의 장막으로 인도해 들이고 그동안 있었던 일들을 낱낱이 말해 주었다.

"오, 진정 찬양을 받으실 분이로다. 이스라엘을 이집트에서 구출하신 여호와야말로 세상의 모든 신들보다 정녕 위대하구나."

모세의 말을 모두 전해들은 이드로는 여호와의 능력에 연신 감탄을 발했다.

다음 날 아침, 이드로는 모세가 모든 이스라엘 백성들의 재판을 도맡아 하느라고 혼자 애쓰는 모습을 보았다.

"그대는 왜 수많은 백성들의 재판을 혼자서 처리하는가?"

이드로는 모세에게 이스라엘 백성들 중에서 유능한 인물들을 골라 세우는 것이 좋겠다고 조언을 했다. 그들의 능력에 따라 열 명, 쉰 명, 백 명, 천 명을 맡아 다스릴 권한을 부여하여, 작은 사건들은 그들이 맡아 처리하게 하고, 큰 사건만 모세가 처리하는 게 좋다고 말해 주었다.

장인의 말을 듣고 보니 정말 일리가 있었다. 그래서 그대로 시행했더니, 과연 일이 한결 수월해지고 잘 돌아갔다. 이스라엘의 행정 조직이 그런 대로 정비된 것이다. 이드로는 얼마간 이스라엘 진영에 머물다가 모세의 배웅을 받으며 미디안 고향으로 돌아갔다.

십계명과 시내 산의 계약

시내 산에서 율법을 받기 위해 준비하다 출 19:1–15

광야 여행은 고달팠다. 하지만 그 황량하고 뜨거운 광야 여행을 낮에는 구름기둥이 앞서가며 시원한 그늘을 만들어 주었기에 이동할 만했고, 밤이면 불기둥이 앞서가며 주변을 따뜻하게 밝혀주었기에 일교차가 심한 밤에도 추위를 견딜 수 있었다. 그토록 세심하게 배려해 주신 하나님의 보호하심과 인도하심으로 이스라엘 백성들은 이집트를 떠난 지 두 달 만에 홍해의 두 갈래 만灣 사이에 위치한 시나이 반도 동편의 높고 험준한 시내 산 밑에 이르렀다.

더 이상 구름기둥과 불기둥이 움직이지 않았으므로 이스라엘 백성들은 일단 산기슭의 광야에 천막을 쳤다. 줄잡아 2백만 명은 될 테니 천막 수가 적어도 20만 개는 넘었을 것이다. 산 위에서 눈을 들어 광야를 바라보면 온통 이스라엘 사람들의 천막만 끝없이 펼쳐져 있었다. 낮에는 구름기둥이, 밤에는 불기둥이 여전히 이스라엘 백성들의 진영 주변에서 그들을 보호하고 있었다.

이스라엘 백성들이 시내 산 기슭에 머물 태세가 갖추어지자, 하나님이 시내 산 위에서 모세를 부르셨다. 모세는 급히 산으로 올라갔다. 산 위에서 하나님의 말씀을 들은 모세는 산에서 내려오자마자 이스라엘 열두 지파의 지도자인 장로들을 소집하여 하나님의 말씀을 전하였다.

"하나님께서 말씀하시기를, 내 백성 이스라엘이 나에게 순종하면 내가 그들로 제사장의 나라로 만들어 특별한 관계를 유지할 것이라고 하셨습니다. 그리고 하나님은 사흘 후에 저 시내 산 위에 친히 내려오셔서 우리 백성들에게 직접 말씀하시겠다고 하셨습니다. 그러기 위해 우리가 준비해야 할 것이 있습니다."

모세는 긴장하고 있는 지도자들에게 몇 가지 당부를 했다.

"첫째, 하나님이 임재하실 산에 울타리를 쳐야 합니다. 그분은 지극히 거룩하신 분이라 사람이든 짐승이든 누구든지 그분을 보기만 하면 모두 죽습니다. 그러므로 누구라도 시내 산에 오르거나 얼씬거려서는 안 됩니다. 둘째, 온 이스라엘 백성들이 옷을 깨끗이 빨아 입고 하나님의 강림을 기다려야 합니다. 그리고 그때까지는 부부 관계를 삼가야 합니다."

이스라엘 백성들은 모세의 지시에 따라 모두 옷을 빨아 입고, 육체의 욕망을 절제함으로써 율법을 받기 위한 마음의 준비를 갖추었다.

십계명이 주어지다 출 19:16–20:17

하나님은 모세에게 말씀하신 대로 사흘째 아침이 되자 시내 산 위에 내려오셨다. 온 산이 짙은 구름으로 덮이면서 번개의 섬광과 땅을 뒤흔드는 우렛소리가 진동하였다. 거대한 시내 산이 흔들리며 연기와 불꽃이 시내 산 꼭대기를 감쌌다.

하늘에서 우렁찬 나팔소리가 들려오더니, 시내 산 꼭대기에서부터 하나님의 음성이 온 이스라엘 백성이 다 들을 만큼 큰 소리로 들려왔다. 하나님은 먼저 모세를 불러 이스라엘 백성들이 절대로 시내 산 사면에 쳐놓은 울타리 안으로 들어오지 말 것을 명했다. 그런 후에 하나님의 백성으로서 이스라엘 백성들이 마땅히 지켜야 할 핵심적인 계명을 직접 들려주셨다. 십계명이었다.

"나는 너희의 하나님 여호와다. 너희를 종살이하던 이집트 땅에서 이끌어낸 하나님이다."

하나님은 이스라엘 백성들에게 자신이 누구신가를 확실하게 알려준 후, 말씀을 이어가셨다.

"너희는 내 앞에서 다른 신을 섬겨서는 절대 안 된다."

"너희는 어떤 형상이든지 그 모양을 본떠 만들어서는 안 되고, 그 앞에 절하며 섬겨서는 안 된다."

"너희는 너희 하나님의 이름 '여호와'를 함부로 불러서는 안 된다."

"너희는 안식일을 기억하여 거룩하게 지켜야 한다. 엿새 동안은 힘써 일하고 이렛날은 너희 하나님 여호와 앞에서 쉬어야 한다."

"네 부모를 공경하여라."

"살인을 해서는 안 된다."

"간음해서는 안 된다."

"도둑질해서는 안 된다."

"네 이웃에게 불리하도록 거짓 증언을 해서는 안 된다."

"네 이웃의 소유는 무엇이든 탐내서는 안 된다."

시내 산에서 계약을 맺다 출 20:18-24:11

이스라엘 백성들은 심히 두려웠다. 땅을 뒤흔드는 천둥소리, 빽빽한 연기, 우렁찬 나팔 소리 가운데 시내 산 위에 강림하신 여호와 하나님의 장엄한 권위와 빛나는 영광이 두려웠다. 그래서 그들은 모세에게 간청하였다.

"하나님께서 직접 우리에게 말씀하시면 우리가 죽을 것 같습니다. 당신이 대신 하나님의 말씀을 듣고 우리에게 전해 주십시오. 우리가 그대로 따르겠습니다."

이스라엘 백성들은 시내 산에서 멀찌감치 떨어져 있었고, 모세는 짙은 구름으로 싸여 있는, 하나님이 강림해 계시는 시내 산으로 가까이 나아갔다. 십계명 이외에도 하나님은 시내 산에서 모세에게 여러 가지 율법을 자세하게 일러주셨다. 율법은 하나님의 백성 된 이스라엘이 하나님의 거룩한 백성답게 살아가기 위해서 지켜야 할 법이었다.

하나님은 이스라엘 백성들이 지켜야 할 다양한 법을 주셨다. 개인의 권리에 대한 법, 과실 치사 및 과실 치상에 관한 법, 절도죄에 관한 법, 손해 배상에 관한 법, 처녀를 범한 자에 관한 법, 사형에 처할 죄인들에 관한 법, 약자 보호에 관한 법, 종교적 의무 사항에 관한 법, 사회 정의와 사회 복지에 관한 법, 세 가지 명절에 관한 법, 그리고 약속의 땅 가나안에 들어가서 해야 할 일들에 관해서도 세밀하게 일러주셨다.

시내 산 위에서 하나님으로부터 직접 이스라엘 백성들이 지켜야 할 각종 율법을 받은 모세는 산에서 내려와 그 율법들을 이스라엘 백성들에게 전달했다.

"여호와께서 말씀하신 대로 다 따르겠습니다."

이스라엘 백성들은 한 목소리로 대답하였다. 그러자 모세는 시내 산 기슭에다 제단을 쌓고 열두 지파를 상징하는 열두 기둥을 세운 후 짐승을 잡아 제사를 드렸다. 짐승의 피를 먼저 제단에 뿌린 다음 이스라엘 백성들에게도 뿌리면서 계약을 맺었다. 하나님은 이스라엘의 하나님이 되어 이스라엘을 보호하고 지키기로, 이스라엘은 하나님의 백성이 되어 하나님의 말씀에 따르고 순종하기로, 하나님과 이스라엘 사이에 공식적인 계약이 체결된 것이다.

이렇게 함으로써 이제 이스라엘 백성들은 명실상부 하나님과 언약을 맺은 백성이 되었고, 천하 만민을 구원하기 위한 제사장 나라로서의 기틀을 갖추게 되었다.

모세가 시내 산 위에서 사십 일 동안 머무르다 출 24:12-31:18

하나님은 다시 모세를 시내 산 위로 부르셨다. 하나님 자신이 친히 기록한 십계명 돌판을 주기 위해서였다. 하나님의 부름을 받은 모세는 다시 시내 산 위로 올라갔다. 빽빽한 구름이 여전히 시내 산을 뒤덮고 있었다. 모세는 구름 속을 뚫고 들어가 시내 산 꼭대기에 올랐다. 그리고 그 산에서 사십 일 밤낮 동안을 하나님과 더불어 지냈다.

그 기간 동안 하나님은 모세에게 성막을 지을 것을 명령하시면서, 성막 건축을 위해 필요한 예물을 바칠 것과 성막 안에 안치될 기물들의 모형에 대해 계시하셨다. 증거궤, 진설병을 두는 상, 등잔대와 부속 기구들, 번제단, 분향할 제단, 놋 물두멍 등의 모형에 대해 자세히 일러주셨다. 그리고 이 같은 성막의 기물들을 안전하게 보호할 수 있는 성막의 덮개들과 널판과 고정 띠와 휘장 등에 관해서도 구체적으로 계시하셨다.

뿐만 아니라 거룩한 성막에서 봉사할 제사장에 관해서도 자세하게 계시하여 주셨다. 제사장이 입을 옷, 제사장을 세우는 위임식, 제사장이 주관할 제사 등에 관해서도 일일이 설명해 주셨다. 그 외에도 각종 거룩한 기물들과 제사장의 정결 의식을 위해 쓰일 거룩한 향기름을 만드는 방법, 분향단에 사용될 거룩한 향을 만드는 방법도 가르쳐 주셨다.

끝으로 하나님은 성막과 성막의 부속 기물들을 실제로 제작할 총책임자로 유다 지파에 속한 훌의 손자이며 우리의 아들인 브살렐들을 친히 선택하여 부르셨고, 그의 수석 조수로는 단 지파에 속한 아히사막의 아들 오홀리압을 붙여 주셨다. 그런 다음 하나님은 안식일을 거룩하게 지킬 것을 당부하심으로써 모든 말씀을 마치셨다. 말씀을 마치신 하나님은 직접 쓰신 십계명 돌판 두 개를 모세에게 주셨다.

금송아지 숭배 사건

백성들이 금송아지를 숭배하다 출 32:1-15

모세는 하나님의 부르심을 받고 산에 올라가면서, 자기를 대신하여 형 아론을 지도자로 세워 놓았었다. 산 아래의 백성들은 그 산에 하나님이 강림해 계신 것을 알 수 있었다. 산꼭대기에 불이 붙은 것처럼 눈부신 영광의 빛이 계속 머물러 있었기 때문이다. 그곳에서 모세는 40일 밤낮으로 하나님을 만나고 있었다.

한편, 산 밑에서 모세를 기다리던 백성은 별 생각이 다 들었다. 너무나 오랫동안 모세가 산에서 내려오지 않았기 때문이다. 이스라엘 백성들은 아론에게 가서 자신들의 생각을 전하였다.

"아론, 틀림없이 모세에게 무슨 일이 일어난 모양이오. 이대로 마냥 기다릴 수만은 없지 않소. 우리를 인도해 줄 신을 만들어 주시오."

모세의 형 아론은 나약하고 의심 많은 인간이었다.

"좋소, 모두들 금 귀걸이를 나에게 가져오시오."

이스라엘 백성들은 남녀노소 가리지 않고 저희 귀에 걸린 금 귀걸이를 떼어 아론에게 가져왔다. 아론은 그것을 녹여 이집트에서 보아 왔던 대로 수송아지 우상을 만들었다.

"자, 보시오. 이것이 우리를 이집트에서 인도해 낸 신이오. 내일 다같이 모여서 축제를 벌입시다."

그 당시의 사람들은 여러 가지 우상을 만들어 섬기는 데 익숙해 있었다. 신은 어떤 형태로든 눈에 보이는 형상으로 존재해야 믿을 수 있다고 생각하는 사람들이 많았다. 하지만 하나님은 영靈이시므로, 사람들의 눈에 보이지 않았다.

그래서 이스라엘 백성들은 얼마 전에 친히 십계명을 선포하신 여호와 하나님 대신에, 이집트의 수송아지 우상으로 대체한 것이다. 여호와 하나님을 수송아지로 형상화했으니, 지독한 신성 모독이었다. 천지 만물을 만드신 지극히 거룩하신 여호와 하나님이 한낱 말 못하는 짐승의 형태로 탈바꿈시켰으니 말이다.

하나님은 자기를 형상화시킨 우상을 엄격히 금하셨다. 창조주 하나님은 어떤 형태로든 눈에 보이는 사물로 형상화될 수 없는 지극히 거룩하신 영적 존재이기 때문이다.

이튿날, 이스라엘 백성들은 일찍 일어나 금송아지에게 제사를 드렸다. 그런 다음, 먹고 마시며 정신없이 뛰놀았다. 이집트에서 수송아지 우상을 섬길 때처럼 음탕스럽게 미친 듯이 축제를 벌였다.

금으로 만든 수송아지 우상을 섬기는 광란의 축제가 한창 벌어지고 있을 때, 시내 산 정상의 하나님은 모세에게 말씀하셨다.

"지금 즉시 산 아래로 내려가라. 이스라엘 백성들이 송아지 우상을 만들어 그것을 섬기고 있다. 참으로 부패하고 고집 센 백성이구나!"

하나님은 이스라엘 백성들의 우상 숭배에 크게 실망하고 노여워하셨다.

"이제 나를 말리지 말라. 내가 저들을 모두 멸망시키고 말겠다. 너만은 살려두어, 너를 통해 큰 나라를 만들어 다시 시작하겠다."

모세는 두렵고 떨렸다. 하나님의 진노가 왜 저토록 큰지 알 수 없었으나 너무 두려운 나머지 급히 엎드려 간절하게 간구하였다.

"오, 하나님! 하나님께서 이 백성을 진멸시키면 이집트 사람들이 뭐라 하겠습니까? 자기 백성을 죽이려고 이집트에서 이끌어 낸 모양이라고 하지 않겠습니까? 이스라엘 백성들의 하나님은 자기 백성을 가나안까지 데리고 갈 능력이 애초에 없었다고 할 겁니다. 그러하오니 하나님! 아브라함과 이삭과 야곱에게 '내가 너희 자손을 하늘의 별처럼 많게 할 것'이라고 하셨던 약속을 부디 기억해 주십시오. 제발 이 백성을 멸하지 마옵소서."

심금을 울리는 애절한 간구였다. 목숨을 내걸고 필사적으로 매달리는 기도였다. 모세의 간절한 중보 기도에, 하나님도 노기를 가라앉히고 마음을 바꾸었다. 이스라엘 백성들을 진멸시키겠다는 뜻을 돌이키셨다.

모세의 분노와 중보기도 출 32:15-34:35

모세는 하나님이 새겨주신 십계명 돌판 두 개를 들고 산 아래로 내려갔다. 마음은 천근만근 무거웠다. 산기슭이 가까워지자 저 아래에서 떠들썩한 소리가 들려왔다. 산중턱에서 모세를 기다리고 있던 여호수아가 말했다.

"백성들의 천막에서 싸우는 소리가 납니다."

"아니다. 내가 듣기에는 노랫소리 같다."

더 가까이 내려가자 과연 흥겨운 노랫소리가 들려왔고, 춤추는 모습이 보였다. 햇볕을 받아 눈부시게 빛나는 금송아지 형상도 시야에 들어왔다. 수송아지 우상을 둘러싸고 이스라엘 백성들이 한바탕 떠들썩한 축제를 벌이고 있었다. 그제서야 모세는 하나님이 왜 그토록 진노하셨는지 깨달았다.

"아니, 어떻게 저럴 수가!"

모세도 분노가 치밀어 올라왔다.

'절대로 만들지 말라고 금지시킨 우상을 만들다니! 그것도 하나님이 시내산에 강림하고 계시는 동안에, 이집트의 수송아지 우상에게 절하며 춤을 추다니, 어떻게 이럴 수가 있단 말인가, 어떻게 이럴 수가!'

모세는 분노를 주체할 수 없어, 하나님이 친히 새겨주신 십계명 돌판을 백성들을 향해 던져 버렸다. 돌판은 바위에 부딪혀 산산조각이 났다. 모세는 이스라엘 백성들이 만든 수송아지 우상을 끌어내린 후, 불로 녹인 다음 금가루를 만들고 그것을 물에 타서 백성들로 하여금 그 물을 마시게 했다. 이렇게 하여 모세는 하나님이 우상을 얼마나 싫어하시는지, 또 우상이 얼마나 보잘것없는 존재인지를 똑똑히 보여주었다.

모세는 형 아론에게 소리쳤다.

"형은 도대체 어찌하여 이런 짓을 합니까? 금송아지 우상을 왜 만들었어요? 이것이 얼마나 큰 죄인지 몰라요?"

아론은 잠시 어찌할 바를 모르다가 이내 변명을 늘어놓았다.

"모세, 이 백성이 악한 것을 너도 잘 알지 않느냐? 그들이 내게 우리를 인도할 신을 만들어내라고 졸라댔어. 산으로 올라간 네가 오랫동안 소식이 없으니, 분명 무슨 일이 생겼다고 생각한 거야."

이스라엘 백성들 중에 분명 선동한 자들이 있었을 것이다. 하나님을 거역하고 우상을 좇는 무리들이 이 일을 주도한 것이다. 모세는 그런 자들은 마땅히 벌을 받아야 한다고 생각했다.

"여러분 가운데 하나님을 따르고자 하는 사람은 다 내게로 오시오."

모세가 이스라엘 진영을 향해 외치자, 아론을 비롯한 레위 지파 사람들이 얼른 모세 앞으로 나왔다.

"여러분들은 칼을 뽑아 아론에게 이 송아지를 만들게 한 악한 자들을 하나도 남기지 말고 모조리 죽이시오."

추상같은 모세의 명령이 떨어졌다. 레위 지파 사람들은 즉각 우상을 만들게 하거나 숭배한 자들을 가려내어 모조리 죽였다. 그날, 자그마치 3천여 명이 죽었다.

시내 산 기슭은 피비린내가 진동했다. 한바탕 죽음의 폭풍이 휩쓸고 간 후 모세는 사람들을 향하여 다시 외쳤다.

"여러분들은 하나님 앞에 큰 죄를 지었습니다. 그래서 나는 다시 산에 올라가 하나님께 용서를 빌겠습니다."

모세는 다시 산으로 올라가서 간절히 기도하였다.

"여호와 하나님, 이 백성이 우상을 만드는 큰 죄를 지었습니다. 만일 하나님께서 이 백성의 죄를 용서하실 수 없다면, 하나님께서 손수 쓰신 생명책의 기록에서 제 이름을 지워 주십시오."

목숨은 물론이고 영혼조차 내건 참으로 비장한 기도였다. 모세는 울면서 매달렸다. 그러자 하나님이 응답하셨다.

"누구든지 나에게 죄를 짓는 사람은 그 이름을 내가 생명책에서 지워 버릴 것이다. 이제 너는 이 백성을 가나안 땅으로 인도하여라. 나의 천사가 앞장설 것이다."

이어서 하나님은 다시 두 개의 돌판을 깎아 내일 아침까지 시내 산 꼭대기로 가져오면, 모세가 깨뜨린 돌판에 새겼던 내용을 다시 써 주시겠다고 약속하셨다.

다음 날 아침, 모세는 두 개의 돌판을 들고 혼자 산으로 올라갔다. 그리고는 먼저처럼 40일 동안을 그 산에 머물렀다. 그러니까 모세는 모두 80일 동안 시내 산 꼭대기에 머문 셈이다.

모세는 또다시 하나님 앞에서 많은 계시를 받고 산에서 내려왔다. 십계명이 기록된 돌판 두 개를 가지고서였다. 산에서 내려오는 모세의 얼굴은 하나님의 영광으로 광채가 났다. 아론을 비롯한 이스라엘 백성들은 두려워서 감히 그의 얼굴을 가까이에서 바라볼 수가 없었다. 모세는 아론과 백성들의 지도자들을 가까이 불러 그들에게 산 위에서 있었던 일들을 모두 이야기해 주었다. 그리고 수건으로 얼굴을 가렸다.

모세는 자주 산 위로 올라가 하나님과 대화하였다. 하나님께 나아갈 때는 수건을 벗었지만, 산에서 내려와 백성들을 만날 때는 얼굴의 빛나는 광채 때문에 수건으로 얼굴을 가렸다. 하나님과 오래 대화를 하는 동안 모세의 얼굴에는 하나님의 영광의 빛이 반영되었고, 그런 하나님의 영광의 빛 앞에 사람들은 얼굴을 들 수 없었던 것이다.

성막과 절기와 성일

성막을 건축하다 출 35-40장

산에서 내려온 모세는 성막 건축을 시작할 것을 백성들에게 알렸다.

"하나님께서는 내게 성막을 만들라고 하시면서, 치수와 구조와 소재까지 일일이 알려주셨습니다. 성막은 우리가 가나안에 들어가기까지 하나님을 섬기는 집으로서, 하나님이 그곳에 친히 내려오셔서 우리들의 제사를 받으시는 곳이 될 것입니다."

모세는, 성막이 하나님의 집이지만 우리 자신을 위해 꼭 필요하다고 설명해 주었다. 즉, 우리가 하나님 앞에 죄를 지으면 죄의 대가는 죽음이므로 반드시 죽을 수밖에 없고, 그래서 하나님께 속죄 제사를 드려야 하는데, 그 장소가 곧 성막이라고 깨우쳐 주었다. 그러므로 성막은 하나님의 집이면서, 동시에 사람을 위한 집이었다.

모세는 하나님께서 일러주신 대로 먼저 성막의 설계 도면을 그려 주고, 치수를 적어 넣고, 성막 건축에 필요한 자재 목록을 만들었다.

"금과 은과 각종 보석과 구리, 좋은 천, 기름, 향료 등 많은 자재들이 필요합니다. 하나님께 바치고 싶은 사람들은 내게 가져오도록 하시오."

실제로 건축을 담당할 책임자로 브살렐과 오홀리압을 선정했다. 그들은 예술적 재능이 탁월하여 금은보석을 가공하여 여러 가지 아름다운 장식물을 만들고, 나무를 조각하고, 정교하게 수를 놓아 성막을 장식하였다. 손재주가 좋은 여인들은 휘장을 짜고, 남자 기술자들은 금속을 녹여 필요한 여러 가지 도구를 만들었다.

대규모의 성막과 그 안에 있어야 할 여러 기구를 만드는 데 거의 반 년의 세월이 흘렀다. 증거궤, 분향단, 촛대, 떡상, 번제단을 비롯하여 각종 필요한 성전 기구들이 하나님이 모세에게 일러준 그대로 모두 제작되었다.

모세는 하나님이 말씀하신 대로 성막에서 봉사할 제사장을 세웠다. 모세의 형 아론이 대제사장으로 위임되었고, 아론의 네 아들들이 제사장으로 위임되었다. 그리고 앞으로 아론의 혈통을 이은 그의 후손들이 제사장 직분을 이어 나가도록 제도화하였다.

브살렐과 오홀리압은 제사장들만 입는 특수한 모양의 제사장 의복도 만들었다. 푸른색의 긴 옷자락 끝에 작은 종을 달아 제사장이 걸을 때마다 딸랑거리는 소리가 나도록 하였다. 그 위에 에봇이라는 옷을 덧입게 하였는데, 소재는 푸른색, 보라색, 분홍색, 황금색 실로 짠 옷감이었다.

특히 목에 거는 넓적한 가슴받이에는 이스라엘 열두 지파를 상징하는 열두 개의 각종 보석을 박았고, 제사장의 머리에 쓰는 관에는 '여호와께 성결'이라는 글자를 새겨 넣었다. 이런 제사장 의복은 제사장이 성막에 들어가 하나님께 제사를 올릴 때만 착용하였다. 이렇게 해서 하나님이 임재할 처소인 성막과 그 성막에서 하나님께 제사를 드릴 제사장이 준비되었다.

성막에서 제사를 드리다 레 1–22장

그 당시 이스라엘 백성들은 가나안을 향해 이동하면서 생활을 하였으므로, 이동할 때마다 성막을 거두어 운반하면서 그대로 옮겨 놓은 다음 하나님께 제사를 드렸다.

제사는 엄격한 절차와 격식과 형식에 따라 드려졌다. 제사의 종류로는 번제와 소제와 속죄제와 속건제와 화목제의 다섯 가지가 있었고, 각각 규정된 제사 방법이 있었다. 제사를 드리는 방법에는 네 가지가 있었다. 제물을 번제단 위에서 불로 태워 드리는 화제, 제물을 높이 들었다가 내리는 방법으로 드리는 거제, 제물을 높이 든 후에 위아래 또는 앞뒤로 흔들어서 드리는 요제, 그리고 제물에 포도주나 기름이나 피 등을 부어 드리는 전제가 있었다.

제사에 참여하는 일반 백성들은 성막 안쪽으로는 들어가지 못했고, 바깥 넓은 뜰에 서 있었다. 뜰 주위는 높은 울타리와 휘장이 쳐 있었다. 뜰의 가운데에는 번제단이 설치되어 있었고, 그 옆에 물이 담겨 있는 커다란 놋쇠 그릇 세수대야가 놓여 있었다. 아론과 그의 네 아들들은 제사를 지내기 위해 성막 안으로 들어갈 때마다 거기에서 먼저 손을 씻었다.

성막 뜰 앞에는 성막의 본체가 있는데, 바깥쪽을 성소라 했고, 안쪽을 지성소라 했다. 제사장들은 성소까지만 들어갈 수 있었고, 지성소에는 대제사장만 일 년에 한 번 들어갈 수 있었다. 당시에는 아론 한 사람만이 그곳에 들어갈 수 있었던 셈이다. 지성소는 하나님이 임재해 계시는 지극히 거룩한 곳이기 때문이었다.

성소 안의 우측에는 밤낮으로 켜 두어야 하는 일곱 가지로 이루어진 황금 등잔이 있었고, 좌측에는 이스라엘 열두 지파를 나타내는 열두 개의 빵이 진열된 황금 탁자가 놓여 있었다. 그 열두 개의 빵들은 안식일마다 새로운 것으로 바뀌었다. 그리고 성소 안의 중앙, 그러니까 지성소 바로 앞에는 분향 제단이 위치했다. 거기에서는 향이 계속 타오르고 있었다.

성소의 맨 안쪽, 거룩하고 거룩한 곳인 지성소에는 십계명을 새긴 두 개의 돌판이 들어 있는 법궤가 안치되었다. 법궤는 성막 안의 여러 성물들 중에서도 가장 소중한 것으로 여겨졌다. 순금으로 만들어진 법궤의 뚜껑 위에는 날개를 편 채 마주 바라보고 있는 두 천사의 형상이 있었다. 법궤 뚜껑은 속죄판이라 불려졌는데, 하나님이 제사 드리는 사람들의 죄에 대해 용서를 베풀어

주는 자리임을 뜻한다. 말하자면 그곳은 하나님이 백성들의 제사를 받고 죄의 용서를 베풀어 주기 위해 임재해 계시는 지상의 거처였다.

성막이 완성되자, 모세는 아론과 그의 네 아들, 곧 나답과 아비후와 엘르아살과 이다말에게 성스러운 기름을 부어 거룩한 제사장 직분을 부여하였다. 이어서 황금탁자에 진설병을 차리고, 황금등대의 일곱 가지 등잔에 거룩한 불을 붙이고, 분향 제단에 향기로운 향을 살랐다.

마침내 성막 건축을 시작한 지 6개월 가량이 지난 때, 곧 이스라엘 백성들이 이집트에서 떠나온 지 제 2년째 되던 해의 정월 초하루에 이스라엘 백성들은 성막을 건축하여 하나님께 바쳤다.

이처럼 성막 건축이 종결되자, 짙은 구름이 성막을 덮더니 찬란한 광채가 지성소를 가득 채웠다. 하나님의 영광이 속죄판 위의 황금으로 만든 두 천사 사이에서 빛났다. 이때부터 하나님의 영광이 지성소의 두 천사 사이에서 늘 빛나고 있어, 하나님께서 거기 계심을 사람들의 눈에 항상 나타내 보이셨다. 이제 하나님은 모세를 산으로 불러 올리지 않았다. 하실 말씀이 있으시면 언제라도 성막에서 모세에게 말씀하셨기 때문이다.

구름기둥은 언제나 성막 위에 머물렀다. 하나님이 이스라엘 백성의 이동을 원하실 때는 먼저 구름기둥이 성막 위로 높이 솟아오르게 하여 움직였고, 이스라엘 백성들은 그 구름기둥을 따라 이동하였다. 그러니까 성막 위에 구름기둥이 머물고 있는 동안에는 한 달이든 두 달이든 이스라엘 백성들은 그 자리에 머물러 있었다. 이처럼 구름기둥은 광야 길의 인도자요 길잡이 역할을 했다. 이스라엘 백성들이 광야를 행진하는 내내 낮에는 구름기둥이 성막을 덮고 있었고, 밤에는 그 구름에서 불이 비치어 이스라엘 백성들의 눈앞을 환히

밝혀 주었다.

성막에서는 늘 제사가 드려졌다. 백성들이 죄를 짓지 않는 날이 없었기 때문에 날마다 속죄 제사가 드려지지 않을 수 없었다. 제사에는 반드시 제물이 있어야 했다. 짐승을 죽여 그 피를 흘려야만 속죄가 이루어졌다. 사람의 죄를 대신하여 짐승이 피를 흘리고 죽는 것이다. 이 같은 성막의 희생 제사는, 장차 인류의 죄를 대속代贖하기 위해 이 땅에 오실 '여인의 후손' 곧 예수 그리스도의 십자가 희생을 예표한다.

절기와 성일을 지키다 레 23–25장

하나님은 이스라엘 백성들로 하여금 각종 절기와 거룩한 날들을 명심하여 지키도록 명령하셨다. 그러한 절기와 성일들은 모두 하나님의 창조 사역 및 구속 사역과 관련된 것이었다. 따라서 이스라엘 백성들이 그러한 절기와 성일을 잘 지킴으로써 자신들의 삶 속에서 하나님의 능력과 은혜와 사랑을 잊지 말고 늘 기억하면서 감사해야 했다.

이스라엘 백성들이 반드시 지켜야 할 절기 중에서 특히 중요한 3대 절기가 있으니, 유월절과 오순절과 초막절이다. 유월절逾越節은 유대 종교력의 첫째 달인 아빕(니산)월 14일 저녁 때에 지키는 이스라엘 최대 절기로서, 여호와 하나님께서 이스라엘 백성들을 이집트의 종살이에서 해방시켜 주신 것을 기념하는 절기이다.

이스라엘 백성들을 파라오의 압제에서 구출해 내기 위해 하나님은 이집트 땅에 자그마치 아홉 번에 걸쳐 각종 재앙을 내리셨다. 그래도 파라오가 굴복하지 않자, 그 당시의 달력으로 니산월 14일 밤에 마지막 열 번째의 결정적인 재앙을 내리셨다. 고귀한 왕자의 신분에서부터 감옥의 죄수에 이르기까지, 부자의 아들에서 노예의 아들까지, 이집트 사람들의 집집마다 모든 장남이 그 하룻밤 사이에 모조리 다 죽는 재앙이었다. 뿐만 아니라 모든 이집트 사람들의 가축 중에서 첫 새끼도 모두 죽었다. 전무후무한 재앙이 일어난 그 끔찍한 밤에, 이스라엘 사람들이 살고 있는 고센 땅에는 아무런 일도 일어나지 않았다.

그 밤에 이스라엘 백성들은 집집마다 어린 양을 잡아먹었고, 그 피를 집의 양쪽 문기둥과 인방에 발랐다. 그 피가 있는 이스라엘 집에는 죽음이 찾아오지 않았던 것이다. 그리하여 다음 날, 이스라엘 백성들은 430년 동안의 종살이에서 벗어나 이집트 땅을 탈출하게 되었던 것이다.

하나님이 이집트의 장자들을 치신 그날 밤은 이스라엘 백성들에게는 죽음이 그냥 넘어간 특별한 날, 곧 구원의 날이요 생명의 날이었다. 그날 밤을 이름하여 '넘어 지나간'(pass over) 날, 곧 유월절이라 했다. 죽음이 자신들의 집을 그냥 넘어간 날이므로, 그날 밤을 특별히 기념하는 축제가 벌어지게 되었다. 하나님은 그날을 기념하여 자자손손 유월절을 지키라고 명령하셨다. 그날을 기억하는 것은 곧 하나님을 기억하는 것이며, 생명을 얻되 풍성히 얻게 하시는 하나님을 경험하는 날이다.

아울러 그날은 장차 예수 그리스도가 이 땅에 오셔서 죄인들을 위하여 십자가에서 피 흘리실 날로 예비되었다. 어린 양의 피로 죽음에서 벗어났듯, 하나님의 어린 양이신 예수 그리스도의 피로 온 인류가 죄로 인한 죽음에서 벗어나 영생을 얻게 될 것이었다. 그러므로 유월절은 이스라엘에게 국한된 구원의 날에 머물지 않고, 온 인류에게 영원한 구원의 날이 되는 것이다.

한편, 유월절은 무교절로 곧장 이어졌는데, 무교절은 유월절 바로 다음 날인 아빕월 15일부터 일주일 동안 지켜졌다. 무교절은 이스라엘 백성들이 이집트 땅을 급히 빠져나온 그때의 사건을 기념하는 절기이다. 무교절 동안에 이스라엘 백성들은 이집트에서 보낸 고난의 세월을 상징하는 쓴 나물을 누룩을 넣지 않은 딱딱한 빵과 함께 먹으면서 그 당시의 고생을 기념했다.

3대 절기 중 두 번째로 꼽히는 오순절五旬節은, 문자 그대로 50일째 날에 지키는 절기이다. 유월절 다음 날부터 7주 후, 즉 50일째 날은 밀을 추수하는 때라고 하여 '맥추절'이라고도 하고, 7일이 일곱 번 지난 때라고 하여 '칠칠절'이라고도 한다. 이 날은 신약 시대에 이르러 성령이 강림한 날이기도 하여 오늘날 기독교에서는 '성령 강림절'로 지키고 있다.

3대 절기 중 마지막 세 번째인 초막절草幕節은, 유대 종교력 제7월 15일부터 일주일 동안 지키는 절기로서, 7일 동안 야외에다 초막을 지어놓고 거기에 거하면서 이스라엘 백성들이 이집트를 떠난 후 40년 동안 광야에서 장막 생활을 한 것을 기념한다. 따라서 초막절은 '장막절'이라고도 불려졌다. 이때에는 한 해의 수확을 마감하고 그것을 곡간에 기두어들인 후가 되었기 때문에 '수장절'이라고도 불렸다. 이스라엘 백성들이 광야에서 온갖 고초를 겪으며 천막 생활을 했던 경험을 기념하는 뜻에서, 야외에서 일주일 동안 그때의 초막 생활을 재현하는 절기였다.

하나님은 절기 외에도, 이스라엘 백성들에게 거룩한 날들 곧 성일聖日을 지키라고 명령하셨다. 무엇보다 안식일을 기억하여 꼭 지키라고 하셨다. 안식일安息日은 사람으로 하여금 엿새 동안의 수고로부터 벗어나 편안히 휴식을 취하면서 하나님을 기억하도록 명하신 날이었다.

본래 이날은 엿새 동안에 천지 만물을 창조하시고, 제7일째 되는 날에 안식을 취하신 하나님의 창조 사역에 근거하여 주어진 성일이었다. 하지만 출애굽 사건 이후에는 이스라엘 백성들을 해방시킨 하나님의 구속 사역에 근거하여 구원의 날을 기념하는 성일로 승화되었다.

구약 시대에는 매주 금요일 해가 진 후부터 그 다음 날인 토요일 해가 지기 전까지를 안식일로 지켰다. 그러다가 신약 시대에 이르러, 예수 그리스도가 십자가에 못 박혀 죽으시고 사흘째인 일요일 곧 한 주간의 첫째 날에 다시 살아나신 부활의 사건이 있은 후부터, 기독교에서는 주님의 부활을 기념하는 주일主日로 정해 하나님께 예배 드리는 날로 지키고 있다.

하나님은 또, 이스라엘 백성들에게 안식년을 지키라고 명하셨다. 안식년安息年은 제7년째 되는 해에 지키는 성년聖年으로서, 땅이 휴식을 취하도록 한 해

동안은 경작을 금하셨다. 또한 그 해에는 채무자의 빚 지불을 면제해 주도록 하셨다.

하나님은 또, 이스라엘 백성들에게 희년을 지키라고 명하셨다. 희년禧年은 안식년이 일곱 번 지난 다음 해 곧 50년째 되는 해에 지키는 성년聖年으로서, 숫양의 뿔로 만든 나팔을 크게 붊으로서 희년의 시작을 알렸다. 희년에는 농사를 짓지 않음으로써 땅을 일 년간 묵혔고, 모든 토지는 본래의 땅 주인에게 돌려주었으며, 노예 약정서를 불태움으로써 노예를 종살이에서 해방시켰고, 채무자의 빚을 모두 탕감해 주었다.

따라서 가난하고 억눌린 사람들에게 희년은 그야말로 재산을 되찾고 자유를 얻는 기쁨과 감격의 해가 아닐 수 없었다. 희년이 오면, 나팔소리가 이스라엘 온 땅에 울려 퍼졌다. 그것은 자유와 회복을 선포하는 축복의 나팔 소리였다. 이 같은 희년을 통해서 우리는 죄와 죽음의 얽매임에서 우리를 해방시키고 참된 자유를 가져다주실 '여인의 후손', 곧 메시아 예수의 구원 사역을 대망할 수 있다.

이외에도 이스라엘 백성들이 지켜야 할 성일로는 매달 초하루를 기념하여 지키는 월삭月朔이 있었고, 유대 종교력으로 제7월의 첫 날을 기념하여 지키는 나팔절이 있었다. 그리고 유대 종교력으로 제7월의 10일에 지키는 속죄일贖罪日이 있었는데, 이날은 일 년 중에서 대제사장이 지성소에 들어갈 수 있는 유일한 날이었다. 이날에 이스라엘 백성들은 노동을 금하고 금식을 했으며, 대제사장은 희생 제물의 피를 가지고 지성소 안으로 들어가 한 해 동안 쌓인 백성들의 죄를 용서받았다. 이 같은 속죄일이 갖는 의미는, 말 그대로 장차 온 인류의 대속代贖 제물이 되신 예수 그리스도의 십자가 피로 말미암는 속죄贖罪의 사상이었다.

광야 행진과 메추라기

또다시 광야 행진을 시작하다 민 1–10장

어느덧 시간이 흘러 출애굽 제2년 2월 20일, 마침내 구름이 성막에서 높이 떠올랐다. 이스라엘 백성들의 광야 행진이 또다시 시작된 것이다. 이스라엘 백성들은 원년 정월 15일에 이집트를 떠났으므로, 계산해 보면 이때는 이집트를 떠난 지 만 1년하고도 1개월 5일이 흐른 때였다. 그리고 이스라엘 백성들은 이집트를 떠난 지 2개월 만에 시내 산에 이르렀기 때문에, 그들이 시내 산에 머문 지는 만 11개월하고도 5일이 지난 때였다.

하나님은 왜 시내 산 기슭의 드넓은 광야에서 1년이 다 되도록 이스라엘 백성들을 머물게 하셨을까. 하나님은 무슨 까닭으로 처음 약속한 그대로 이스라엘 백성들을 속히 가나안 땅으로 인도하여 안정된 정착 생활을 하도록 허락하지 않으셨을까. 이스라엘 백성들이 지체하지 않고 정상적인 속도로 이동한다면, 비록 우회하는 길이더라도 석 달이 채 안 걸렸을 것이다. 그런데 왜 1년이 가까이 광야에서 머물게 하셨는가.

이런 의문이 드는 것은 당연하다. 그러나 하나님은 그 백성을 잘 아신다. 죄로 기울어지기 쉬운 인간의 속성을 너무도 잘 아신다. 그래서 시내 산 밑에서의 11개월은 이스라엘 백성들을 가르치고 연단시키는 데 필요한 교육과 훈련의 시간이었다.

그래서 먼저 기본법이라 할 수 있는 십계명과, 그 외에도 인간이 살아가면서 하나님과의 관계에서, 사람과 사람 사이의 관계에서 지켜야 할 여러 가지 율법을 모세를 통하여 가르치셨다. 또 성막을 짓게 하여 하나님을 섬길 수 있도록 했고, 제사 제도를 정비하고 제사장을 세워 하나님께 죄를 용서함 받을 수 있는 길을 열어 놓으셨다. 게다가 여러 절기와 거룩한 날들을 일러주어 하나님의 백성답게 살아갈 수 있게 하셨다.

그뿐만이 아니었다. 그 기간 동안에 하나님은 모세로 하여금 이스라엘 백성들의 인구 조사를 실시하게 하여, 조사 결과에 따라 부대를 편성하고 행군 순서를 정하게 하셨다. 또한 레위 지파를 따로 구분하여 성막을 옮길 때에 각 가문에 따라 맡아서 해야 할 일들을 지시해 주셨다. 이렇게 시내 산 기슭에 머무는 기간 동안, 하나님은 오합지졸과도 같은 이스라엘 백성들을 어엿한 하나님의 언약 백성으로, 가나안을 향해 행군해 나아가는 당당한 여호와의 군대로 세우셨다.

그 모든 일이 마무리되자, 비로소 가나안을 향하여 움직일 때가 온 것이었다. 그래서 어느 날 아침 곧 출애굽 제2년 2월 20일 아침에, 마침내 성막에서 구름이 떠올랐던 것이다.

"와, 구름이 떠오른다. 구름기둥이 움직인다."

성막 위에 머물러 있던 구름이 위로 높이 떠오른 것이 그 얼마만인가. 이스라엘 백성들은 들뜨지 않을 수 없었다.

모세는 출발을 서둘렀다. 각 지파의 지도자들을 불러 즉시 출발할 수 있도록 준비시켰다. 아론과 두 아들은 성막 안에 있던 법궤와 성스러운 기구들을 운반할 수 있도록 잘 싸서 레위 지파 사람들에게 주었다. 레위 지파 사람들은 성막의 휘장을 걷고 기둥을 챙겼다. 성막을 운반하는 작업은 규정에 따라 매우 조심스럽게 이루어졌다.

백성들은 각자 자기들의 천막과 짐과 가축을 거두어 수레나 가축의 등에 실으면서, 출발 준비에 부산하였다. 오랜만의 이동이고 보니 모두들 흥분된 모습이었다. 한 자리에서 일 년 가까이 머물러 있었으니 얼마나 지루하였겠는가.

이윽고 출발을 알리는 우렁찬 나팔소리가 이스라엘 진영 전체에 울려 퍼졌다. 이집트에서 급히 허둥거리며 나올 때와는 달리, 질서 정연한 행군이 시작되었다. 구름기둥이 멀찌감치 앞서 가면, 구름기둥을 따라 모세와 아론과 법궤를 멘 제사장들이 앞장서 나갔고, 그들의 뒤를 따라 각 지파별로 정해진 행군 순서대로 나아갔다. 법궤가 떠날 때마다 모세는 큰 소리로 기도하였다.

"하나님, 당신의 원수들을 쫓아 주십시오. 하나님을 미워하는 자들을 당신의 눈앞에서 쫓아 주십시오."

법궤가 머무를 때에도 기도하였다.

"하나님, 이제 돌아오십시오. 이스라엘에게로 돌아오십시오."

시내 산을 출발한 후부터 낮에는 구름기둥이, 밤에는 불기둥이 이스라엘 백성들의 행군 대열을 앞서 이끌어 갔다. 이스라엘 백성들은 구름기둥과 불기둥을 따라 행진했다.

70인의 장로를 선발하다 민 11:1–17

잠자는 시간을 빼고 계속 이동한 지 사흘이 지나자 구름기둥이 멈추었다. 하나님의 정지 신호였다. 이스라엘 백성들은 먼저 성막부터 세우고 자신들이 머물 천막을 쳤다.

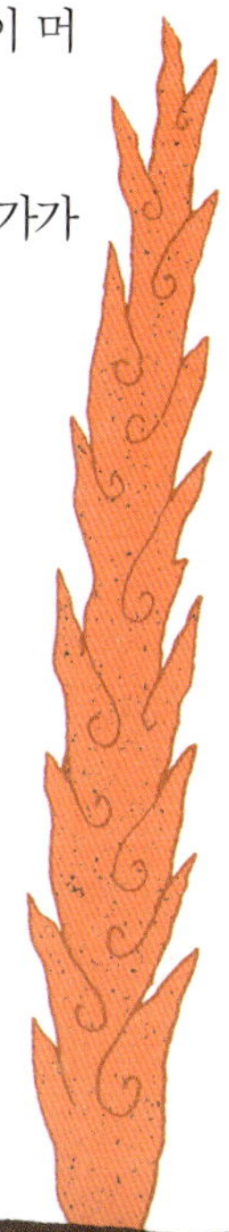

아침이 되자 언제나처럼 만나가 천막 주변에 하얗게 내려 있었다. 누군가가 만나를 거두면서 불평을 터뜨렸다.

"에잇, 이젠 만나에도 질렸어. 신물이 난다구. 허구한 날 똑같은 만나만 먹어야 하다니 원."

그러자 약속이라도 한 듯 여기저기에서 원성이 터져 나왔다.

"누가 아니래. 사람이 이것저것 골고루 먹어야 살지."

"난 고기가 먹고 싶어 못살겠어."

"난 신선한 야채와 과일이 먹고 싶어 죽을 지경일세."

아이들도 엄마 아빠를 향해 불평을 터뜨렸다.

"엄마, 과일 좀 먹었으면 좋겠어. 하나님은 왜 과일과 고기를 안 주시는 거지? 그런 건 하나님께 없는 거야?"

"낸들 알겠니. 나는 생선이 먹고 싶어 죽을 지경이란다."

모세는 백성들의 불평 소리에 화가 났다.

'하나님이 이렇듯 먹고 마시게 하는데도 감사하기는커녕 불평과 원망이나 늘어놓다니…'

모세는 문득 하나님이 자신에게 너무 벅찬 일을 맡기셨다는 생각이 들었다.

'하나님은 이 힘든 일을 왜 하필 나에게 맡기셨단 말인가. 내가 무슨 재주로 이 많은 백성들에게 고기를 먹일 수 있단 말인가.'

모세는 용기를 잃었다. 책임을 감당할 수 없다고 생각하자 차라리 죽었으면 좋겠다는 생각마저 들었다. 하나님은 모세의 어려움을 다 알고 계셨다. 그래서 모세에게 명하셨다.

"모세야, 너는 이스라엘 백성 중에서 나이 지긋하고 능력 있는 남자 칠십 명을 선발하여 성막 입구까지 데려오너라."

하나님은 모세의 짐을 덜어주려고 70명의 지도자 장로들을 세우기로 하신 것이다. 그때부터 그들 70명의 지도자 장로들은 모세를 보좌하여 백성들을 다스리는 일에 책임을 분담하였다. 모세는 그들에게 재판권을 주면서, 반드시 정직하고 공정한 재판을 하라고 당부하였다.

한 달 동안 먹을 고기가 주어지다 민 11:18-35

이스라엘 백성들의 고기타령은 그칠 줄을 몰랐다. 백성들의 불평을 모르는 바 아니었지만 모세로서는 어쩔 도리가 없었다. 70명의 장로들과 머리를 맞대고 지혜를 모았지만, 부녀자와 노인을 제하고도 60만 명이 넘는 백성들에게 고기를 먹일 묘안은 떠오르지 않았다. 그때 하나님이 말씀하셨다.

"내가 이 백성으로 하여금 한 달 동안 먹고도 남을 고기를 주겠다."

모세는 하나님의 말씀을 듣고도 얼른 믿어지지 않았다. 하루 이틀도 아니고 무려 한 달 동안이라니…. 어디서 그 많은 고기를 조달한단 말인가. 그들이 소유한 가축을 한꺼번에 다 도살한다고 해도 한 달 동안 고기를 먹을 수는 없었다. 좀처럼 의구심을 떨쳐버리지 못하는 모세에게 하나님이 다시 말씀하셨다.

"모세야. 내 손이 짧아서 이 일을 못할 것 같으냐. 내 말대로 이루어지는 것을 똑똑히 보아라."

책망이 아니라, 모세를 안심시키려는 위로의 말씀이었다. 그러던 어느 날, 건조한 바람이 불어오기 시작했다. 바람은 점점 강해졌다. 그 바람을 타고 어디선가 메추라기 떼가 날아오더니 이스라엘 백성들의 진영에 떨어지기 시작했다.

통통한 몸집을 가진 그 날짐승은 이스라엘 백성들의 진영이 뒤덮일 정도로 무수히 날아와 떨어졌다. 날아보려고 푸드덕거리며 날갯짓을 했지만 워낙 낮게 내려온 데다가 바람이 강해 아이들조차 맨손으로 쉽게 잡을 수 있었다.

구우면 참새구이 같은 맛을 내는 같은 메추라기가 그날 하루 종일 낮과 밤을 가리지 않고 날아왔고, 그 다음 날도 또 날아왔다. 이틀 동안에 날아와 떨어진 메추라기가 이스라엘 백성들의 진영 사면에 각기 하룻길 거리로 두 규빗 정도 되었다. 하룻길은 통상 32km요 한 규빗은 46cm 정도이므로, 자그마치 진영 사방으로 32km 거리에 1m의 높이로 메추라기가 떨어져 쌓였던 것이다.

이스라엘 백성들은 집집마다 상상을 초월할 만큼씩 많은 메추라기를 잡았다. 저마다 자신들의 천막 둘레에 메추라기를 산더미처럼 높이 쌓아 놓았다. 적게 잡은 사람도 10호멜 즉 2.3kl(킬로리터)를 잡을 정도였다. 그 정도의 양이라면, 질리도록 먹는다고 해도 한 달 이상은 너끈히 먹고도 남을 분량이었다. 이스라엘 백성들은 고기가 부패하지 않도록 천막 곁의 모래 위에 널어 말렸다. 건조한 공기와 작열하는 태양볕으로 고기가 잘 말라, 두고두고 먹어도 괜찮게 되었다.

이스라엘 백성들이 한창 메추라기 고기를 즐기고 있을 때, 하나님의 진노가 그들에게 임했다. 그동안 하나님이 베풀어 준 허다한 기적의 보살핌을 경험하고도 어려운 일이 닥칠 때마다 모세를 원망하고 하나님에게 불평을 늘어놓는 불순종하는 자들에게 벌을 내리신 것이다. 잘못을 저질러도 징계가 없으면, 잘못에 대한 뉘우침이나 살아가는 도리에 대한 깨달음도 없을 것이기 때문이다. 그 벌은 질병으로 왔고, 백성들 중 탐욕스런 자들은 죽기까지 하였다.

미리암과 아론이 모세에게 시비를 걸다 민 12장

살아가노라면 어려움이 겹쳐서 오는 경우가 적지 않다. 그러나 모세는 자신의 누이와 형이 문제를 일으킬 줄은 일찍이 짐작조차 못했다. 모세의 누이 미리암과 형 아론이 모세를 시기하기 시작한 것이다.

광야 여행 중에 모세는 첫 번째 아내 십보라를 잃었고, 얼마 후 에디오피아 여인을 아내로 맞아들였다. 이에 모세의 누이 미리암과 형 아론은 모세가 이방인 여자를 아내로 맞아들인 것을 문제 삼아 모세를 비난했다. 모세의 누이요 여선지자인 미리암이 주도적으로 비난했다면, 모세의 형이요 대제사장인 아론은 이에 소극적으로 동조한 셈이었다. 겉으로는 모세의 이방 결혼을 문제 삼았지만, 실은 모세의 탁월한 지위에 시기심을 느끼고 교만한 마음으로 모세를 비방한 것이다.

미리암과 아론도 이스라엘 백성들 중에 나름대로 권위가 있었지만, 그들에게는 모세와 같은 중보자의 자격과 권위가 없었다. 그래서 자신들도 모세처럼 독보적인 권위를 갖고 백성들을 다스리고 싶었다. 이는 모세를 지도자로 세우신 하나님의 권위에 도전한 것이나 다름이 없었다. 이런 그들의 마음을 알면서도 모세는 모르는 척 묵묵히 지냈다. 백성들의 일만으로도 골치가 아픈 터에, 누이와 형조차 문제를 일으키니 모세의 마음이 얼마나 상하였을까.

그러나 하나님이 먼저 크게 진노하셨다. 모세를 지도자로 세우신 분은 바로 하나님이셨다. 그러니 그들의 비방은 곧 하나님에 대한 비방이었다. 하나님은 모세와 아론과 미리암을 성막으로 부르셨다.

"내가 예언자에게는 환상이나 꿈으로 내 뜻을 전하여 준다. 그러나 나의 종 모세는 나와 얼굴을 맞대고 이야기한다. 나는 모든 것을 모세에게 말한다. 모세는 내 모습도 볼 수 있다. 그런 나의 종 모세를 감히 시기하다니, 너희가 두렵지도 않으냐?"

하나님이 말씀하시는 동안, 성막 위를 덮고 있던 구름이 옮겨가고 있었다. 미리암은 얼마나 두려웠던지 얼굴이 창백해졌다. 그 순간, 그녀의 몸은 사람들이 '저주받은 천형天刑'이라고 하여 가장 두려워하는 한센씨병, 곧 나병에 걸렸다. 한 번 걸리면 낫지 않는 병, 그 당시에는 치료할 길이 없는 병이었다. 그 병에 걸리면 이웃은 물론, 가족들과도 격리되어 외롭게 지내야 했다. 심하면 발가락과 손가락이 문드러져 떨어져 나갈 것이며, 마침내 흉측한 몰골이 되어 고통 중에 신음하면서 죽어갈 것이었다.

이를 지켜보던 아론이 겁에 질려 아우에게 용서를 빌었다.

"오 모세, 우리 지도자여. 우리가 참으로 어리석었네. 우리 죄를 용서해 주고, 누이 미리암도 벌을 면하도록 해주게. 이 형이 이렇게 비네."

나병에 걸린 누이를 바라보는 모세의 가슴은 찢어지는 듯 아팠다. 그는 즉시 하나님께 간절하게 기도하였다.

"오, 하나님, 부디 누이 미리암을 용서해 주시고 병을 고쳐 주십시오."

잠시 후, 하나님의 음성이 들려왔다.

"미리암을 백성들과 격리시켜 진영 바깥으로 내쫓았다가 이레가 지난 후에 돌아오게 하여라."

미리암은 지체없이 이스라엘 백성들의 진영 바깥으로 쫓겨났다. 누구와도 접촉할 수 없는 장소로 옮겨졌다. 하지만 이스라엘의 진영은 이레 동안 움직이지 않았다. 미리암이 완치되어 진영 안으로 돌아왔을 때에야 다시 이동을 시작했다.

정탐꾼들의 보고와 백성들의 거역

가나안 땅에 열두 정탐꾼을 파견하다 민 13:1–14:10

이집트를 떠나온 지 1년 6개월이 되어갈 무렵, 이스라엘 백성들은 드디어 가나안의 남부에 인접한 지역에 도착하였다. 시내 산에서 대략 250km쯤 되는 곳에 위치한 바란 광야의 가데스 바네아였다. 하나님이 자신들에게 주시기로 약속한 땅을 눈 앞에 둔 이스라엘 백성들은 감회가 새로웠다. 지긋지긋한 광야 생활에 종지부를 찍고, 젖과 꿀이 흐르는 비옥한 가나안 땅에 정착해서 살아갈 것을 생각하니, 밤잠을 이룰 수 없을 정도로 흥분되었다.

모세는 하나님의 지시를 받고 이스라엘의 각 지파에서 건장하고 민첩하고 용감한 지도자 청년 한 명씩을 선발하였다. 가나안 땅의 사정을 미리 파악하기 위해 열두 명의 정탐꾼을 보낼 생각이었다. 가나안을 차지하려면 그 땅의 여러 사정을 미리 파악하지 않으면 안 되었기 때문이다. 그곳에는 어떤 사람들이 살고 있는가? 그들의 방어력은 어느 정도인가? 그곳의 땅은 어떠하며, 그곳의 농산물은 무엇인가? 이런 것들을 상세하게 알아야만 정복을 위한 작전을 수립할 수 있을 것이었다.

열두 명의 정탐꾼들에게 중요한 임무가 부여되었다. 만약 가나안 정복에 실패하는 날에는 다시 이집트로 돌아갈 수도 없을 것이고, 그들이 지나온 황량한 광야의 어디에도 정착할 수도 없는 진퇴양난의 위기를 만나게 되는 것이다.

"잘 들으시오. 가나안 전역을 다니면서 아주 자세하게 그 땅을 조사해 오도록 하시오. 그곳 사람들의 상태가 어떤지 살펴보고, 토지의 상태도 알아오고, 그 땅에서 수확한 과일도 가져오시오. 당신들의 임무가 실로 막중하오. 자, 힘을 내시오."

정탐꾼들은 모세의 명을 받고 멀고 험한 정탐의 길에 올랐다. 그때는 마침 포도가 첫 수확을 앞두고 있을 무렵이었다. 그들은 신 광야를 거쳐, 이스라엘의 조상 아브라함이 한때 정착하여 살았고 그의 묘지가 있는 헤브론을 거쳐 가나안 땅으로 몰래 숨어 들어갔다.

가나안은 그리 넓지 못한 땅이다. 동쪽에는 바다의 해수면보다 훨씬 깊은 요단 강 협곡 지대가 있고, 중앙에는 해발 800m가 넘는 산이 남북으로 길게 이어져 있다. 서쪽으로는 지중해를 끼고 있는 평야 지대가 남북으로 길게 누워 있는데, 야생화들이 편서풍에 흔들리는 아름다운 풍광을 보여주곤 한다. 가나안은 지형의 변화가 많고 기후도 다양하지만, 주변 지역에 비하면 강과 개천이 흐르고 거대한 담수호가 있는 비옥한 약속의 땅임에 틀림없었다.

정탐꾼들은 가나안 땅을 샅샅이 답사하였다. 그 땅의 농산물과 그 땅에 살고 있는 종족들, 외침을 막기 위한 그들의 성벽과 무장한 군사들의 상황을 일일이 살펴보았다. 그런 것들을 샅샅이 정탐하는 데 40일이 소요되었다.

정탐꾼들은 가나안 땅에서 재배된 포도송이를 가져왔다. 한 송이가 얼마나 큰지 막대기에 꿰어 두 사람이 어깨에 메고 와야 했다. 석류와 무화과도 가지고 왔다. 정탐꾼들이 돌아왔다는 소문이 순식간에 이스라엘 진영에 퍼지고, 백성들이 모여들었다.

"과연 가나안은 젖과 꿀이 흐르는 비옥하고 아름다운 땅입니다. 거기서 가져온 이 포도송이를 보시면 짐작이 될 것입니다."

"와…."

이스라엘 백성들은 입을 벌리고 감탄하였다. 하나님이 자신들에게 그렇게 좋은 땅에서 살게 하시려고 인도하셨다는 것을 생각하니, 그동안 황량한 사막 지대를 지나온 모진 고생이 순식간에 잊혀질 지경이었다.

"그러나 여러분…."

정탐꾼들의 보고가 이어졌다.

"하지만 우리가 그 땅을 차지한다는 것은 불가능해 보입니다!"

갑자기 찬물을 끼얹은 듯 조용해졌다. 청천벽력이 아닐 수 없었다. 모두들 긴장하여 다음 말을 기다리느라 숨소리조차 들리지 않았다. 그 땅을 차지할 수 없다니, 세상에 이런 날벼락이 또 어디 있단 말인가.

"그곳 사람들은 우리와 비교조차 안 될 만큼 체구가 크고 강하기 때문입니다. 그 땅의 성읍들은 높고 견고한 성벽으로 둘러싸여 있고, 거기 사는 사람들 중에는 거인들도 적지 않습니다. 어찌나 큰지, 그들 옆에 서 보니 우린 마치 메뚜기 같았습니다. 우리가 그 땅에 들어가 살려다간 오히려 그들에게 잡아먹힐 것입니다."

기대감으로 잔뜩 흥분해 있던 이스라엘 백성들은 순식간에 절망과 비탄 속으로 빠져들었다. 두려움과 슬픔 때문에 모두들 어쩔 줄을 몰랐다. 즉각 여기저기서 원성이 터지기 시작했다.

"고생고생하며 여기까지 왔는데 이 무슨 날벼락이람. 이제 우린 어쩌면 좋지?"

"이 광야에서 죽느니 차라리 이집트 땅에서 노예로 살다 죽는 편이 훨씬 좋았을 텐데…."

"하나님이 원망스럽군. 어쩌자고 우릴 이 먼 곳까지 데리고 와서 죽게 한단 말인가."

"우리의 처자식들이 가나안 족속의 노예가 될지도 모르겠군. 이럴 바에는 차라리 지금이라도 서둘러 이집트로 돌아가는 편이 낫지 않아?"

정탐꾼의 보고에 주눅이 든 이스라엘 백성들은 공포에 떨면서 소란을 피워

대고 있었다. 하나님이 설마 그들을 죽이려고 그곳까지 인도해 왔겠는가? 젖과 꿀이 흐르는 가나안 땅을 주겠노라고 조상 때부터 수없이 약속하신 하나님이 바로 그들을 이곳까지 인도해 오신 것이 아닌가? 홍해를 가르고, 만나를 내리고, 바위를 쳐서 물이 나오게 했던 그 하나님이 못할 일이 어디 있겠는가? 그런데도 이스라엘 백성들은 그 순간 전능하신 하나님을 까맣게 잊고 소동을 일으키고 있었다.

"이집트로 돌아갑시다, 여러분! 저 거인 족속에게 죽고 싶지 않으면, 다시 돌아가는 길밖엔 없지 않겠소. 이제부터라도 새로운 지도자를 세우고 이집트로 돌아갑시다."

아예 본격적으로 선동하는 사람까지 나왔다.

"여러분! 잠시 조용해 주십시오. 보고가 다 끝난 게 아닙니다. 우리들의 말도 들어 보십시오."

열두 명의 정탐꾼들 가운데 누군가가 군중을 향해 목청껏 외쳤다. 여호수아였다. 그의 뒤를 이어 갈렙도 소리쳤다. 열 명 정탐꾼의 나약한 보고와 이에 동조하는 백성들의 소란스런 행위에 두 정탐꾼은 옷을 찢으며 크게 외쳤다.

"그렇습니다, 여러분. 우리의 보고를 한번 들어보십시오. 우린 견해가 다릅니다."

군중 속에서 누군가가 비웃듯이 대꾸하였다.

"다르다고? 다를 게 뭐야? 다 같이 갔다 왔는데 뭐가 다르다는 거야?"

여호수아와 갈렙의 소리가 귀에 들어오지 않는다는 듯 냉소적인 반응이었다.

"예, 분명히 다릅니다. 우리의 말을 끝까지 들어보세요."

여호수아가 말을 이었다.

"가나안은 정말 좋은 땅입니다. 우리가 정착해서 풍요롭게 살 수 있는 조건을 다 갖추고 있습니다. 물론 그 땅에는 거인들도 있긴 있습니다. 그러나 여러분, 가나안 땅은 하나님께서 우리에게 주신다고 몇 번씩이나 약속한 땅입니다. 하나님의 약속입니다. 여러분, 이 점을 잊지 마십시오. 하나님이 우리와 함께 하시면, 그 땅은 우리의 것이 됩니다. 하나님이 틀림없이 우리를 지켜주실 것입니다. 우리를 위해 싸워 주실 것입니다. 저들이 아무리 거인들일지라도 하나님이 우리와 함께 하시면 저들은 우리의 밥이 되고 말 겁니다. 뭘 두려워합니까?"

곁에 있던 갈렙도 여호수아를 거들었다.

"그렇습니다, 여러분! 하나님이 우리 편이니 두려워할 것 없습니다. 지금 당장 올라가 그 땅을 차지하도록 합시다."

그러나 여호수아와 갈렙의 확신에 찬 보고는 이스라엘 백성들의 귀에 들어오지 않았다. 이미 그들은 열 명의 정탐꾼들에 의해 크게 동요되었기 때문이다.

"거짓말! 저 두 놈은 우릴 죽게 만들고 우리의 처자식들을 저들의 노예가 되게 할 놈들이다. 쳐 죽이자."

누군가가 선동했다. 그 말이 끝나기가 무섭게 군중들은 돌멩이를 집어들고 두 사람을 향하여 던지려 했다. 하나님 편을 들었던 사람에게 큰 위기였다. 바로 그때였다. 하나님의 영광이 성막 위에 나타난 것은. 동요하던 백성들은 일시에 동작을 멈추었다.

광야 유랑 40년의 징벌을 받다 민 14:11-38

하나님은 진노하셨다. 백성들의 소리를 모두 들으셨던 것이다. 차라리 새 지도자를 세워 이집트로 돌아가서 죽겠다는 원망과 불신의 소리를 들었을 뿐만 아니라, 믿음으로 바른 보고를 하는 여호수아와 갈렙을 돌멩이로 쳐 죽이려 하는 무지하고 야만스러운 행동을 모두 다 보고 계셨다.

"이 백성이 도대체 언제까지 나를 이렇듯 멸시할 것인가? 내 능력을 그렇게도 수없이 보여주었건만, 아직도 나를 믿지 못하다니! 이제 그들은 내 백성이 아니다. 내가 그들을 모두 멸하고, 모세, 너에게서 큰 민족을 새로 일으켜야겠다. 너는 어떠냐?"

모세는 그럴 수 없었다. 우매하지만 불쌍하고 나약한 백성을 포기할 수 없었다. 그래서 모세는 시내 산 아래에서 금송아지 우상을 만들었을 때처럼 이 백성을 용서해 달라고 하나님께 애원하였다.

"하나님, 지금 여기서 이 백성을 없애 버리시면 이집트 사람들이 뭐라고 하겠습니까? 이스라엘의 하나님은 약속을 해놓고도 자기 백성을 가나안 땅으로 데리고 갈 능력이 없어서 광야에서 없애 버렸다고 욕하며 빈정거릴 것입니다. 하나님, 하나님은 오래 참으시고, 자비로우시며, 죄를 용서하시는 여호와라고 말씀하지 않으셨습니까? 자비를 베푸시어 부디 이 백성을 용서하여 주소서."

모세는 간절히 애원했다. 어떠한 경우에도 결코 훼손될 수 없는 하나님의 영광과 약속에 근거하여 매달렸다. 여호와 하나님은 실로 오래 참으시는 분이시고 자비로우신 분이시다. 하나님은 모세의 기도를 듣고 외면할 수 없었다.

"좋다. 네 말대로 이번에도 용서해 주마. 그러나 나의 영광을 보고도 또다시 나를 시험하고 내 말을 믿지 못하는 자들은 내가 너희의 조상 아브라함 때부터 주겠다고 약속한 가나안 땅에 결코 들어가지 못할 것이다. 그들은 광야에서 40년 동안을 방랑하면서 그동안에 모두 죽을 것이다. 광야에 시체를 파묻을 것이다. 그러나 그들의 어린 자식들은 약속의 땅으로 들어가게 될 것이다. 스무 살 이상 된 어른들 중에서는 오직 나를 신뢰한 여호수아와 갈렙만이 가나안 땅으로 들어가게 될 것이다."

이어 하나님은 모세에게 지시하셨다.

"이제 너희들은 내일 발길을 돌려 홍해가 있는 쪽의 광야로 들어가라."

실로 비극이었다. 이 얼마나 안타까운 결과인가. 온갖 고초를 겪으며 가나안 국경까지 왔는데, 앞으로 며칠이면 약속의 땅으로 들어갈 수 있는데, 그 땅을 눈앞에 두고 이제 와서 다시 광야로 돌아가야 하다니! 메마르고 뜨거운 광야에서 40년 동안을 헤매다가 죽어가야 한다니!

고라 일당이 모세와 아론을 거스리다 민 16장

광야 생활은 힘들고 지루했다. 이 광야에서 저 광야로 떠도는 생활을 하는 동안, 하나님이 경고하셨던 것처럼 하나님을 거역한 백성들이 하나씩 둘씩 죽어 나갔다.

상황이 그러한데도 이스라엘 백성들 사이에서는 또다시 불평 불만이 싹텄다. 백성들의 불평 불만을 등에 업고 레위 지파에 속한 고라가 반기를 들었다. 고라가 들고 일어나자 다단과 아비람과 온도 따라 일어났다. 그들은 당黨을 짓고 모세와 아론에게 도전했다. 그러자 이스라엘 회중 가운데 이름 있는 대표자 250명이 고라 일당을 지지하고 나섰다.

"모세와 아론, 당신들이 우리보다 나은 게 도대체 뭐요? 뭔데 당신들만 이스라엘 회중 위에 군림하는 거요? 이건 너무 지나친 거 아니오? 특히 아론, 왜 그대와 그대 아들들만 제사장이 되는 거요? 그건 대체 누가 정한 법칙이오?"

모세는 어처구니가 없었다.

"고라, 그대야말로 지나치지 않은가? 하나님이 레위 후손인 그대들에게 성막에서 섬기는 거룩한 일을 맡기지 않았는가? 그런데도 그게 불만스러워 이제 제사장직까지 요구한단 말인가?"

모세는 더 이상 방치할 사안이 아니라고 판단했다. 그래서 아론의 권위에 도전하는 고라 일당과 고라의 말에 동조하는 250명의 지도자들을 향해 엄하게 말했다.

"하나님께서 내일 알려주실 것이오. 과연 누가 하나님의 사람이며, 누가 거룩하며, 누가 하나님 앞에 나아갈 수 있는지, 하나님께서 직접 여러분에게 알려주실 것이오. 그러니 내일은 향로에 숯불을 담아 가지고 성막 문 앞으로 모이시오. 아론도 숯불을 담은 향로를 가지고 나올 것이오. 그러면 하나님께서 모든 백성들 앞에서 친히 제사장으로 세울 사람을 뽑을 것이오."

다음 날, 고라와 다단과 아비람을 비롯한 250명의 지도자들이 향로에 숯불을 담아 들고 성막 문 앞으로 모였다. 모세와 아론도 그들과 함께 섰다. 이스라엘 백성들도 구름 떼처럼 모여들었다. 그러자 하나님의 빛나는 영광이 성막 위에 나타났다. 하나님께서 모세와 아론에게 말씀하셨다.

"너희 둘은 저들에게서 떨어져 따로 서라. 내가 단번에 저들을 없애 버리겠다."

모세와 아론이 땅에 엎드려 하나님 앞에 호소하였다.

"하나님, 한 사람이 죄를 지었는데 어째서 온 백성을 멸하려 하십니까? 그들을 다 벌하지 마십시오."

"그렇다면 고라와 다단과 아비람의 거처 주변에서 모두들 멀리 물러서라고 일러라."

모세가 하나님의 말씀을 백성들에게 전하였다.

"여러분, 여러분은 고라와 다단과 아비람의 거처에서 멀리 물러 서시오. 그들의 소유는 아무것도 건드리지 마시오. 만약 그들의 소유물을 건드리면, 그들이 저지른 잘못에 휘말려 함께 죽을 것이오. 만일 이 사람들이 보통 사람이 죽는 것처럼 죽는다면 하나님께서 나를 세운 것이 아닙니다. 그러나 하나님께서 땅을 갈라지게 하여 그들을 삼킨다면, 여러분은 그들이 하나님께 도전한 죄로 징벌을 받는다는 사실을 깨달아야 하오."

모세의 말이 끝나기가 무섭게 고라 일당들이 딛고 서 있던 땅이 갈라지기 시작했다. 그러더니 순식간에 땅이 입을 벌리고 그들과 그들의 천막과 살림살이들을 한꺼번에 몽땅 삼켜 버렸다. 반역자들이 산 채로 모두 땅 속으로 들어간 것이다. 그들을 모두 집어 삼킨 후, 땅은 예전처럼 도로 합쳐졌다.

그 광경을 지켜보던 사람들은 자기들 발 밑의 땅도 갈라질 것 같은지 두려움에 떨며 뿔뿔이 달아났다. 한편, 향로에

향을 피워 가지고 성막 문 앞으로 나왔던 250명의 지도자들은 여호와에게서 나온 무서운 불길에 의해 순식간에 불타 죽었다.

이 얼마나 무서운 심판인가. 고라 일당이 그토록 무서운 징벌을 받은 것은, 단순히 모세와 아론에게 반발한 죄 때문이 아니었다. 모세와 아론을 지도자로 세우신 하나님의 권위에 정면으로 도전했기 때문이었다. 이와 같이 하나님은 이스라엘 백성들 가운데서 불순종하는 반역자들을 가려내어 일벌 백계로 심판하셨다.

마른 지팡이에 싹이 나다 민 17장

고라 일당과 250명의 지도자들이 하나님의 징벌로 죽임을 당한 이튿날, 이스라엘 백성들은 그 사태의 책임을 오히려 모세와 아론에게 물어 그들을 원망하였다. 이에 하나님은 무서운 전염병으로 불평하는 자들을 징벌하셨고, 그 결과 또다시 14,700명이 집단으로 죽음을 당하는 어처구니없는 비극이 발생하였다. 깨닫지 못하는 백성들의 무지와 어리석음이 재앙을 자초한 것이다.

이런 사건 후에 하나님은 이스라엘 백성 앞에서 직접 제사장을 선택하기로 작정하셨다. 그래야만 또다시 반역하는 일이 발생하지 않을 것이기 때문이었다.

"모세야, 백성들에게 알려서 이스라엘 12지파의 족장들로 하여금 저마다 지팡이 하나씩을 가져오라고 하여라. 그 지팡이에 각자 자기 지파의 이름을 써라. 아론은 레위 지파의 족장이니, 그 지파의 지팡이에는 아론의 이름을 써라. 그리고 그 지팡이들을 내가 내 백성을 만나는 성막의 법궤 앞에 놓아두어라. 그러면 내가 누구를 제사장으로 뽑을 것인지를 보여주겠다. 내가 택한 자의 지팡이에는 싹이 돋을 것이다."

모세는 하나님의 지시에 따라 12지파의 족장 이름이 적혀 있는 12개의 지팡이를 모은 다음 성소의 법궤 앞에 놓아두었다.

다음 날 아침, 이스라엘 백성들은 하나님께서 과연 누구를 제사장으로 택하셨는지 보려고 성막 문 앞에 모여들었다. 고라 일당이 그랬던 것처럼, 지금까지 사람들은 아론이 대제사장임을 인정하려 들지 않았다. 아론의 동생인 모세가 임명했다는 이유에서였다. 그러나 이제 하나님께서 백성들이 보는 앞에서 직접 대제사장을 세우시면, 누구도 거기에 대해 시비를 걸거나 도전할 수 없을 것이다.

잠시 후, 모세가 성소 안에서 12개의 지팡이를 들고 나왔다. 열두 개의 지팡이 중 한 지팡이에서 놀랍고도 신비스러운 일이 벌어졌다. 지팡이에서 싹이 돋아나고 꽃이 핀 것이다. 조금 전까지만 해도 분명 마를 대로 마른 지팡이였는데, 무슨 조화로 싹이 나고 꽃이 필 수 있단 말인가! 더구나 지팡이에는 살구 열매까지 맺어 있는 것이었다. 그 지팡이는 아론의 지팡이였다!

열한 지파를 대표하는 열한 명의 족장들은 각기 자기의 지팡이를 찾아들고 아무 말 없이 자신들의 천막으로 돌아갔다. 하나님이 모세에게 말씀하셨다.

"꽃이 핀 아론의 지팡이를 법궤 앞으로 도로 가져다가 보관하여라. 그것은 반역자들에게 증표가 되어, 다시는 나에게 대들다가 죽는 일이 생기지 않게 해줄 것이다."

고달픈 40년 광야 방랑의 세월

바위에서 물이 터져 나오다 민 20:1-13

고라 일당의 비극적인 사건이 있은 후, 이스라엘 백성들은 또다시 광야를 이리저리 떠돌다가 신 광야의 가데스에 자리를 잡았다. 그때가 출애굽 40년째 되는 정월이었다. 이스라엘 백성들은 가데스의 뼈저린 반역 사건이 있은 후 38년 동안 광야를 떠돌다가 예전의 그 자리, 곧 가나안 땅에 정탐꾼들을 보낸 그 자리로 다시 돌아온 것이다. 그곳은 모세의 누이 미리암이 죽어서 묻힌 땅이기도 했다.

그곳은 마실 물이 없고 건조한 땅이었다. 이스라엘 백성들은 극심한 갈증으로 거의 죽어가고 있었다. 그들은 목마름을 견디지 못해 모세와 아론에게 몰려와 따졌다.

"어쩌자고 우리를 물 한 모금 마실 수 없는 이 몹쓸 곳으로 데리고 왔소? 여긴 아무것도 없지 않소? 과일 한 조각은 물론, 물 한 모금도 마실 수 없으니 어찌 산단 말이오. 목말라 죽을 지경이오."

가는 곳마다 물을 달라는 아우성이었다. 모세와 아론도 갈증으로 목이 타들어 가는 것은 마찬가지였지만, 백성들이 또다시 불평하고 원망하는 모습을 보니 안타깝기 그지없었다. 두 사람은 성막 문으로 나아가 하나님 앞에 엎드렸다. 하나님께 기도하는 길밖에 다른 방법이 없기 때문이었다. 마침내 하나님의 영광이 나타나면서 그들에게 음성이 들려왔다. 하나님이 모세에게 말씀하셨다.

"너는 지팡이를 가지고 백성들을 불러 모아라. 그리고 모든 사람들이 보는 데서 형 아론과 함께 바위에게 물을 내라고 명령하여라. 그러면 바위에서 물이 터져 나와 온 백성과 가축들이 마음껏 먹을 수 있을 것이다."

모세는 지팡이를 집어들고 백성들을 불러 모았다. 백성들은 원망과 짜증으로 투덜거리면서도 마지못해 모여들었다. 그 모습을 보자 모세는 그만 화가 북받쳐 올랐다. 모세가 성난 소리로 외쳤다.

"반역자들아, 잘 들어라! 우리가 이 바위에서 물이 터져 나오게 해 주랴?"

그런 다음, 모세는 보란 듯이 지팡이를 높이 들어 성난 동작으로 바위를 거세게 두 차례 내리쳤다. 그러자 놀랍게도 바위에서 맑은 샘물이 콸콸 쏟아져 나오는 것이었다. 이스라엘 백성들은 크게 놀랐지만, 다음 순간 서로 먼저 물을 마셔대느라 아귀다툼을 벌이기 시작했다. 바위의 물은 이스라엘 백성들과 가축이 모두 마실 만큼 충분히 쏟아져 나왔다.

갈증 문제는 이제 해결되었다. 그러나 하나님은 모세의 태도가 못마땅했다. 모세의 역할은 하나님 노릇을 하는 데에 있는 것이 아니라, 하나님의 영광을 드러내는 데에 있었다. 바위를 향해 명령함으로써 물이 쏟아져 나오게 하는 것으로 충분히 하나님의 영광을 드러낼 수 있었는데도, 모세는 잔뜩 화를 내면서 마치 마술을 부리듯 바위를 쳐서 물이 터져 나오게 했던 것이다.

하나님은 모세와 아론을 나무라셨다.

"너희들은 이스라엘 백성들 앞에서 나의 영광과 거룩함을 드러내지 못했다. 그러므로 너희는 내가 주겠다고 약속한 그 땅으로 백성을 인도하여 들이지 못할 것이다."

한 순간의 혈기가 부른 비극이었다. 이 얼마나 무서운 선고인가. 그토록 고생하며 백성을 오랫동안 이끌어 왔는데, 꿈에도 그리던 약속의 땅 가나안에 들어가지 못하고 광야에서 인생을 마감하게 될 처지가 된 것이다.

광야에서 세대 교체가 이루어지다 민 14-36장

떠돌이 인생은 고달프다. 한두 해도 아니고, 10년, 20년…을 계속해서 메마른 사막 지대에서 떠돌자니, 불편하고 힘들고 지친 나날의 연속이었다. 더구나 이집트에서 나온 1세대는 하나님의 언약을 받고서도 자신들의 불순종 때문에 소망의 땅 가나안에 들어가지 못하고 광야에서 다 죽을 것이라는 사실을 충분히 알고 있었다. 그러니 하루하루의 삶이 공허하고 무기력할 수밖에 없었다.

그와 달리, 이집트 탈출 2세대, 곧 광야로 나온 이후에 출생한 젊은이들은 언젠가는 조상들에게 하나님이 약속하신 젖과 꿀이 흐르는 그 축복의 땅에 들어가게 될 것이라는 희망을 양식 삼아 살아갈 수 있었다.

가나안 정탐꾼들의 부정적인 보고 한 마디에 동요되어 인생을 망친 1세대의 백성들은, 자신들의 불신과 불순종을 자책할 때가 많았다. 하지만 이젠 세월이 흐르고 흘러 모든 것을 포기하고 체념에 휩싸여 있었다.

하나님은 그래도 항상 이스라엘 백성들과 함께 하셨다. 그들이 광야에서 살아갈 수 있도록 늘 도와주셨다. 떠돌이 광야 생활 중에도 매일 아침 신선한 만나를 듬뿍 내려주어 양식으로 삼게 하셨고, 옷이 낡아서 해어지고 떨어지면 벌거숭이가 될 처지인지라 이집트에서 입고 나온 그들의 옷을 떠나올 때의 상태대로 유지해 주셨으며, 먼 거리를 떠도는데도 이집트에서 신고 나온 가죽신이 닳지 않도록 그 모습 그대로 유지해 주셨다.

고기가 먹고 싶다고 고기타령을 하면 고기를 주셨고, 목이 마르다고 물 투정을 하면 바위에서 물을 내어 먹이셨다. 낮에는 구름기둥으로 그늘을 만들어 서늘한 가운데 사막을 여행하도록 도우셨으며, 밤이면 차가운 사막 특유의 높은 일교차를 고려하여 불기둥으로 따뜻하게 해주면서 길을 환히 밝혀 주셨다. 백성들은 수없이 하나님을 거역하고 배신하였으나, 하나님은 사랑의 채찍으로 징계하셨을 뿐 자기 백성을 포기하거나 버리지 않으셨다.

그리하여 광야의 유랑 생활은 계속되었고, 세월은 유유히 흘러갔다. 그러는 동안 하나님의 경고대로 이집트를 빠져나온 나이 많은 1세대 백성들은 하나씩 둘씩 광야에서 죽어갔다. 하지만 힘든 광야 생활 중에서도 새로운 생명은 계속 태어나 자라났고, 그렇게 서서히 세대 교체가 이루어졌다.

약속의 땅, 가나안을 향하여

에돔 왕이 길을 내주지 않다 민 20:14-21

40년 떠돌이 광야 생활이 끝나갈 무렵, 하나님은 이스라엘 백성들을 점진적으로 가나안 땅이 가까운 곳으로 이동시켰다. 그러나 가나안 남쪽에서 바로 북쪽으로 올라가는 길이 아니라, 멀리 동쪽으로 우회하는 여로였다. 이스라엘 백성들은 물이 너무도 짜서 생명이라고는 아무것도 살지 못하는 사해死海 곧 죽음의 바다를 돌아 동쪽으로 이동하는 길목을 통과하게 되었다.

세일 산이 있는 그곳은 오래전에 야곱의 쌍둥이 형 에서가 살던 곳으로, 그때까지도 그의 후손들이 정착해서 살고 있었다. 이스라엘 자손과 형제가 되는 그 종족은 '에돔 족속'이었고, 그들의 나라는 '에돔Edom'이라 불렸다.

하지만 야곱 일행이 이집트로 이주한 이래, 이미 4백 년이 넘는 동안 그들 형제의 종족은 서로 만나지 못하며 지내왔고, 이제 이스라엘 백성이 에돔 땅을 통과하려면 충돌이 불가피했다. 워낙 많은 이스라엘 백성들이 이동하고 있었으므로, 에돔 족속의 눈에는 단순한 통과로 비치기가 어려울 것이었다. 그들은 이스라엘 백성들이 자기들의 땅을 침략하려는 것으로 오해할 여지가 충분했다.

가나안 남부 신 광야에 위치한 가데스에서, 모세는 몇 명의 사신을 선발하여 미리 에돔 왕에게 보냈다. 형제가 되는 종족 간의 충돌을 피하기 위해서였다.

"왕이여, 저는 당신의 형제 이스라엘입니다. 우리는 단지 왕의 땅을 고이 통과하고자 할 뿐입니다. 우리의 목적지는 이곳에서 멀리 떨어진 저 요단 강 건너편의 가나안 땅입니다. 우리의 통과를 허락해 주시면, 절대로 이 땅 백성들을 다치게 하거나 어떤 손해도 끼치지 않을 것임을 약속하겠습니다. 부디 허락해 주시길 바랍니다."

그러나 에돔 왕은 모세의 말을 믿지 않았다. 에돔의 백성보다 이스라엘 백성들이 훨씬 많았기 때문에 우선 두려움이 앞섰다. 더구나 이들은 이집트의 파라오까지 굴복시킨 민족이 아닌가!

"안 되오. 나는 허락할 수 없소. 다른 길로 돌아가시오. 안 그러면, 군대를 동원하여 저지하겠소."

싸늘한 답변이었다. 당시 이스라엘은 광야에서 40년을 유랑하면서 온갖 산전수전을 다 겪으며 연단을 받았으니, 에돔과 맞서 싸우면 충분히 승산이 있었다. 그럼에도 불구하고 모세는 형제국과의 싸움을 원치 않았다.

모세는 섭섭했지만, 에돔 왕의 거절로 발길을 돌리지 않을 수 없었다. 모세는 광야 여행에 지칠 대로 지친 백성들을 이끌고 멀리 남동쪽으로 우회하는 길로 들어섰다. 에돔의 경내를 통과하는 길보다 몇 배나 먼 길이었다. 가데스에서 다시 남쪽으로 내려가서 홍해 쪽의 아르논 골짜기를 지난 다음 다시 북쪽으로 방향을 바꿔 모압 족속이 살고 있는 영토로 이동하는, 아주 먼 길이었다.

대제사장 아론이 세상을 떠나다 민 20:22–29

이스라엘 백성들이 가데스에서 출발하여 에돔의 동쪽 변경인 호르 산에 이르렀을 때였다. 대제사장인 모세의 형 아론은 너무 늙어 기력이 쇠하였다. 하나님은 모세에게 아론이 곧 죽을 것이라고 말씀해 주시면서 새로운 대제사장을 세우도록 준비하라고 하셨다.

"모세야, 아론과 그의 아들 엘르아살을 데리고 호르 산으로 올라가라."

모세는 죽음을 맞이할 대제사장 아론과 그의 대제사장 직분을 승계할 아

론의 아들 엘르아살과 더불어 호르 산으로 올라갔다. 모세는 대제사장 아론으로 하여금 백성들에게 마지막 고별 인사를 하게 했다. 이스라엘 백성들은 그 세 사람이 산으로 가는 모습을 묵묵히 바라볼 뿐이었다. 다시는 그 모습을 볼 수 없는 대제사장 아론의 뒷모습을 바라보는 백성들은, 슬픔에 북받쳐 모두 울먹거렸다.

이윽고 그들의 모습이 보이지 않았다. 호르 산 정상에 오르자 모세는 아론의 정교하게 수놓아 만들어진 대제사장 의복을 벗겨 그의 아들 엘르아살에게 입혔다. 하나님 앞에서 대제사장직의 승계가 공식적으로 이루어진 것이다. 모세와 엘르아살은 아론의 손에 다정하게 입을 맞추어 작별 인사를 했다. 아론은 편안히 눈을 감았다. 123세를 일기로 그의 영혼은 하나님 곁으로 돌아갔다.

모세와 엘르아살은 산에서 내려왔고, 이스라엘 백성들은 40년 가까이 자신들의 대제사장으로서 손을 들어 축복하던 아론의 모습을 생각하며 한 달 동안 애도하였다.

구리뱀을 바라보라 민 21:4–9

이집트를 떠나온 지 40년째 되던 해의 6월 초순경, 아론을 장사 지낸 이스라엘 백성들은 호르 산을 떠나 홍해 쪽으로 돌아갔다. 에돔이 영토를 통과하는 것을 허락하지 않았기 때문에, 에돔의 서쪽 변방을 우회하여 홍해의 아카바만灣 북단 쪽으로 방향을 잡았다. 그 길은 바란 광야를 통과하는 길이었다.

광야 행진은 고달팠다. 가도 가도 모래 언덕에 뜨거운 불볕이었다. 백성들은 늘 갈증에 시달렸다. 길에서 시작되고 길에서 끝나는 나날이 이젠 정말 견디기 어려웠다. 40년 가까이 양식으로 먹어온 만나도 지겹기만 했다. 모두들 욕구불만이 가득 차올랐다.

"정말 죽을 지경이군. 이런 고생을 언제까지 해야 되는 거야? 평생 동안 사막이나 떠돌다가 인생 끝장나는 것 아냐?"

불평불만이 여기저기서 터져 나왔다.

"애당초 우리를 이집트에서 끌어낸 게 문제였어. 느닷없이 나타난 모세가 문제의 장본인이라니까."

"차라리 빨리 죽는 편이 낫겠어. 하루하루가 너무 고통스럽고 짜증스러워."

"어쩌자고 우릴 이집트에서 끌어내어 이 거친 광야를 헤매게 하는 거야? 우린 모세에게 속았다구."

아우성이 점점 높아 갔다. 원성은 모세에게서 그치지 않고, 하나님에게까지 미쳤다.

"젖과 꿀이 흐르는 땅은 무슨 얼어죽을! 당장 마실 물조차 없는데…."

믿음 없는 백성들의 모습을 보신 하나님은 진노하셨다. 하나님은 무서운 독이 있는 불뱀을 백성들에게 보내셨다. 한 번 물리면 온몸이 불덩이가 될 정도로 열이 나서 고통스럽게 죽어갔다.

불뱀은 때와 장소를 가리지 않고 백성들을 공격했다. 천막 안이라고 해서 결코 안전하지 않았다.

"불뱀이닷! 악…."

도처에서 단말마의 비명소리가 터져 나왔다. 뱀에 물려죽는 사람이 부지기수였다. 이스라엘 진영은 삽시간에 아수라장이 되었다.

이스라엘 백성들은 이번에도 모세에게

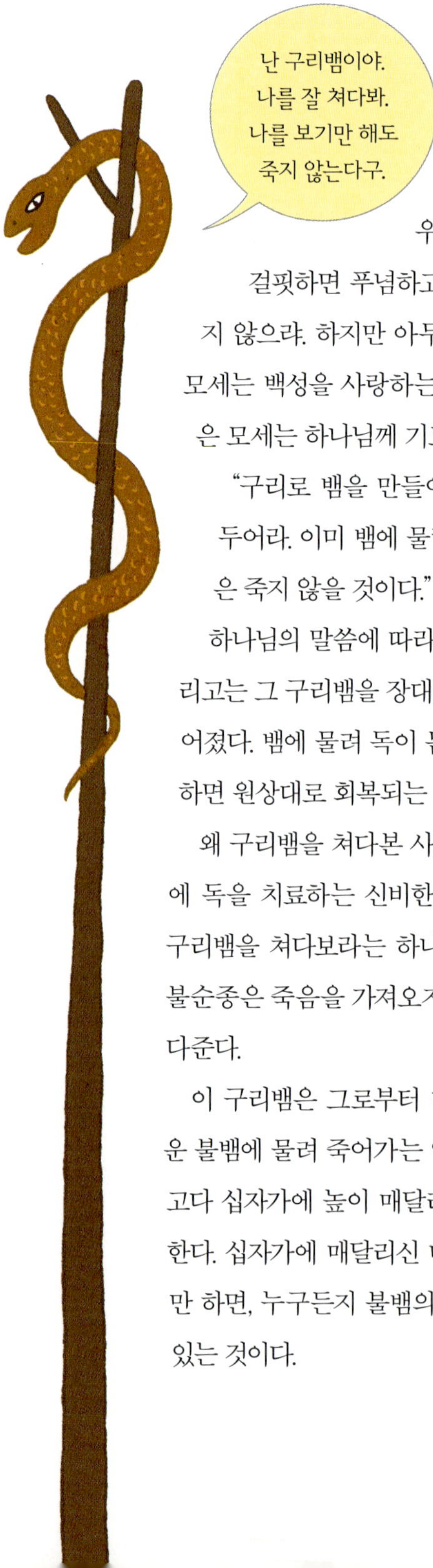

달려갔다.

"제발 우리를 살려 주십시오. 우리가 잘못했습니다. 제발 하나님께 기도하여 우리를 살려 주십시오."

걸핏하면 푸념하고 불평하는 백성들이 모세라고 어찌 얄밉지 않으랴. 하지만 아무리 미워도 저버릴 수 없는 백성들이었다. 모세는 백성을 사랑하는 마음이 지극하였다. 백성들의 호소를 들은 모세는 하나님께 기도하였다. 불뱀을 거두어 달라고.

"구리로 뱀을 만들어 모두가 볼 수 있도록 장대에 높이 걸어 두어라. 이미 뱀에 물린 사람이라도 그 구리뱀을 바라보는 사람은 죽지 않을 것이다."

하나님의 말씀에 따라 모세는 서둘러 구리로 뱀을 만들었다. 그리고는 그 구리뱀을 장대에 높이 매어 달아 놓았다. 신기한 일이 벌어졌다. 뱀에 물려 독이 몸 안에 퍼진 사람도 구리뱀을 바라보기만 하면 원상대로 회복되는 것이다.

왜 구리뱀을 쳐다본 사람들이 살아날 수 있었는가? 구리뱀 자체에 독을 치료하는 신비한 능력이 있었기 때문이 아니었다. 그것은 구리뱀을 쳐다보라는 하나님의 말씀에 순종한 결과였다. 불신앙과 불순종은 죽음을 가져오지만, 믿음과 순종은 언제든지 생명을 가져다준다.

이 구리뱀은 그로부터 대략 1,500여 년이 흐른 후 '죄'라는 무서운 불뱀에 물려 죽어가는 인류를 죽음으로부터 구원하기 위하여 골고다 십자가에 높이 매달리신 '여인의 후손' 곧 메시아 예수를 예시한다. 십자가에 매달리신 메시아 예수를 믿음과 순종으로 바라보기만 하면, 누구든지 불뱀의 독에서부터 해방되어 새 생명을 누릴 수 있는 것이다.

요단 강 동편 땅의 정복

아모리 왕 시혼을 격파하다 민 21:10-32

에돔을 우회한 이스라엘은 이제 모압 동편으로 향하고 있었다. 에돔 동편에서 모압 동편으로 이어지는 길은 협소한 데다 거칠었다. 모든 길이 골짜기에서 골짜기로 이어졌다. 거친 길을 가면서도 이스라엘 백성들은 이제 하나님을 원망하지 않았다. 약속의 땅 가나안이 멀지 않았기 때문이었다. 소망이 그들의 고통과 시련을 능히 감당할 수 있는 것으로 만들어준 것이다.

모압 동편의 길을 돌아서 가는 동안에는 줄곧 물을 얻는 축복도 받았다. 아르논 골짜기에서도, 브엘에서도, 물을 얻을 수 있었다. 이스라엘 백성들은 힘든 여정 중에서도 하나님을 찬양하는 샘물의 노래를 불렀다.

샘물아 솟아라, 힘차게 솟아라
터져나오는 물줄기를 따라 우리 함께 노래하리라
백성의 지도자들이 홀笏과 지팡이로 가리켜 보이면
귀한 사람들이 이 우물을 팠다네

이스라엘 백성들은 마침내 모압 지방의 계곡에 이르렀다. 이 계곡은 사해 동편의 비스가 산이 가까웠다. 비스가 산 너머는 약속의 땅 가나안이었다. 이제는 더 이상 돌아가는 길도 없어서, 모세는 아모리 족속의 왕 시혼에게 사신을 보냈다.

"왕이여, 지금 우리는 가나안으로 가는 중입니다. 아주 먼 길을 오랫동안 걸어왔습니다. 부득이 왕의 땅을 통과하고자 하오니 부디 허락해 주십시오. 허락만 해주신다면, 우리는 어떤 손해도 끼치지 않을 것입니다. 우물물을 마시게 된다면 물값은 내도록 하겠습니다. 그러니 어떻게든 당신 나라를 지나갈 수 있게 해주십시오."

모세의 정중한 요청에도. 아모리 왕 시혼은 한마디로 거절했다. 뿐만 아니라 군사를 동원하여 이스라엘을 치러 광야로 나왔다.

사실 아모리 족속은 이스라엘을 두려워하고 있었다. 이스라엘 백성들에게는 여러 가지 신통한 이적들이 발생한다는 소문을 익히 들어 알고 있었기 때문이다. 그런 기적이 그들의 신 여호와 하나님 때문이라는 소문도 충분히 들어서 알고 있는 터였다.

아모리 족속은 그모스라는 우상을 섬기고 있었다. 그모스를 굳게 믿었던 그들은, 이번 기회에 그들의 신 그모스가 이스라엘의 신 여호와보다 강하다는 사실을 입증해 보이고 싶었다.

"흥, 이스라엘 백성들이 우리 땅을 그냥 얌전하게 지나간다고? 어림없는 소리! 그들은 숫자도 많고 힘도 있는데, 어찌 얌전하게 그냥 통과만 하겠는가 말이다. 반드시 우리를 공격할 것이다. 그러니 이스라엘 백성들이 우리 땅에 들어오지 못하도록 싸우는 길 밖에 없다. 당장 모든 군대를 동원하여 그들과 싸울 태세를 갖춰라!"

시혼 왕은 군대를 끌고 나와 이스라엘에 먼저 공격을 시작했다. 이스라엘 군대도 공격에 맞섰다. 전투를 감당할 수 있는 장정만 60만 명이 넘는 데다, 여호와 하나님이 함께 하신다는 믿음이 있기에 사기가 충천했다.

전투는 치열했다. 그러나 아모리 왕의 군대는 여호와 하나님이 함께 하시는 이스라엘 군대를 당할 길이 없었다. 이스라엘의 대승리였다. 이스라엘은 시혼을 쳐 죽이고 그가 다스리던 아모리 족속의 견고한 성읍들을 모두 점령했다. 이제 아모리 왕 시혼의 나라는 이스라엘의 차지가 되었다. 이리하여 이스라엘은 요단 동편에 자리를 잡게 되었다.

바산 왕 옥을 격파하다 민 21:33-35

아모리 왕 시혼과의 전투에서 승리한 이스라엘은 아르논 강 북쪽의 비옥한 고원 지대인 아모리 족속의 땅을 차지하였다. 하지만 이스라엘은 거기서 안주할 수 없었다. 최종 정착지가 될 가나안 땅으로 들어가야 했기 때문이다. 그리하여 이스라엘은 다시 이동을 시작하여 북쪽으로 올라가 바산에 이르렀다. 바산에는 높은 성벽을 두른 견고한 성읍들이 많았다.

바산 왕 옥은 어마어마한 거인이었다. 그가 사용하는 철 침상은 길이가 4m요 폭이 1.8m나 되었다. 바산 왕 옥은 이스라엘이 가까이 오자 군대를 총동원하여 싸울 태세를 갖추었다. 모세는 북쪽으로 계속 진군하여 얍복 강을 건너 바산 왕 옥을 만나 전투를 벌였다.

전투에 나선 이스라엘 군사들은 놀라지 않을 수 없었다. 엄청난 거인이 앞장서서 진두지휘하는 모습을 보자, 모두들 저절로 겁을 집어먹었다. 그런 어마어마한 거인은 한 번도 본 적이 없었기 때문이었다. 그때, 하나님께서 말씀하셨다.

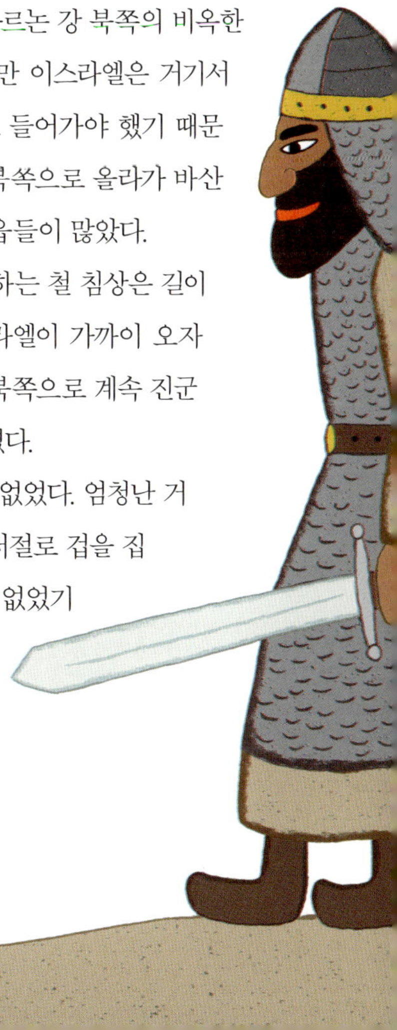

"겁먹지 말아라. 너희는 이미 아모리 왕 시혼을 꺾었다. 이번에도 반드시 이길 것이다. 저 바산의 비옥한 땅을 너희에게 주겠다."

하나님의 말씀에 용기를 얻은 이스라엘 백성들은 담대하게 적군과 맞서 싸웠다. 전투에서 군사들의 숫자와 무기와 작전보다 더 중요한 요소는 전투에 임하는 군사들의 용기요, 사기다. 사기가 충천한 군사는 누구도 이길 수 없다. 이번에도 이스라엘은 대승리를 거두었다.

이스라엘은 거인 왕 옥과 그의 군대를 진멸시키고, 바산 왕국을 차지하였다. 큰 성읍이 60개나 되었지만 차례로 싸워 모두 함락시켰다. 하나님이 함께 하시는 이스라엘을 이길 군대는 없었다. 하나님은 아모리 땅의 악한 백성들을 제거시키고 그들의 재물과 성읍들을 이스라엘 백성에게 주셨다.

이제, 아모리 왕 시혼의 영토였던 사해 동쪽의 야르뭇 강 이북에서부터 바산 왕 옥의 영토였던 얍복 강 이남까지가 모두 이스라엘의 차지가 되었다. 그곳은 요단 강 동쪽 지역으로 매우 비옥한 땅이었다. 특히 초원 지대가 많아 목축하기에 아주 적합했다.

모압 왕 발락과 점술가 발람

모압 왕이 유명한 점술가 발람을 초청하다 민 22:1–20

이스라엘의 최종 목적지는 요단 강 서쪽의 가나안 땅이었다. 일찍이 하나님께서 이스라엘에게 주시겠다고 약속하신 젖과 꿀이 흐르는 땅 가나안이 그들의 최종적인 정착지가 되어야 했다. 모세는 이스라엘 백성들을 이끌고 나아가, 마침내 멀리 가나안 땅이 보이는 모압 평지에 진을 쳤다. 그곳은 여리고 맞은편이고, 요단 강 건너편이었다.

모압 평지에서는 서쪽으로 요단 강이 한눈에 내려다보였다. 이스라엘 백성들은 이제 멀지 않아, 저 강을 건너 약속의 땅으로 들어가게 될 것을 믿어 의심치 않았다. 그들의 뒤쪽인 동편으로는 아바림 산맥에 속해 있는 비스가 산과 느보 산이 버티고 있었다. 그 산들에서 내려다보면, 200만 이스라엘 백성들의 천막이 열십자 십자가 행진 대열로 바다처럼 물결치는 모습이 장관을 이루었다.

그 땅은 모압 왕 발락이 다스리고 있었다. 이스라엘에 관한 소문은 발락도 익히 들어온 터였다. 이스라엘의 신 여호와가 자기 백성을 구해내기 위해 열 가지 재앙을 이집트 전역에 내린 이야기, 홍해가 갈라져서 바닷길이 열린 이야기, 심고 거두지 못하는 떠돌이 생활인데도 그들의 위대한 신 여호와가 매일 먹을 것을 하늘에서 내려준다는 이야기, 그리고 가깝게는 아모리 왕 시혼과 바산 왕 옥과 싸워 대승을 거두었다는 이야기….

발락은 이스라엘의 신 여호와가 무시무시한 하나님이 되심을 내심 인정하고 있었다. 그 모든 것들이 이스라엘에 가능했던 것은 그들 자신의 능력이 아니라, 그들의 신 여호와의 능력 덕분이 아니겠는가? 그렇다면 문제는 이스라엘 백성들이 아니라, 그들의 신 여호와이다. 이스라엘과 맞서려면, 그들의 신 여호와의 힘을 막아낼 방법을 찾아야 한다. 발락은, 그 길을 모색하는 편이 현명할 것이라고 생각했다.

모압 왕 발락은 신하들과 대책을 논의했다. 이스라엘과의 정면 대결은 다 부질없는 노릇일 테니, 어떻게든 지혜를 짜내어 이스라엘 백성을 자기 땅에서 몰아내는 것이 최선일 것이다. 발락은 불안하고 초조했다. 날이 갈수록 번민이 깊어갔다. 그러던 중 발람이라는 이름이 문득 뇌리에 떠올랐다.

"옳거니! 그래, 발람이 있었지. 발람이라면 어떻게든 묘책을 찾아낼 수 있을 거야."

발람은 널리 알려진 점술가占術家였다. 나름대로 종교적인 체험이 깊었고 예언이 맞아 떨어지는 경우가 종종 있다고해서 이름을 떨치고 있었다. 여러 신들에 대해 연구가 깊었던 그는, 최근 들어서는 이스라엘의 신 여호와에 대해서도 많은 관심을 갖고 있었다. 이집트와 광야에서 여호와가 하신 일들이 너무나 기이하고 놀라웠기 때문에, 발람도 여호와에 매료되어 이것저것 많은 것을 연구하고 있었던 것이다.

모압 왕 발락은 많은 예물과 함께 발람에게 사신을 보냈다. 모압 땅에서 발람이 살고 있는 메소포타미아 지역까지는 무려 600km 정도나 떨어져 있었기 때문에, 모압의 사신들이 나귀를 타고 가더라도 일주일은 족히 걸렸다. 마침내 발락 왕의 사신들이 발람이 사는 곳에 닿았다. 사신 중 한 명이 나서서 말했다.

"그대의 명성은 익히 들었소. 그대가 복을 빌면 복을 받고, 저주를 내리면 저주를 받는다는 것을 잘 알고 있소. 지금 이집트에서 나온 한 민족이 우리 땅의 국경 지대에 와 있소. 속히 와서 그 백성을 저주해 주시오."

모압의 사신들은 진귀한 예물을 내놓으면서 모압 왕의 뜻을 전달했다. 발람은 마음이 솔깃했다.

"여기에서 하룻밤을 지내시면서 기다려 보시오. 여호와 신께서 나에게 무어라 말하는지 알아보고 대답하리다."

밤중에 하나님께서 발람에게 나타나셨다.

"그 백성은 내가 복을 내린 백성이다. 그 백성을 저주하고자 그들을 따라가면 안 된다."

다음 날 아침, 발람은 전날 밤 하나님에게 들은 대로 모압 왕의 사신들에게 대답했다.

"안 되겠습니다. 그냥 돌아가 주십시오. 여호와께서는 내가 당신들과 같이 가는 것을 허락하지 않으셨소."

모압 왕의 사신들은 고국으로 돌아가서 발락 왕에게 사실대로 보고하였다. 그러나 모압 왕은 포기하지 않았다. 그는 처음 보낸 사람보다 더 신분이 높은 사람에게 전보다 보낸 예물보다 더 진귀하고 많은 예물을 보냈다.

"보시오. 그대가 이스라엘을 저주해 준다면, 원하는 것은 무엇이든 들어주겠소. 부디 내 청을 거절하지 말아 주시오."

"안 되겠소. 아무리 많은 금은 패물을 많이 준다고 해도 나는 갈 수가 없소. 여호와의 명령을 어길 수가 없소."

모압 왕의 사신들은 크게 실망했다. 풀이 잔뜩 죽은 모습으로 모압으로 돌아갈 채비를 했다.

"잠깐! 잠깐만 기다려 보시오. 하룻밤만 여기서 묵어 보시오. 내가 여호와께 다시 물어 보겠소."

발람의 마음은 모압 왕이 보낸 엄청난 예물에 은근히 끌리고 있었고, 모압 왕이 약속한 대우에 귀가 솔깃해 있었다. 가능하면 모압 왕의 사신들을 따라가고 싶었다. 그는 하나님의 마음이 변했기를 바랐다.

"정 가고 싶다면 그들을 따라가라. 그러나 너는 내가 이르는 대로만 말해야 한다."

발람은 신바람이 났다. 이제 운명이 달라지나 싶었다. 다음 날 아침 그는 나귀에 안장을 얹고 모압의 고관들을 따라나섰다.

나귀가 입을 열어 말하다 민 22:21–35

하나님은 좋아라 길을 따라 나서는 발람을 보고 괘씸하게 여기셨다. 하나님이 자신을 보내고 싶어하지 않는다는 것쯤은 익히 알고 있는 발람이 아닌가. 발람 자신이 꼭 가고 싶어했기에 허락을 내린 것뿐인데, 덩실덩실 춤이라도 출 것처럼 즐거워하는 모습을 보자니 하나님은 마음이 언짢아졌다.

하나님은 도중에 발람을 책망하려고 천사를 보냈다. 하나님의 천사는 칼을 빼든 채 발람이 가고 있는 길 한가운데를 가로막고 서 있었다.

발람이 탄 나귀는 하나님의 천사를 보고는 깜짝 놀라 길에서 벗어나 밭으로 들어갔다.

"어라? 이놈의 나귀가!"

발람은 나귀에게 채찍질을 하여 길로 들어서게 했다. 하나님의 천사는 어느새 포도밭의 좁은 길을 가로막고 서서 나귀의 길을 가로막았다. 길 양쪽은 담벼락이었다. 발람이 탄 나귀는 천사를 비켜 가려고 벽 쪽으로 몸을 바짝 붙였다. 그러다가 벽에 몸을 비비는 바람에 발람의 다리가 벽에 긁히고 말았다.

"에잇, 이 몹쓸 나귀!"

화가 잔뜩 난 발람은 더욱 호되게 나귀를 채찍질했다. 그러는 사이에 하나님의 천사는 더욱 다가가서 나귀가 왼쪽이나 오른쪽 어디로도 빠져 나갈 틈이 없도록 몰아세웠다. 나귀는 겁을 집어먹고, 발람을 태운 채 그 자리에 털썩 주저앉고 말았다.

나귀가 자꾸 엉뚱한 짓을 하니 발람은 화가 머리끝까지 치밀어 올랐다. 발람은 들고 있던 지팡이로 나귀의 등을 힘껏 내리쳤다. 바로 그때, 하나님이 나귀의 입을 열어 주셨다.

"내가 도대체 무슨 나쁜 짓을 했다고 세 번씩이나 때리시죠?"

"몰라서 묻느냐? 네가 나를 세 번이나 놀리지 않았느냐? 만일 내 손에 칼이 있었더라면 너를 당장 쳐 죽였을 것이다."

분이 풀리지 않은 발람이 씩씩거리며 나귀를 세차게 몰아 세웠다.

"주인님, 나는 당신의 나귀가 아닙니까? 지금까지 당신을 태우고 다녔지만, 내가 언제 이렇게 날뛴 적이 있었습니까?"

"그야 없었지."

발람이 시큰둥하게 대답했다. 이때, 하나님이 발람의 눈을 열어 주셨다. 그제야 발람도 칼을 뽑아 든 채 길을 막고 서 있는 천사를 보게 되었다. 발람은 그제서야 진상을 알 수 있었다. 자신이 하나님의 심기를 불편하게 했기 때문에 천사를 보내신 것이 분명했다. 그는 얼른 고개를 숙이고 땅에 엎드렸다.

"발람, 넌 왜 세 번이나 나귀를 때렸느냐? 나는 네가 옳지 못한 길을 가기에 네 길을 막으려고 나타났다. 나귀가 나를 피했기에 망정이지, 그렇지 않았더라면 나는 너를 죽였을 것이다. 물론, 나귀까지 죽일 이유는 없지."

"제가 잘못했습니다. 당신이 길을 막고 서 계신 줄은 꿈에도 몰랐습니다. 제가 길을 가는 것이 못마땅하시다면, 지금이라도 당장 돌아가도록 하겠습니다."

발람은 자신이 모압 왕의 사신들을 따라나선 것이 잘못인 줄 스스로도 잘 알고 있었다. 하나님이 허락하셨다고는 하지만, 그것은 어디까지나 자신이 구태여 가고자 원했기 때문이었다. 어쨌든 하나님의 노여움을 샀으니 목숨을 보전하기가 어려울 것이다. 발람은 두려워 벌벌 떨었다.

"아니, 굳이 돌아갈 필요까지는 없다. 가던 길을 계속 가라. 다만 너는 내가 시키는 대로만 말해야 한다."

발람이 이스라엘에 축복을 선포하다 민 22:36–23:12

모압 왕 발락은 초조했다. 발람이 과연 와줄 것인가? 발락이 애가 타게 기다리고 있는데 사신들이 발람과 함께 오고 있다는 전갈을 받았다. 모압 왕은 기뻐 어쩔 줄을 모르며 국경까지 먼 길을 마중 나갔다.

"어서 오시오. 왜 지금에야 오셨소? 내가 당신을 대우해 드리지 않을 줄 알았소이까?"

"왕이시여, 오긴 왔지만, 제 뜻대로 할 수 있는 것은 아무것도 없습니다. 저는 단지 하나님이 이르시는 것만 말씀드릴 수 있습니다."

"아무튼 잘 왔소. 먼 길에 피곤하실 테니, 피로부터 푸시지요."

모압 왕 발락은 소와 양을 잡아 잔치를 베풀었다.

다음 날 아침, 모압 왕은 발람을 데리고 높은 언덕에 자리한 바알 산당에 올라갔다. 거기에서는 넓게 펼쳐진 이스라엘 사람들의 진지가 내려다보였다.

발람이 발락에게 요청했다.

"이곳에 일곱 개의 제단을 쌓고, 수송아지 일곱 마리와 숫양 일곱 마리를 잡아오도록 하십시오."

바알 산당이 있는 언덕에는 곧바로 일곱 제단이 쌓아졌고, 일곱 마리의 수송아지와 일곱 마리의 숫양이 제물로 준비되었다. 점술사 발람은 각 제단마다 수송아지 한 마리와 숫양 한 마리씩을 바쳤다. 그런 후 발람이 모압 왕에게 부탁했다.

"왕께서는 희생제물 옆에 그대로 서 계십시오. 저는 잠시 자리를 뜨겠습니다. 하나님께서 제게 나타나 무엇인가를 말씀해 주시면, 그대로 왕께 전해 드리겠습니다."

얼마 후, 발람은 모압 왕과 신하들이 있는 곳으로 돌아왔다. 부탁한 대로, 모압 왕과 신하들은 거기 그대로 서 있었다. 발람은 하나님께서 일러주신 말씀을 시를 읊듯이 전달했다.

"발락은 나를 데려와 이스라엘을 저주해 달라고 하였지만
하나님께서 저주하시지 않는 자를 내가 어찌 저주하랴?
여호와께서 욕하시지 않는 자를 내가 어찌 욕하랴?
야곱의 자손은 티끌처럼 많아 헤아릴 수 없고
이스라엘은 먼지처럼 많아 셀 수가 없구나!"

모압 왕과 신하들은 당황했다.

"아니? 지금 뭐 하는 거요? 원수를 저주해 달라고 모셔왔는데 도리어 복을 빌어 주다니!"

발람이 태연하게 대꾸했다.

"왜들 이러시오? 저는 여호와께서 제 입에 주시는 말씀을 그대로 말했을 뿐입니다."

"자, 그렇다면 다른 곳으로 한 번 가 봅시다. 거기서는 이스라엘 진지가 다 보이지 않고 일부만 보일 터이니, 거기에서 그들을 저주하도록 하시오."

발람이 재차 이스라엘에게 축복을 선포하다 민 23:13-26

모압 왕은 발람을 비스가 산 위로 데려갔다. 발람과 모압 왕은 이스라엘의 하나님 마음에 들고자 여기에도 일곱 제단을 쌓고, 각 제단에다 수송아지와 숫양을 한 마리씩 희생제물로 바쳤다.

"이 자리에 그대로 계십시오. 저는 지난번처럼 하나님을 만나고 오겠습니다."

한참 후, 발람은 모압 왕과 신하들이 기다리고 있는 곳으로 돌아왔다. 초조하게 기다리던 모압 왕 발락이 다그쳐 물었다.

"그래, 이번에는 무어라고 말씀하셨소?"

발람은 풀 죽은 모습으로 마치 노래하듯이 하나님이 전하라고 하신 말씀을 모압 왕과 신하들 앞에서 크게 읊었다.

"발락이여, 내 말에 귀를 기울이시오.
하나님께서 그들을 이집트에서 이끌어 내셨으니,
어떤 마술이 있어 야곱을,
어떤 주술이 있어 이스라엘을 쓰러뜨리랴.
보라, 사자처럼 우뚝 일어선 그 백성을!
암사자처럼 불끈 일어나고
수사자같이 힘차게 일어나니
움켜쥔 것을 먹어치우지 않고는 그 속이 풀리지 않는구나."

모압 왕의 표정이 크게 일그러졌다. 신하들도 얼굴이 붉으락푸르락 당황해서 어쩔 줄 몰랐다.

"그만하시오! 그들에게 저주를 퍼부어 달라고 하였더니 끝내 내 부탁을 외면하는구려. 정히 그렇다면 그들에게 축복만은 하지 말아 주시오."

"그러기에 제가 미리 말씀드리지 않았습니까. 저는 하나님께서 일러 주시는 대로 말할 수밖에 없다고 말입니다."

발람도 시큰둥하게 대꾸했다.

"좋소. 그렇다면 우리 한 번만 더 해봅시다. 내가 당신을 다른 곳으로 안내하겠소. 혹시 거기서는 하나님이 이스라엘을 저주하도록 허락해 주실지도 모르지 않소."

발람이 또다시 이스라엘에게 축복을 선포하다 민 23:37–24:25

모압 왕 발락은 어떻게든 이스라엘을 저주해야 한다는 일념을 포기할 수가 없었다. 그래서 이번에는 점술사 발람을 데리고 브올 산 꼭대기에 올라갔다. 여기서도 발락 왕은 발람이 요청한 대로 일곱 개의 제단을 쌓고, 각 제단마다 수송아지와 숫양 한 마리씩을 제물로 바쳤다.

발람은 눈을 들어 저 아래 모압 평야에 펼쳐진 이스라엘의 장막을 바라보았다. 이스라엘 사람들의 장막은 지파별로 질서 정연하게 자리를 잡고 있었다. 그때, 하나님의 영이 발람에게 내렸다. 발람은 눈을 뜬 채로 황홀 상태에 빠져 노래하듯 예언을 읊었다.

"야곱아, 너의 장막은 과연 좋구나.
이스라엘아, 너의 사는 곳이 어찌 그리 아름다운가?
엎드리고 웅크린 너의 모습이 사자와도 같구나.
누가 감히 너희를 건들쏘냐.
너희를 축복하는 자마다 축복을 받을 것이며,
너희를 저주하는 자마다 저주를 받으리라."

발락은 화가 치밀어 두 주먹을 불끈 쥐고는 발람에게 말했다.

“그만하시오. 나는 이스라엘을 저주해 달라고 당신을 부른 것이오. 그런데 도대체 이게 무슨 짓이오? 저주를 내리기는커녕 오히려 세 번씩이나 원수에게 축복을 빌어 주다니! 이제 그만 됐으니, 당신이 살던 땅으로 당장 돌아가시오!”

“저는 처음부터 분명히 말했습니다. 금은보화를 준다고 해도 하나님의 말씀을 전달할 뿐이라고 말입니다. 이제 저는 내 고향 땅으로 돌아갈 것입니다. 하지만 돌아가기 전에, 이스라엘이 당신의 백성에게 어떻게 할 것인지 알려 드리겠습니다.”

그런 다음 발람은 노래를 불렀다.

“한없이 높으신 분의 뜻을 깨달아 눈이 열린
나 발람이 신비한 환상을 보고 말하노니
훗날 야곱에게서 찬란히 빛나는 한 별이 나오리라
이스라엘에게서 한 왕이 나오리라
그가 모압을 후려치고 셋의 후손들을 모조리 내리치리라.”

발람이 예언한 ‘한 별’과 ‘한 왕’이란 가깝게는 다윗 왕을 가리키는 말이었지만, 궁극적으로는 이스라엘의 모든 대적을 쳐부술 메시아 예수를 가리키는 말이었다. 하나님은 이방의 점술가인 발람의 입을 통해서도 장차 오실 ‘여인의 후손’ 곧 모든 원수를 쳐부수고 인류에게 구원을 가져다 줄 메시아 예수를 암시한 것이다.

예언을 마친 발람은 모압을 떠나 자기가 살던 고향을 향해 길을 떠났다. 모압 왕 발락도 혹 떼려다 혹을 붙인 채 자기 갈 곳으로 갔다.

요단 강 동편 땅에서

발람이 악한 꾀를 내다 민 25장, 31장

메소포타미아의 유명한 점술가인 발람은 집으로 돌아가면서도 기분이 개운치 않았다. 어쩔 수 없이 하나님의 말씀을 모압 왕 발락에게 전하기는 했지만, 이스라엘을 저주해 주기만 한다면 모압 왕이 주겠다고 했던 엄청난 보물과 대우에 아무래도 미련이 남았다.

'무슨 좋은 수가 없을까?'

탐욕의 노예가 된 발람은, 어떻게 해서든 이스라엘에게 해를 끼칠 방법이 없을지 골똘히 궁리했다.

'그렇지, 바로 그거야!'

발람은 고향으로 향하던 발걸음을 갑자기 돌려 세워, 가까운 곳에 있는 미디안 족속에게 향했다. 미디안 족속을 통해 이스라엘에게 해를 끼치면, 모압 왕에게서 어떻게든 보상을 받을 수 있으리라는 계산이 섰기 때문이었다.

"이스라엘을 해칠 수 있는 좋은 방법이 있소. 내 말대로만 한다면, 저들은 자기들의 하나님이신 여호와에게 저주를 받을 것이오. 이스라엘 백성들을 찾아가 그들과 친해지시오. 그런 다음엔 모압 여자들을 그들에게 보내어 그들을 바알 축제에 초대하시오. 이스라엘 백성들이 초청에 응해 바알 축제에 오기만 한다면, 일은 성사된 것이나 다름없소. 그러면 저들의 하나님은 이스라엘 백성에게 진노하셔서 틀림없이 저들에게 저주를 내릴 것이오."

오랫동안 이스라엘의 신 여호와를 연구해 온 발람은 이스라엘의 하나님 여호와가 가장 싫어하는 것이 우상 숭배라는 것을 너무나 잘 알고 있었다. 그래서 이 같은 절묘한 꾀를 생각해 낼 수 있었던 것이다.

발람의 꾀는 적중했다. 모압 여인들의 초청을 받은 이스라엘 백성들은 바알 축제에 참여하여 음란한 제전祭典에 동참했다. 먹고 마시고 모압 여인들과 음행을 저지르면서 모압의 신인 바알에게 절을 했다. 그중에는 이스라엘의 지도자급들도 상당수 포함되어 있었다.

이를 보신 하나님은 진노하시면서 모세에게 명령하셨다.

"바알 축제에 참여한 지도자들을 그대로 두어서는 안 되겠다. 그들을 잡아다가 모든 사람이 보는 대낮에 목을 매달아라. 그래야 내 진노가 풀릴 것이다."

모세는 이스라엘 재판관들에게 명령했다.

"바알 축제에 참가하여 바알에게 절한 자들을 찾아내어 모두 처형하도록 하시오."

그 무렵, 이스라엘 진중에는 무서운 돌림병이 퍼지고 있었다. 병에 걸린 사람들은 영문도 모른 채 속속 죽어갔다.

이런 일로 이스라엘 백성들이 크게 상심하여 장막문 앞에 모여 통곡하고 있을 때였다. 시므온 지파에 속하는 한 지도자급 인사가 이스라엘의 온 무리들이 보는 앞에서 미디안 여자를 데리고 자기 장막 안으로 들어가는 것이었다. 아론의 손자이며 엘르아살의 아들인 제사장 비느하스가 이 광경을 보고는 크게 분노했다. 그는 당장 창을 집어들고 두 남녀를 뒤따라 장막 안으로 들어갔고, 한창 엉겨붙어 있는 두 남녀를 단숨에 찔렀다.

창이 남자와 여자의 배를 한꺼번에 꿰뚫었다. 그 일이 있고 나자 이스라엘 진영을 덮치고 있던 무서운 돌림병이 뚝 그쳤다. 그때까지, 돌림병으로 목숨을 잃은 이스라엘 백성들이 무려 2만 4천 명이었다. 발람의 탐욕으로 인해 생긴 엄청난 비극이었다.

하나님은 모세를 향해 명령했다.

"이제 미디안을 쳐라! 그들이 너희를 꾀어 이 지경이 되게 하였다."

모세는 즉각 군사를 소집하였다. 이스라엘 12지파에서 지파별로 천 명씩 뽑아 모두 1만 2천 명의 정예부대를 구성하였다.

"가라, 미디안을 쳐서 원수를 갚아라!"

모세가 출전 명령을 내렸다. 군사들은 결연한 마음으로 출전하여 미디안을 쳐부수었다. 미디안 남자들은 모조리 잡아 죽였다. 미디안 족속의 다섯 왕들도 모두 잡아 죽였다. 그들 중에는 사악한 꾀를 냈던 점술가 발람도 섞여 있다가 죽음을 당했다. 이렇게 이스라엘은 미디안 족속에 대해 철저히 원수를 갚았다.

인구 조사를 실시하다 민 26장

무서운 돌림병이 물러간 다음, 하나님은 모세에게 특별한 명령을 내리셨다.

"인구 조사를 실시하라. 이스라엘 백성 중에서 싸움터에 나갈 수 있는 스무 살 이상의 남자들을 가문별로 헤아려 보아라."

당시 이스라엘은 요단 강이 가까운 모압 평야에 진을 치고 있었다. 요단 강 건너편에는 여리고가 있었다. 거기에서 모세는 하나님께서 지시하신 대로 스무 살 이상의 남자들을 대상으로 하는 인구 조사를 실시하였다.

이전에도 인구 조사를 실시한 적이 있었다. 이집트에서 나온 지 얼마 안 되어 시내 산 기슭에서 역시 스무 살 이상의 남자들을 대상으로 인구 조사를 실시했었다(이집트 탈출 제2년 2월 1일). 그때 이스라엘의 인구는 60만 3,550명이었다. 물론 이 숫자는 스무 살 이상의 남자들만 계산한 것이므로, 조사에서 제외된 여자들과 스무 살 이하의 어린 자식들까지 합하면 적어도 200만 명 이상이었을 것이다.

이제 가나안 입성을 앞두고 두 번째 인구 조사를 실시하는 셈이었다(이집트 탈출 제40년). 첫 인구 조사가 광야 행진을 위한 조직 정비 차원에서 이루어진 것이라면, 이번의 인구 조사는 가나안 정복 전쟁을 앞두고 싸움터에 나갈 수 있는 군대의 정비와 더불어 가나안 정복 전쟁 후에 있을 지파별 땅의 분배를 염두에 두고 이루어지는 것이었다.

모세와 대제사장 엘르아살의 주관하에 이스라엘 12지파별로 인구 조사가 질서 정연하게 실시되었다. 조사 결과, 스무 살 이상으로 싸움터에 나갈 만한 남자들의 수효는 모두 60만 1,730명이었다. 1차 인구 조사 때와 비교하여 1,820명이 줄어든 수효였지만, 거의 변화가 없다고 할 수 있었다.

하지만 놀라운 변화가 있었다. 40여 년 전 시내 산 기슭에서 실시된 1차 인구 조사에 포함된 사람들 중 이번 2차 인구 조사에도 포함된 사람은, 모세를 제외한다면 단 두 명뿐이라는 사실이었다. 그 두 명은, 여호수아와 갈렙이었다. 왜 이런 사태가 일어났을까?

40여 년 전 가데스 바네아에서 벌어진 거역 사건 때문이었다. 그때 가나안 땅을 살피고 돌아온 열 정탐꾼의 부정적인 보고를 받은 이스라엘 백성들은, 가나안 땅으로 들어가기를 포기하고 다시 이집트로 돌아가자고 아우성을 지르다가 하나님의 징벌로 이집트에서 나온 1세대가 광야에서 모조리 죽어야만 하는 무서운 형벌을 받았던 것이다.

그때 열두 정탐꾼 중에서 여호수아와 갈렙만이 '올라가서 가나안 땅을 취하자'는 믿음을 보였기에, 그 믿음대로 두 사람은 광야에서 죽지 않고 살아서 가나안 땅에 들어갈 것이라는 약속을 하나님께 받았던 것이다.

이집트 탈출 1세대는 40년 동안의 광야 생활을 통해 여호수아와 갈렙을 제외하면 모조리 죽었기 때문에 인구가 많이 줄어들어야 했겠지만 인구가 그대로 유지되었던 것은, 그 사이에 하나님의 축복으로 새로운 세대가 광야에서 태어나고 자랐기 때문이었다.

여호수아가 모세의 후계자로 임명되다 민 27:12–23

인구 조사가 끝난 후 하나님이 모세를 부르셨다.

"모세야, 너는 이제 산으로 올라가 내가 이스라엘에게 주마고 약속한 땅을 보아라. 그 땅을 보고 난 후, 너도 네 형 아론처럼 네 조상에게로 돌아갈 것이다."

모세가 이제 곧 임종을 맞이하게 될 것이라는 말씀이었다. 그 말씀을 들은 모세는, 자신의 죽음보다도 자신이 죽고 난 뒤의 이스라엘 백성들이 더 걱정이 되었다.

"하나님, 이스라엘 백성들을 목자 없는 양떼처럼 내버려두지 마십시오. 이 백성을 이끌어 갈 사람을 세워 주십시오."

"눈의 아들 여호수아가 있지 않느냐? 여호수아는 나의 영을 받은 인물이다. 너는 그의 머리 위에 손을 얹고, 대제사장 엘르아살과 이스라엘 백성들이 보는 앞에서 그를 너의 후계자로 임명하여라."

모세의 후계자로 여호수아가 결정되는 순간이었다. 여호수아는 이스라엘을

기습 공격한 아말렉 족속과 전투가 벌어졌을 때 선봉에 서서 군사들을 지휘하여 승리로 이끈 용감한 장수였고 탁월한 군사 지도자였다. 앞으로 수없이 치를 가나안 정복 전쟁에서 이스라엘 군대를 지휘하는 데에 적임자를 꼽는다면 단연 여호수아였다. 더구나 그는 훈련받은 믿음의 인물이었다. 오랫동안 모세를 최측근에서 보좌한 인물로, 모세가 율법을 받기 위해 시내 산에 오를 때 혼자서 모세를 수행할 정도로 신실하고 신망이 두터운 사람이었다.

이 같은 오랜 신앙의 훈련이 있었기에, 여호수아는 가나안 땅을 살피고 돌아온 열 명의 정탐꾼들이 부정적인 보고로 이스라엘 백성들을 좌절시킬 때, 갈렙과 더불어 '당장 올라가서 취하자.'고 당당하게 주장할 정도로 가나안 땅에 대한 하나님의 약속을 조금도 의심치 않은 믿음의 용사가 될 수 있었다.

모세는 하나님께서 지시하신 대로 여호수아를 불러 대제사장 엘르아살과 온 이스라엘 백성들 앞에 세우고, 그에게 손을 얹어 후계자로 임명하였다. 바야흐로 모세의 시대가 저물고 여호수아의 시대가 밝아온 것이다.

요단 강 동편의 땅이 분배되다 민 32장

이스라엘은 그 당시 아모리 족속의 두 왕 곧 헤스본 왕 시혼과 바산 왕 옥의 왕국을 정복함으로써 요단 동편의 비옥한 땅을 이미 차지하고 있었다. 그 지역에는 초원 지대가 많았기 때문에 가축 떼를 놓아 먹이기에 적절한 조건을 갖추고 있었다.

그런데 이스라엘 열두 지파들 중에 르우벤 지파와 갓 지파가 특히 많은 가축 떼를 소유하고 있었다. 그들은 넓게 펼쳐진 요단 동편의 초원 지대를 보자 욕심이 생겼다. 그래서 두 지파의 대표자들이 모세를 찾아가 말했다.

"이곳 요단 강 동편 땅은 초원 지대가 많고 우리에게는 가축 떼가 많습니다. 우리에게 이 땅을 분배해 주셨으면 좋겠습니다."

"어찌 그런 말씀을 하시오. 그렇다면 요단 강을 건너가지 않겠다는 말씀이오? 그럴 수는 없는 일이오. 그리 되면 다른 형제들의 사기가 꺾이게 될 것이오. 그대들은 벌써 잊었단 말이오? 가데스 바네아에서 가나안 땅으로 올라가기를 거부하다가 하나님의 진노를 사서 광야에서 40년 동안이나 헤맸던 끔찍한 그 일을 말이오."

모세는 그들을 엄히 꾸짖었다.

"그러면 이렇게 하는 것이 어떻겠습니까? 우선 여기에 가축 떼를 넣어 둘 우리를 만들고 우리 식구들이 살 만한 튼튼한 성을 쌓도록 허락해 주십시오. 우리에게 딸린 식구들과 가축 떼는 이곳 성에 머물게 하고, 우리 장정들은 이스라엘의 선발대가 되어 요단 강을 건너가 앞장서서 가나안 족속들과 싸우겠습니다. 그렇게 해서 다른 형제 지파들도 거기서 땅을 모두 분배받으면, 그때에야 다시 이곳으로 돌아오도록 하겠습니다. 부디 숙고해 주시기 바랍니다."

"그래요? 좋소. 그렇다면 그렇게 하도록 합시다. 그대들은 반드시 약속을 지키도록 하시오."

"고맙습니다. 맹세코 약속을 지키도록 하겠습니다."

모세는 두 지파의 다짐을 단단히 받고, 대제사장 엘르아살과 후계자 여호수아와 이스라엘 지파들의 지도자들에게 지시했다.

"그들이 말한 대로 모두 지킨다면, 요단 강 동편의 땅을 그들에게 분배해 주도록 하여라."

이렇게 해서 아모리 족속의 두 왕 곧 헤스본 왕 시혼과 바산 왕 옥이 다스리던 야셀 지역과 길르앗 지역 및 바산 지역은 르우벤 지파와 갓 지파에게 조건부로 미리 분배되었다. 그 땅을 정복하는 데 큰 공로를 세운 므낫세 지파의 절반 사람들에게도 이 땅을 차지하도록 해주었다. 그래서 '므낫세 반 지파'라는 말이 나오게 된 것이다.

모세의 마지막 설교와 임종

모세가 최후의 설교를 하다 신 1-32장

이스라엘 백성들은 그 즈음 요단 강 동편의 모압 평야에 진치고 있었다. 요단 강 건너편이 바로 약속의 땅 가나안이었지만, 그곳에는 크고 강력한 여리고 성이 위치하고 있었다.

때는 이집트 탈출 제40년째 되던 해의 11월 1일, 그 동안 모압 평야에서 제 2차 인구 조사를 마치고, 여호수아를 후계자로 세웠으며, 요단 강 동편의 땅을 두 지파와 므낫세의 반 지파에게 미리 분배해 준 모세는, 조만간 요단 강을 건너 약속의 땅으로 들어갈 이스라엘의 신세대 백성들에게 마지막 당부를 했다. 최후의 유언과도 같은 고별 설교였다.

모세는 모두 세 차례에 걸쳐 긴 설교를 했는데, 그 설교를 통해 모세는 하나님께서 이스라엘 백성들에게 말하라고 분부하신 모든 것들을 빠짐없이 일러 주었다.

먼저 모세는 이집트에서 탈출한 후에 이스라엘 백성들과 함께 걸어온 40년 광야 생활을 잠시 회고하였다. 시내 산 기슭에서 행정 체계를 정비한 일, 가데스 바네아에서 하나님께 거역하다가 징벌을 받은 일, 아모리 족속의 두 왕을 정복한 일, 요단 동편의 땅을 두 지파에게 분배한 일 등등을 감회어린 심정으로 돌아보면서, 때마다 함께 해 주시고 도움을 베풀어 주신 하나님의 크신 은혜와 사랑을 분명히 상기시켜 주었다.

다음으로 모세는 하나님의 거룩한 언약 백성으로서 이스라엘이 마땅히 지키고 순종해야 할 하나님의 율법과 계명에 대해 길게 설교했다. 십계명을 비롯하여 예배와 성결과 절기와 거룩한 날들에 관한 여러 규례들을 다시 한 번 하나하나 상기시켜 주면서, 오직 하나님의 말씀에 따를 것을 권면하였다.

마지막으로 모세는 이스라엘 백성들에게 엄중한 경고를 했다. 하나님의 말씀에 순종할 경우에 임하는 여러 축복을 말해줌과 동시에, 하나님의 말씀에 불순종할 경우에 당할 각종 무서운 재앙과 끔찍한 저주를 자세하게 말해 주었다. 머잖아 우상의 땅 가나안으로 들어갈 이스라엘 백성들로 하여금 정신을 바짝 차리도록 해주기 위함이었다.

3차에 걸친 긴 설교를 모두 마친 모세는 이스라엘 백성들과 언약을 맺었다. 하늘과 땅을 증인으로 삼고 여호와 하나님 앞에서 이스라엘 백성들로 하여금 순종의 맹세를 하게 함으로써 '모압 평야의 언약'을 세웠다. 그런 후 모세는 하나님의 말씀을 모두 두루마리 책에다 기록한 다음, 그것을 레위인들에게 주면서 지성소 안의 법궤 옆에다 잘 보관하고, 그것으로써 언제나 이스라엘 백성들을 일깨워 주는 증거로 삼으라고 지시하였다.

모세가 이스라엘을 축복하고 임종을 맞다 신 33-34장

이제 모세의 임무는 다 끝났다. 모세는 죽기 전에 이스라엘 백성들에게 마지막으로 복을 빌어 주었다. 모세는 먼저 이스라엘은 하나님과 언약을 맺은 참

으로 복된 민족임을 일깨워 준 다음, 이스라엘 열두 지파의 이름을 일일이 불러가면서 각 지파에게 적합한 축복을 선포하였다.

그런 다음 모세는 하나님이 전에 이르신 대로 느보 산 꼭대기에 올랐다. 하나님은 약속하신 대로 젖과 꿀이 흐르는 약속의 땅 가나안을 모세에게 보여주셨다. 여리고 계곡에서 멀리 지중해에 이르는 가나안 땅 전체를 보여주셨다.

모세는 눈 아래 펼쳐지는 약속의 땅을 감회어린 눈빛으로 오랫동안 바라보았다. 어느새 그의 눈가가 촉촉히 젖어 들었다. 너무나도 감격에 겨웠기 때문이었다. 비록 자신은 그곳으로 들어가지 못하지만, 사랑하는 이스라엘 백성들이 들어가 평화롭게 살 땅이라고 생각하니 여간 흐뭇하지 않았다.

"모세야, 보고 있느냐? 바로 저 땅이 내가 아브라함과 이삭과 야곱에게 맹세하여 그들의 후손들에게 주겠다고 약속한 땅이다."

모세는 하나님의 말씀과 함께 그곳에서 평안히 미소를 지으며 눈을 감았다. 이리하여 모세는 120세를 일기로 하나님 곁으로 돌아갔다. 그는 모압 땅의 벳브올 맞은편 골짜기 어디엔가에 묻혔다고 하지만, 아직까지도 그가 묻힌 장소는 알려져 있지 않다.

하나님의 특별하신 은총으로 모세는 죽는 순간까지도 눈빛이 형형하였고 기력은 정정하였다. 하나님의 충실한 종이 되어 이스라엘 백성들을 430년 이집트 종살이에서 이끌어 내어 약속의 땅 입구까지 인도하여 온 위대한 영도자, 시내 산에서 하나님과 직접 대면하여 십계명을 수여받고 율법을 전수받아, 이스라엘 백성들에게 전달해 준 위대한 선지자, 그 후로 이스라엘은 두 번 다시 모세와 같은 지도자를 갖지 못했다.

위대한 지도자를 떠나 보낸 이스라엘 백성들은 모압 평야에서 30일 동안 모세의 죽음을 애도했다. 이제부터 이스라엘 백성을 이끌어갈 지도자는 눈의 아들 여호수아였다. 이스라엘 백성들은 여호수아의 지휘 하에 요단 강을 건너 가나안 땅으로 들어갈 채비를 하였다. 때는 이스라엘 백성들이 이집트에서 나온 지 만 40년 되던 해의 정월이었다.

여리고 성의 두 정탐꾼과 기생 라합

여리고 성에 정탐꾼을 파견하다 수 1:1–2:7

모세가 죽은 후, 하나님이 여호수아에게 말씀하셨다.

"내 종 모세는 죽었다. 그러니 이제는 네가 이 백성을 거느리고 요단 강을 건너가서 내가 주겠다고 약속한 가나안 땅을 정복하라. 힘을 내고 용기를 가져라. 아무것도 두려워 말라. 네 평생에 아무도 너를 당할 자가 없을 것이다. 내가 모세와 함께 했던 것처럼 너와 함께 할 것이다."

하나님의 격려를 받은 여호수아는 용기를 얻었다. 여호수아는 즉시 지휘관들을 소집하여 가나안 땅으로 들어갈 만반의 준비를 시켰다. 이스라엘 진영은 그 날부터 분주해졌다. 음식을 장만하랴, 이동 준비를 하랴, 전투 준비를 하랴, 매우 부산하게 움직였다. 이때는 요단 강을 건너기 3일 전으로, 이집트 탈출 만 40년째 되던 해의 정월 7일경이었다.

가나안의 첫 성이자 관문인 여리고 정복이 관건이었다. 천혜의 입지 조건을 갖춘

여리고 성은 크고 견고하여 난공불락의 성으로 널리 알려져 있었다. 여호수아는 여리고 성 공격을 앞두고 건강하고 재빠른 정탐꾼 두 명을 미리 보냈다. 여리고 성에 대한 정확한 정보가 공격의 승패를 결정짓는 중요한 요소였기 때문이었다.

이스라엘의 두 정탐꾼은 여리고 성 안으로 숨어 들었다. 그들은 성벽의 두께와 여리고 군사들의 방어 상태를 비롯하여, 그곳 주민들의 분위기와 동태를 낱낱이 살폈다. 그러다가 여리고 성벽 위의 어느 집으로 들어갔다. 성벽의 폭이 워낙 넓어 그 위에 집을 짓고 사는 사람들이 있었다. 그들이 들어간 곳은 기생 라합의 집이었다.

하지만 정탐꾼들이 라합의 집으로 들어가는 것을 목격한 병사들이 있었다. 병사들은 즉각 상관에게 보고했고, 상관은 왕에게 그 사실을 보고했다. 여리고 성은 당시 이스라엘의 공격에 대비하여 잔뜩 경계를 하고 있던 터라, 정탐꾼들을 그냥 지나치지 않은 것이다.

"수상한 자들이 성읍으로 들어왔다고 합니다. 틀림없이 이스라엘의 정탐꾼인 듯합니다."

"뭐라고? 즉시 그 자들을 잡아 오도록 하라."

여리고 왕의 지엄한 명령에 군사들이 라합의 집으로 몰려갔다. 라합은 직업상 외지 손님들을 많이 접했으므로, 일찍부터 이스라엘에 관한 소문을 익히 들어 잘 알고 있었다. 이스라엘의 신 여호와에 대해서도 상당한 지식을 갖고 있었다.

이스라엘의 신 여호와가 이집트의 파라오를 굴복시키고 자기 백성을 이끌어낸 사실, 홍해를 가르고 이스라엘 백성들을 건너게 한 사실, 더구나 최근에는 요단 강 건너편에서 아모리 족속의 강력한 두 왕을 쳐부수고 그들의 땅을 모두 빼앗았다는 사실을 모르는 여리고 사람은 거의 없었다. 이제 그들이 멀지 않아 요단 강을 건너 여리고 성을 공격해 올 것이라는 소문에, 여리고 사람들은 크게 두려워하고 있었다. 그 어떤 신도 이스라엘의 하나님을 당해 낼 수 없으리라는 것을 잘 알고 있었다.

‘적을 당할 수 없다면, 적의 편이 되는 것만이 살아 남는 방법이다. 더구나 그들의 위대한 신을 나의 신으로 섬기게 된다면 얼마나 좋은 일인가.’

평소에 라합은 그렇게 생각하고 있었다. 그녀의 마음에는 어느덧 흔들림 없는 믿음이 자리하고 있었던 것이다.

여리고 군사들의 수색 작전이 시작되자 라합은 자신의 집에 묵고 있는 자들이 이스라엘의 정탐꾼임을 알아차렸다. 이제 선택은 그녀의 몫이었다. 꾸물댈 시간이 없었다. 이스라엘의 편이 되어 그들을 숨겨줄 것인가, 여리고 군사들에게 협조하여 그들을 잡히게 할 것인가? 라합은 그 순간 결심했다. 이스라엘의 신 여호와를 거스를 수가 없노라고.

“이쪽으로 오세요, 얼른!”

라합은 지체 없이 두 명의 정탐꾼을 인도하여 지붕에 널어놓은 삼나무 껍질 속에 숨겨 주었다.

“문 열어! 빨리!”

마침내 군사들이 들이닥쳤다. 라합은 아무 일도 없었다는 듯 태연하게 문을 열었다.

“이 집에 수상한 자들이 들어왔지? 어디 있느냐?”

군사들이 다짜고짜 험하게 물었다. 라합은 당황하지 않고 침착하게 대답하였다.

“예, 조금 전에 두 사람이 제 집에 왔었습니다. 그러나 성문이 닫히기 전에 떠나자면서 이내 나갔습니다. 어디까지 갔는지는 모르겠지만, 서둘러 뒤쫓아가면 붙잡을 수 있을 겁니다.”

얼마나 시치미를 잘 뗐는지, 군사들은 조급한 마음에 라합의 집안을 뒤져볼 생각도 않고 황급히 성문 쪽으로 달려갔다.

두 정탐꾼이 기생 라합과 약조를 맺다 수 2:8–24

여리고 군사들이 멀어진 것을 확인한 라합은, 지붕으로 올라가 정탐꾼들에게 말했다.

"이스라엘의 정탐꾼이 맞죠?"

신분이 노출된 것을 알고 그들이 긴장하자, 라합은 차분하게 안심시켰다.

"걱정하지 말아요. 군사들이 들이닥쳤지만 따돌렸으니 마음 놓으세요. 지금쯤 당신들을 잡기 위해 성 밖으로 나가 헤매고 있을 겁니다."

"정말 고맙소. 그런데 당신은 여리고 사람이면서 왜 우리를 숨겨 주는 것이오?"

"예, 말씀 드리지요. 저는 당신들이 이집트에서 나올 때 무시무시한 재앙이 그곳에 임한 것을 압니다. 홍해를 마른 땅처럼 건넌 것도 잘 알고 있습니다. 요단 강 동쪽에 있던 아모리 족속의 두 왕을 전멸시킨 것도 잘 압니다. 모두 당신들의 위대한 하나님 여호와 덕분이란 것도 잘 알고 있습니다. 그러니 이 여리고 성도 당신들의 차지가 될 것이 뻔합니다. 여리고 사람들은 당신들이 쳐들어온다는 소문에 잔뜩 겁에 질려 있습니다. 모두 넋을 잃은 상태입니다. 그래서 특별히 부탁을 드리고자 합니다."

"무슨 부탁이오?"

"제가 당신들을 살려주었으니, 당신들도 저와 제 가족을 살려주십시오. 이 성읍을 공격하여 함락시킬 때 저와 제 가족들을 살려주십시오."

두 정탐꾼은 잠시 서로 눈을 마주치며 의견을 주고받았다.

"조건이 있소. 이후에라도 우리에 대해 일체 비밀로 해준다면, 당신의 청을 들어주겠소."

"저는 이미 목숨을 걸고 당신들을 숨겨준 사람입니다. 맹세코 그 약속을 꼭 지키겠습니다."

"좋소. 우리도 약속하겠소."

라합은 마음이 놓였다. 이제 남은 일은 그들을 무사히 탈출시키는 것이었다.

"지금은 성문이 닫혀 성 밖으로 나갈 수 없습니다. 창문으로 밧줄을 내려드릴 테니 서둘러 빠져 나가십시오. 여기에 오래 있으면 위험합니다. 성 밖에는 당신들을 찾는 군사들이 쫙 깔렸으니, 잡히지 않도록 산으로 들어가 사흘쯤 숨어 있다가 수색이 끝나면 그때 빠져나가도록 하세요."

"고맙소. 우리가 이 성을 공격해 올 때 당신은 이 창문에 우리를 내려준 이 붉은 밧줄을 매어두고 부모형제 모두가 이 집에 모여 있으시오. 반드시 약속을 지킬 테니, 당신도 다른 사람들에게 우리의 일을 절대로 누설하지 마시오."

이스라엘의 두 정탐꾼은 라합의 도움으로 밧줄을 타고 성벽을 내려와 여리고 성 밖으로 도망쳤다. 그리고 라합의 말대로 사흘 동안 꼼짝없이 산에 숨어 지내다가, 무사히 요단 강을 건널 수 있었다. 그들은 여호수아에게 가서 보고했다.

"하나님께서 여리고 성을 우리에게 주신 것이 분명합니다. 여리고 백성들은 우리를 몹시 두려워합니다."

정탐꾼들의 보고에, 이스라엘 백성들은 용기 백배하였다.

요단 강 도하와 여리고 성의 정복

요단 강을 건너다 수 3장

드디어 가나안 입성의 날이 왔다. 만반의 준비를 마친 이스라엘 백성들은 이른 아침부터 긴 행렬을 이루며 요단 강을 향해 언덕을 내려갔다. 제사장들이 법궤를 메고 행렬의 선두에 섰다.

요단 강은 북부 갈릴리 호수에서 남부 사해 바다까지 직선 거리로는 100km 정도지만, 마치 뱀처럼 구불구불 흐르는 데다가 위아래의 표고 차이가 200m나 되어 빠른 물살로 유명한 강이었다. 더구나 그 무렵은 일년 중 강물이 가장 크게 불어나는 우기雨期였다. 이때에는 평균적으로 강물의 깊이가 3~4m, 너비가 30m 정도 되었다.

강 양편의 골짜기에서 흘러내린 물이 많아 강물은 황토빛이었으며, 강물 높이는 양쪽 언덕까지 넘실댈 정도였다. 그런 강을 건넌다는 것은 힘세고 수영 잘하는 장정이라도 급류에 휩쓸려 떠내려가기 십상이었다. 그런데 이스라엘에는 어린아이들과 여자들과 노인들은 물론이고, 가

축과 짐을 가득 실은 수레까지 있지 아니한가. 낭패였다. 어쩔 것인가?

"법궤를 멘 제사장들은 요단 강에 다다르면 강물 속으로 들어가 그 자리에 서 있으라."

여호수아는 하나님의 명령을 제사장들에게 전달했다. 여호수아의 명령에 따라 제사장들이 법궤를 메고 요단 강물에 발을 들여놓았다. 그러자 이것이 어찌된 일인가! 위에서 흘러 내려오던 강물이 갑작스럽게 뚝 멈추더니, 점차 쌓여 거대한 둑을 이루는 것이었다.

"와, 강물이 멈추었다!"

오래 전에 홍해가 갈라지던 광경을 제대로 목격한 사람은 여호수아와 갈렙뿐이었지만, 광야에서 태어난 이스라엘의 신세대 백성들도 그 놀라운 기적에 대해서는 어려서부터 귀에 못이 박히도록 들어온 터였다. 그런데 그와 같은 기적이 눈앞에서 실제로 일어나자 모두들 벌어진 입을 다물지 못했다. 요단 강의 규모는 홍해에 비할 바가 아니지만, 이제 자신들의 눈앞에서 강물의 흐름이 끊기고 물이 쌓여 거대한 둑이 형성되는 것을 직접 목격하게 된 것이다. 이스라엘 백성들은 말라버린 강바닥을 쉽게 건널 수 있었다. 40년 전 홍해의 기적이 다시 한 번 재현된 것이나 다를 바가 없었다.

기념비를 세우고 유월절을 지키다 수 4:1–5:12

법궤를 멘 제사장들은 물이 빠진 강바닥 한가운데에 버티고 서 있었다. 여호수아는 모든 사람들에게 어서 빨리 건너라고 채근하였다. 200만 명에 달하는 그 많은 사람들이 요단 강을 건너는 데는 거의 반나절이 걸렸다. 법궤를 멘 제사장들은 모든 이스라엘 백성이 강 건너 기슭에 닿을 때까지 꼼짝 않고 그 자리에 서 있었다.

여호수아는 각 지파별로 한 명씩 차출해 둔 힘센 장정 12명에게 명령하였다.

"저 요단 강 한복판으로 들어가서 큰 돌 한 개씩을 메고 나와라. 클수록 좋다."

각 지파를 대표하는 장정들이 큰 돌을 하나씩 메고 나오자, 여호수아는 강 한복판에서 법궤를 메고 서 있던 제사장들에게 이제 나오라고 지시하였다. 제사장들이 강기슭으로 나오자, 멈추어 쌓였던 거대한 강물이 다시 세차게 흐르기 시작하였다. 보기만 해도 무시무시한 급류였다.

"강바닥에서 가지고 나온 돌들을 나란히 세워라. 이 돌들은 세월이 흐른 후 우리의 자손들에게 기념비가 될 것이다. 우리가 무사히 건널 수 있도록 하나님께서 요단 강을 마르게 하신 놀라운 기적을 베풀었음을 증거하는 기념비가 될 것이다. 이 기념비를 볼 때, 후손들은 하나님의 전능하심을 깨닫고, 오직 하나님만을 경외하며 섬겨야 한다는 것을 알게 될 것이다."

요단 강을 건넌 이스라엘 백성들은 길갈에 진을 쳤다. 길갈은 여리고에서 북동쪽으로 대략 3km 지점에 위치한 곳으로, 가나안 정복 전쟁 당시 이스라엘 백성들의 군사 기지가 되었다. 이곳에서 이스라엘 백성들은 광야 행진 도중에는 시행하지 못했던 할례割禮를 거행함으로써 이집트에서의 모든 수치를 없애 버렸다.

한편, 이스라엘 백성들이 요단 강을 건넌 시기는 때마침 이집트를 떠난 날을 기념하는 유월절 축제가 시작되는 날이었다. 그래서 이스라엘 백성들은 근처의 여리고 평야에서 천막을 치고 기쁨과 감격 속에 유월절을 지켰다.

유월절 축제가 끝난 다음 날, 이스라엘 백성들은 가나안 땅의 산물을 처음으로 먹었다. 그러자 다음 날부터 만나가 멎었다. 광야 여행 40년 동안 하늘에서 줄곧 내려오던 광야의 음식 만나가 더 이상 내려오지 않은 것이다. 이스라엘 백성이 들어선 가나안 땅에는 식량이 얼마든지 있었기 때문이었다.

여리고 성을 돌고 돌다 수 6:1–14

"이스라엘 백성들이 요단 강을 건넜다고? 어떻게 그런 일이…."

여리고 성 사람들은 경악했다. 그들은 두려움에 가슴이 철렁 내려앉았다. 그들은 감히 싸울 엄두조차 내지 못하고, 성문을 굳게 걸어 잠근 채 숨죽이고 있었다. 드나드는 사람의 그림자 하나 보이지 않았다.

소문이 파다하게 퍼졌다. 이스라엘의 신 여호와가 정말 위대하다는 것, 아직껏 이스라엘과 싸워 이긴 나라가 하나도 없다는 것, 홍해를 둘로 갈랐던 그들의 신이 이번에는 요단 강을 마르게 하였다는 것, 여리고 성에 대한 그들의 침공이 임박하였다는 것…. 여리고 사람들은 겁에 질려 어찌할 바를 모르고 벌벌 떨고 있었다.

여리고 성은 크고 견고했다. 가파른 경사지의 정상에 위치한 여리고 성의 성벽은 하늘을 찌를 듯 높았고, 성벽 너비는 20m나 되었다. 가히 난공불락의 요새였다. 정상적인 군사 작전으로는 거의 공략이 불가능한 천연적인 요새와 방벽을 갖추고 있었다. 그래서 여리고 성은 아직껏 누구에게도 침범을 허용치 않고 있었다.

여호수아는 여리고 성을 앞에 두고 깊은 생각에 잠겼다. 가나안 정복 전쟁에서 여리고 성이 차지하는 비중은 실로 막대했다. 여리고 성은 요단 강 동편에서 가나안 본토의 중부로 진입하는 교통의 요로에 위치한 오아시스 성읍으로서, 매우 중요한 군사적 요충지였다. 이스라엘은 여리고 성을 장악해야만 가나안 땅의 중심부로 곧장 쳐들어갈 수 있었고, 동시에 가나안 남북의 군사적 연합을 차단할 수 있었다.

가나안 땅을 정복하려는 이스라엘로서는 어떤 희생을 감수하고서라도 반드시 여리고 성을 정복해야만 했고, 반대로 가나안 땅을 지켜야 하는 여리고 백성들로서는 무슨 수를 동원해서라도 그 성을 사수해야만 했다. 그러니 여리고 성 전투는 가나안 정복 전쟁에서 기선을 잡느냐, 기선이 꺾이느냐를 결정하는 최초이자 가장 중요한 전투였다.

여호수아는 믿음의 인물이었다. 그는 오랫동안 모세를 최측근에서 보좌하면서 하나님의 지시대로만 따르면 만사형통이라는 사실을 40년 경험을 통해 잘 알고 있었다. 그래서 여호수아는 여리고 성 공격을 앞두고 하나님의 지시만을 기다리고 있었다.

부녀자들은 요단 강을 건너 처음 진 쳤던 길갈에 머물게 하고, 20세 이상으로 전투에 참여할 남자들만 여리고 성 가까이에 진격해 있었다.

마침내 하나님의 지시가 떨어졌고, 여호수아는 하나님의 지시를 받아 시행에 들어갔다. 그런데 하나님의 지시라는 것이 너무나 우스꽝스러운 것이었다. 마치 어린애들의 유치한 장난과도 같은 짓을 시키신 것이다.

"여호수아야, 너희는 군대를 동원하여 매일 한 번씩 여리고 성 주위를 돌아라. 엿새 동안 계속해서 여섯 번을 돌아라."

여호수아는 하나님의 지시대로 날마다 여리고 성을 돌게 했다. 정예 부대가 앞장서고, 그 뒤를 일곱 명의 제사장들이 각기 뿔나팔을 불면서 뒤따르고, 그 뒤에는 네 명의 제사장들이 법궤를 어깨에 메고 따랐다. 맨 뒤에는 이스라엘의 후위 부대가 역시 대오를 맞추어 뒤따랐다.

거대한 행렬이 아침마다 이어졌다. 일곱 제사장들이 불어대는 뿔나팔 소리만 널리 울려 퍼졌다. 여호수아의 지시에 따라 아무도 소리를 내지 않았고, 모두가 묵묵히 행진할 뿐이었다. 여리고 성을 한 바퀴를 돌고 나면 모두들 자기의 천막으로 들어가 쉬었다.

이런 광경을 지켜보는 여리고 사람들은 어리둥절하지 않을 수 없었다.

"왜들 저러지? 공격은 안 하고 대체 뭐 하는 거야?"

"글쎄, 도무지 모를 노릇이군. 심리전이라기엔 어린애들 병정놀이같이 유치하군."

"무슨 꿍꿍이 속인지 원!"

"도대체 무슨 작전을 펼치려고 저런 짓을 하는 거지?"

여리고 사람들은 모두들 수군거렸다. 왕도 군사들도 어리둥절하긴 마찬가지였다. 특히 성벽을 수비하는 군사들은 하루 이틀 시간이 흐를수록 긴장이 고조되었다. 그렇다. 적을 모르면 두려움뿐이며,

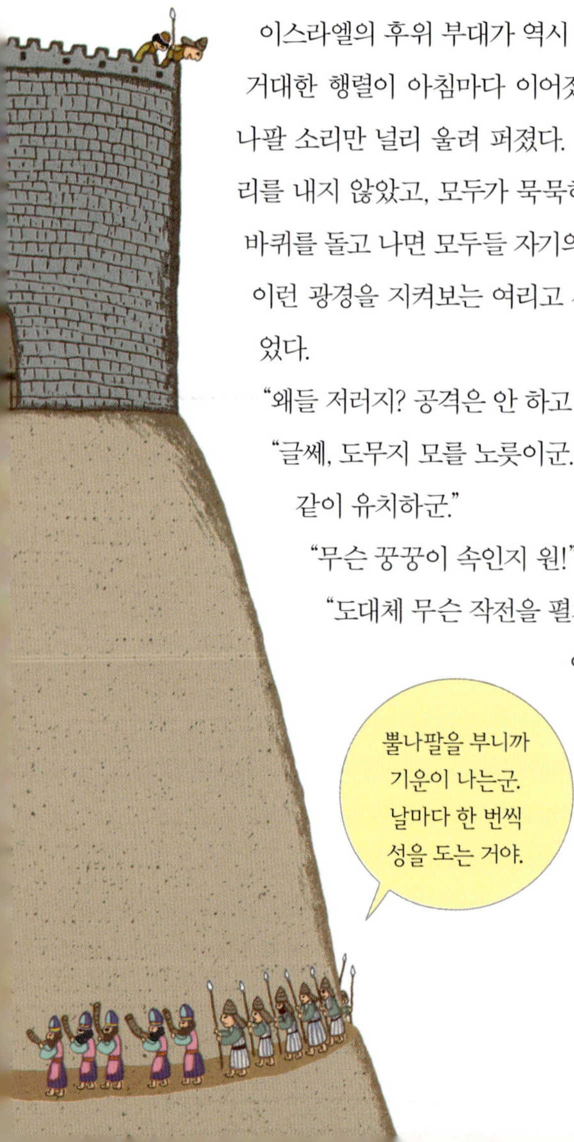

두려움은 사기를 저하시키고, 사기 저하는 패배를 초래한다.

한편, 여리고 성벽 위에 살고 있는 라합은 창문을 굳게 닫아 놓고 매일 한 번씩 틈새로 밖을 살폈다. 언제 쳐들어올지 몰라 가족들은 모두 그녀의 집에 모여 있었다. 하지만 이스라엘 군대의 공격이 시작되지 않아서, 아직은 창문에 붉은 밧줄을 내걸지 않고 있었다.

여리고 성이 함락되다 수 6:15-27

이스라엘의 행진이 계속되었다. 엿새 동안 똑같은 방식으로 행진이 이어진 다음 마침내 이레째 되는 날이 밝아왔다. 그날은 동이 틀 무렵부터 성을 돌기 시작했다. 다른 날과는 달리 행렬의 행보가 훨씬 빨라졌다. 느릿느릿 여유 있던 예전과는 분위기가 딴판이었다. 뭔지는 몰라도 의미심장한 변화였다. 그들은 한 바퀴를 서둘러 돌더니, 또 한 바퀴를 도는 것이었다. 성 안에 팽팽한 긴장감이 돌았다. 성 밖에서는 세 바퀴째를 돌고, 이어 네 바퀴째로 이어졌다. 그제서야 성안 사람들은, 이스라엘의 행렬이 빨라진 것이 여러 바퀴를 돌기 위해서였다는 것을 알아차렸다. 다섯 바퀴째를 돌 때는 아무래도 무슨 일이 일어날 것만 같은 느낌이 들었다.

"도대체 몇 바퀴를 돌려는 거지?"

성벽 수비군이 긴장된 얼굴로 동료에게 물었다.

"낸들 알겠나. 거 참, 해괴하군."

다른 날보다 일찍 시작된 성벽 돌기였으나, 여섯 바퀴째 돌 때는 이미 늦은 오후였다. 그들은 지치지도 않는지 여전해 보였다. 적의 동태가 무엇을 의미하는지 전혀 모를 때는 두려움이 점점 더 커져 간다.

이스라엘 백성은 드디어 일곱 번째 성벽 돌기를 시작하는 중이었다. 라합은 온종일 성 밖 동태를 살피느라 창문 틈새에서 시선을 떼지 못하다가 정탐꾼들과 약조한 대로 붉은 밧줄을 창문에 매달았다. 미리 알려두는 것이 안전할 것 같아서였다.

여리고 성의 바깥 분위기가 갑자기 바뀌었다. 일곱 번째 성벽 돌기를 마친 이스라엘 행렬이 멈추어 서는 듯싶더니 요란스러운 나팔소리가 울려 퍼졌다. 이스라엘 군사들은 나팔 소리와 함께 일제히 손을 흔들어대며 큰 함성을 질러 댔다.

"와아아아아아아!"

지축을 흔드는 듯한 함성이었다. 그러자 이변이 생겼다. 그토록 견고하던 여리고 성벽에 금이 가더니, 마침내 무너져 내리기 시작하는 것이었다. 성벽이 무너지리라고는 꿈에도 상상할 수 없었던 여리고 사람들은 미처 달아날 겨를도 없이 당할 수밖에 없었다.

"돌격 앞으로! 와아아아!"

사기충천한 이스라엘 군사들이 큰 함성과 함께 성 안으로 밀물처럼 몰려 들어왔다. 순식간에 벌어진 상황이었다. 성 안이 아수라장으로 변했다. 이스라엘의 칼과 창이 여리고 성 주민과 가축들을 닥치는 대로 죽였다. 철저한 진멸이었다. 우상을 섬기는 사악하고 부패한 가나안 원주민을 모두 죽이라고 하나님이 명령하셨기 때문이다. 하지만 여호수아는 여리고 사람들의 재산은 터럭만큼도 손대지 말라고 엄명하였다.

그러나 불순종의 자식은 어디에나 있게 마련인가. 유다 지파 소속인 갈미의 아들 아간이라는 자가 그런 사람이었다. 그는 금은보화와 값진 옷들이 노획되어 산더미처럼 쌓여 있는 것을 보자 탐심이 생겼다. 아간은 시끌벅적한 와중에 아무도 보지 않는 틈을 타서 금덩어리 한 개와 시날산産 값진 외투 한 벌을 훔쳐다가 자기 천막으로 가져가서 바닥을 파고 묻었다. 감쪽같았다.

하나님의 명령에 따라 이스라엘 군대는 여리고 성과 그 안에 있는 것들을 모조리 불태웠다. 불에 타지 않는 은금과 청동 제품과 철 제품은 하나님의 성막 안에 보관되었다.

한편, 라합과 그의 가족은 어찌 되었는가? 여리고 성을 진멸시키는 와중에서도 여호수아는 라합을 기억하고 있었다. 그래서 여리고 성을 살피러 갔던 두 정탐꾼들에게 특별 지시를 내렸다.

"너희는 맹세한 대로 즉시 기생 라합의 집으로 들어가서 그녀와 그녀에게 속한 모든 것을 안전하게 데리고 나오라. 속히 서두르라!"

약조를 맺은 대로 기생 라합의 집에는 붉은 밧줄이 내걸려 있었다.

"옳거니, 저 집이구나."

두 정탐꾼은 서둘러 기생 라합의 집으로 들어가 그녀와 그녀에게 딸린 부모 형제와 일가 친척을 인도하여 여리고 성 바깥의 이스라엘 진영 안전한 곳으로 데려다 놓았다. 라합 가족은 그때부터 이스라엘 백성들 가운데 섞여 여호와 하나님을 섬기며 살았다.

아이 성의 실패와 아간의 범죄

아이 성 정복에 실패하다 수 7:1–5

여리고 성을 함락시킨 후, 여호수아는 다음 차례로 가까이에 있는 아이 성을 공격하기 위해 몇 사람의 정탐꾼을 미리 보냈다. 돌아온 정탐꾼들의 보고는 낙관적이었다.

"아이 성은 규모도 작고 병력도 많지 않아 쉽게 점령할 수 있습니다. 군대를 많이 보낼 필요조차 없습니다. 2, 3천 명 정도면 충분히 함락시킬 수 있을 것 같습니다."

크고 견고한 성 여리고를 함락시킨 직후라서인지, 이스라엘 정탐꾼은 작은 성 아이를 얕잡아 보았다. 여호수아도 정탐꾼들의 보고를 그대로 믿고, 3천 명 정도의 군사들만 아이 성으로 보냈다.

그러나 이 어찌된 일인가! 만만하게 여기고 쳐들어간 이스라엘 군사들은 도리어 적잖은 인명 피해를 입고 아이 성 군사들에게 쫓기는 신세가 되었다. 여호수아와 이스라엘 백성들은 예상을 뒤엎는 전투 결

과에 크게 당황하였다. 큰 성 여리고에서는 단 한 명의 인명 손실도 없었는데, 작은 성 아이에서는 성을 함락시키는 데에도 실패하였거니와 도리어 36명의 젊은 생명을 잃었다.

이집트에서 나온 후 최초의 참패였다. 이스라엘 백성들은 덜컥 겁이 났다. 앞으로 수없이 많은 전투를 치러야 하는데, 작은 아이 성조차 차지할 수 없다면 무슨 수로 가나안 정복을 한단 말인가. 이스라엘 백성들은 회의와 낙심에 빠졌다. 연전연승의 이스라엘 군대에 대해 산뜩 겁을 집어먹고 움츠려 있던 가나안 민족들은, 이제 힘을 얻어 적극적으로 공격해 올 것이 뻔했다. 이스라엘 군대도 얼마든지 물리칠 수 있다는 자신감을 갖게 되었을 것이기 때문이다. 이스라엘의 위기였다.

범죄자를 찾아내어 처형하다 수 7:6–26

여호수아와 이스라엘 장로들은 옷을 찢고 머리에 먼지를 뒤집어 쓴 채 저물도록 법궤 앞에 엎드렸다. 여호수아가 통곡하며 울부짖었다.

"여호와여, 우리가 어찌해야 합니까? 이 땅 사람들은 우리가 패배하였다는 소문을 듣고, 우리를 공격해 올 것입니다. 우리가 이방인들에게 패하면 저 이방인들이 여호와 하나님을 어떻게 생각하겠습니까. 우리의 하나님이 자기들의 우상보다 약하다고 비웃으며 조롱할 것입니다. 정녕 이스라엘이 이대로 멸망당해야 합니까."

여호수아는 낙망하고 좌절했다. 모세와 함께 하신 하나님께서 자기에게도 함께 하실 것이라고 분명히 약속하셨건만, 무엇 때문에 이런 참담한 일이 일어났는지 도무지 알 수 없었다. 하나님의 도움 없이 가나안 땅을 정복한다는 것을 상상조차 할 수 없었다.

"어찌하여 엎드려 있느냐?"

하나님의 음성이 들려왔다.

"어서 일어나라. 이스라엘이 내 앞에 죄를 지었다. 여리고에서 내가 손대지 말라고 한 것을 도적질한 자가 있다."

하나님은 여리고 성을 가나안 땅의 첫 제물로 삼아 모조리 진멸하기를 원하셨다. 사람과 가축은 몰살하고, 물건은 불로 태우고, 불에 타지 않은 금은 보석과 놋과 철 제품은 하나님의 성막에 보관되어야 했다. 그런데 누군가가 그 진멸할 물건에 손을 댄 것이다. 아이 성 패전의 원인은 바로 그 자 때문이었다. 이제 범인을 색출하여 그를 처벌하지 않으면, 앞으로도 하나님이 이스라엘과 함께 하지 않을 것이었다.

"이스라엘 백성들을 다 모아라. 내가 누구의 짓인지 알려주리라."

다음 날 이른 아침, 제사장들이 나팔을 불어 전체 이스라엘 백성들을 모이게 했다. 제비뽑기를 통해 범인을 색출하기 위해서였다. 지파 별로 모두 모여들었다. 먼저 유다 지파의 사람들이 제비에 뽑혔다. 이어 유다 지파 사람들 중 가문별로 제비를 뽑게 하자, 세라의 집안이 다시 제비에 뽑혔다. 다음으로는 세라 집안에서도 삽디의 가족이 제비에 뽑혔다. 범위가 점점 축소되다가, 마침내 삽디의 가족 중 아간이 제비에 뽑혔다. 하나님은 그가 바로 진멸할 물건에 손을 댄 범인임을 밝히신 것이다.

"아간, 네가 무슨 짓을 한 것이냐. 숨기지 말고 낱낱이 고하여라."

아간의 얼굴이 창백해졌다. 그는 부들부들 떨면서 사실대로 말하였다.

"잘못했습니다. 금 덩어리와 은과 외투를 훔쳐서 제 천막 바닥을 파고 묻어 두었습니다."

여호수아는 즉시 사람을 보내어 아간의 천막 바닥을 파게 했다. 과연, 아간이 말한 물건들이 나왔다. 물증이 확보된 것이다.

"아간, 네가 우리를 괴롭혔구나. 이

제 하나님께서 너를 괴롭힐 것이다."

여호수아가 아간과 그의 자녀들을 이끌고 가까운 골짜기로 올라갔다. 아간에게 딸린 그의 가축과 천막과 훔친 물건들도 모두 거두어 함께 싣고 갔다. 성난 이스라엘 백성들이 뒤따랐다. 그리고는 그 골짜기에서 아간과 그의 가족을 모조리 돌로 쳐 죽였다. 아간의 재산도 몽땅 불태웠다. 그런 후, 그 위에 돌을 쌓아 돌무덤을 만들었다. 그제서야 여호와의 극렬한 분노가 가라앉았다.

아이 성을 정복하다 수 8장

아간의 문제가 마무리되자, 하나님이 다시 여호수아에게 말씀하셨다.

"이제 두려워하지 말아라. 아이 성을 다시 공격하도록 하라. 내가 그 성을 너희에게 주겠다. 모든 전리품과 가축은 너희들이 가져도 좋다."

여호수아는 치밀한 작전 계획을 세웠다. 공격 전날, 용감한 군사 3만을 뽑아 한밤중에 쥐도 새도 모르게 아이 성 뒤편에 매복시켰다. 성벽 서쪽에는 5천 명을 따로 매복시켰다.

날이 밝자, 여호수아는 아이 성을 정면에서 공격해 들어갔다. 한번 승리를 맛본 아이 왕은 자신만만했다. 그는 성문을 활짝 열고 군사들을 모두 이끌고 나와 이스라엘 군사들과 정면으로 맞서 싸우려 했다. 이스라엘 사람은 한 명도 성 안에 발을 들여놓지 못하게 하겠다는 전략이었다.

"돌격! 와아아아."

제2차 아이 성 전투가 시작되었다. 그런데 잠시 싸우는 듯하던 여호수아 군대가 갑자기 겁먹은 양 광야 쪽으로 도망치기 시작했다. 아이 성 군사들은 신바람이 나서 뒤를 쫓았다.

아이 성의 군사들을 성에서 멀리 유인하려는 여호수아의 전략에 아이 왕이 말려든 것이었다. 어느 정도 도망치던 여호수아가 뒤돌아서서 손에 든 창을 아이 성 쪽을 향하여 내뻗었다. 그것은 아이 성 뒤편에 매복하고 있던 군사들로 하여금 공격하라는 신호였다. 그 신호에 맞추어 전날 밤부터 매복해 있던 이스라엘 군사들이 일제히 성으로 쳐들어갔다. 성문이 활짝 열려 있었기에 단번에 몰려 들어갈 수 있었다. 아이 성 안에서는 시뻘건 불길과 새까만 연기가 치솟아 올랐다. 성 안에는 한 명의 군사도 없었던 것이다.

이스라엘 군사들을 신나게 뒤쫓던 아이 성의 군사들은 자기들 성읍이 불길에 휩싸여 타오르고 있는 것을 보았다. 추격하던 아이 성 군사들이 크게 동요하여, 어쩔 줄을 모르고 우왕좌왕했다.

그러자 도망치던 여호수아 군대가 갑자기 방향을 바꾸어 아이 성 군사들을 공격하기 시작했다. 이미 아이 성을 점령한 이스라엘 군사들도 성 밖으로 몰려 나와 뒤에서 아이 군사들을 공격했다. 협공 작전이었다. 순식간에 앞뒤로 포위당한 아이 성 군사들은 도망갈 겨를도 없었다. 이스라엘 군사들은 아이 왕을 사로잡았고, 그의 군사들을 모조리 죽여 한 사람도 도망치지 못하게 했다. 이스라엘의 완전한 승리였다.

가나안 중부의 여리고 성과 아이 성을 정복한 이스라엘 백성들은, 모세가 부탁한 대로 아이 성에서 북쪽으로 32km 지점에 위치한 세겜 땅의 에발 산으로 가서 하나님께 희생 제단을 쌓았다. 그리고 그곳에서 축복과 저주의 율법을 낭독했다.

기브온 사람들의 속임수와 아모리 다섯 왕의 정복

기브온 사람들이 이스라엘과 우호 조약을 맺다 수 9장

아이 성과 가까운 가나안 땅 중부 지역에는 큰 성 기브온이 있었다. 그곳 사람들은 히위 족속으로서 진멸의 대상이었다. 기브온 사람들 역시 이스라엘에 관한 소문을 충분히 듣고 있었던 터라 두려워 떨고 있었다. 아이 성을 무너뜨린 이스라엘의 다음 공격 목표는 분명 기브온 성일 것이기 때문이었다.

기브온 성의 지도자들은 근심에 찬 얼굴로 회의를 하였다.

"큰일이오. 우리에겐 이스라엘을 당할 능력이 없소이다. 그들은 여리고 성 사람들을 다 죽이고 불살랐소이다. 아이 성도 마찬가지였소. 이제 곧 우리를 공격해 올 터인데, 이를 어찌하면 좋단 말이오?"

"그들의 신 여호와가 문제요. 어떤 신들도 이스라엘의 신 여호와를 당해 내지 못한다고 들었소."

이스라엘과 맞서 싸울 수는 없는 노릇이었다. 그것은 민족의 몰살을 의미했다. 그러나 뾰족한 수가 없었다. 모두들 묘안을 짜내느라 전전긍긍했다.

"이러면 어떨까요?"

무거운 침묵을 깨고 누군가가 좋은 생각이 났다는 듯 입을 열었다. 모두의 시선이 그에게 집중되었다.

"이스라엘과 우호 조약을 맺어 위기를 모면하는 것이 어떨까 합니다."

"우호 조약?"

"어떻게 말이오?"

모두들 눈이 빛났다.

"계책을 쓰는 겁니다."

"어디 속 시원히 말해 보시오."

기브온 성의 지도자들은 구구한 의논 끝에 속임수를 써서라도 민족의 몰살을 면해 보자는 데 의견이 일치하였다.

얼마 후, 기브온 성읍의 사절단이 이스라엘 진영을 향해 출발하였다. 그들은 모두 낡은 옷과 닳아빠진 신발을 신고 있었다. 나귀에는 꿰맨 포도주 부대를 얹고, 곰팡이가 쓸고 말라 바삭바삭한 빵도 챙겼다. 누가 보더라도 영락없이 오랜 동안 광야 여행에 찌든 나그네의 모습이었다.

기브온 사절단은 가까운 길갈에 진을 치고 있는 이스라엘 진영으로 가서 여호수아와 백성의 지도자들을 만났다.

"우리들은 먼 나라에서 왔습니다. 이스라엘의 소문을 듣고 찾아왔는데, 당신들의 친구가 되어 우호 조약을 맺고 싶습니다."

"그래요? 그러나 당신들이 누군지도 모르는데 어떻게 친구가 된단 말이오? 혹시 이 근처에 사는 사람들은 아니오?"

"아닙니다. 우리들은 당신들의 하나님 여호와께서 이집트에서부터 하신 일들을 다 들어서 잘 알고 있습니다. 보십시오. 이 낡은 옷, 곰팡이 쓴 빵, 해진 신발…. 우리가 얼마나 먼 곳에서 오랫동안 여행해 왔는지 보시면 알지 않습니까. 그러니 우리의 정성을 보아서라도 우리와 우호 조약을 맺고 서로 친구가 되었으면 좋겠습니다."

아주 태연한 능청이었고, 그럴싸한 행색이었다.

그동안 수많은 적들과 싸워온 이스라엘은 멀리서 친구가 되겠다고 찾아온 사절단이 반갑지 않을 수 없었다. 그래서 여호수아와 이스라엘 장로들은 하나님께 여쭈어보지도 않고 그들과 우호 조약을 맺었다. 여호와의 이름으로 맹세코 그들과 그 백성의 목숨을 보장해 주겠다는 내용도 포함되었다.

우호 조약을 체결한 지 사흘 후, 이스라엘 백성들은 그들이 이웃 기브온 성에서 온 사절단이라는 사실을 알게 되었다. 여호수아와 이스라엘 장로들은 몹시 당황했고 화가 났다. 이스라엘 백성들은 지도자들을 원망했다. 그러나 어쩔 수 없었다. 이미 우호 조약을 체결한 다음이니 약속을 이행하지 않을 수 없는 노릇이었다. 약속은 약속이었다. 더구나 거룩하신 여호와 하나님의 이름으로 체결한 약속이었다.

여호수아는 기브온 사람들을 불러 놓고 말했다.

"당신들이 우리를 속였다. 그러나 조약을 맺었으니 당신네들을 죽이지는 않겠다. 그렇다고 거짓에 대한 책임을 묻지 않을 수 없다. 당신들은 우리를 속인 거짓된 죗값을 치러야 한다."

기브온 사람들은 목숨을 살려준다는 말이 황송해서 무슨 벌이든 달게 받겠다고 하였다.

"너희는 우리의 노예가 되어야 한다. 성전에서 하나님께 제사 드릴 때 물을 길어 오고, 제물을 태울 장작을 패야 한다."

이스라엘을 속인 대가는 이스라엘의 노예가 되는 것으로 일단락 지어졌다. 그날로부터 기브온 사람들은 하나님의 성전에서 하나님을 섬기는 데 필요한 모든 허드렛일에 종사하였다.

해가 머물고 달이 멈추다 수 10:1-27

예루살렘 왕 아도니세덱은 크게 두려워하고 있었다. 그렇지 않아도 여리고와 아이를 함락시킨 이스라엘의 계속되는 승전 소식에 잔뜩 긴장하고 있던 터에,

이번에는 인구도 많고 성읍도 큰 기브온이 이스라엘과 우호 조약을 맺었다는 소식까지 접하자 더욱 겁에 질렸다. 동시에 기브온 성읍의 배신에 대한 분노가 솟구쳤다.

'기브온이 우리를 배신하다니….'

예루살렘 왕 아도니세덱은 자신들을 배신한 기브온을 가만 놔두어서는 안 되겠다고 판단했다. 적극적으로 대처해서 어떻게든 또 다른 이탈을 막아야 했다.

그는 궁리 끝에 주변의 왕국들과 연합군을 만들어 배신자 기브온을 응징하기로 결심했다. 기브온만 무찌르면, 이스라엘도 한풀 꺾일 것이라고 생각하였다.

아도니세덱은 주변에 있는 네 왕에게 사신을 급파하였다. 그들은 헤브론 왕과 야르뭇 왕과 라기스 왕과 에글론 왕이었다.

"기브온이 우리를 배신했소. 우리가 연합군을 형성해서 배신자 기브온을 응징합시다. 그렇지 않으면, 이스라엘의 기세를 꺾기 힘들 것이오. 속히 힘을 합쳐 기브온을 공격합시다."

그렇지 않아도 모두들 이스라엘의 승승장구에 위기의식을 느끼고 있었던 터라, 아도니세덱의 계획에 모두가 적극 동조했다. 이스라엘에 대항할 연합군이 신속하게 편성되었다. 그들 다섯 왕국은 모두가 가나안의 막강한 세력인 아모리 족속들이었다.

한편, 다섯 나라 연합군이 쳐들어온다는 보고를 받은 기브온 왕은 여호수아에게 사신을 급파했다.

"속히 와서 우리를 도와주십시오. 아모리 족속의 다섯 왕들이 동맹군을 만들어 지금 쳐들어오고 있는 중입니다. 상황이 아주 급합니다."

전갈을 받자, 여호수아는 즉시 이스라엘 전군에 출정 명령을 내렸다.

"모두 들으라, 지금 우리와 우호 조약을 맺은 기브온이 아모리 족속의 다섯 왕들에게 공격을 받고 있다. 즉시 가서 기브온을 구하고, 아모리 연합군을 무찌르자!"

여호수아는 사기충천한 이스라엘 군대를 이끌고 기브온으로 향했다. 길갈의 이스라엘 진영을 떠나 가나안 서쪽의 중앙 고지대를 향하여, 밤새도록 쉬지 않고 달려갔다. 여호수아는 승리를 보장해 주신 하나님의 약속을 받았으므로 두려울 것이 없었다.

이스라엘 군대가 기브온에 이르자 아모리 족속의 다섯 연합군들이 이미 도착해 있었다. 밤새도록 행군해 온 이스라엘 군사들은 휴식할 틈도 없이 기습적으로 공격을 감행했다. 아모리 족속의 연합군은 아연 당황했다. 이스라엘 군대가 그토록 빨리 들이닥칠 줄은 예상치 못했기 때문이었다.

우왕좌왕, 혼비백산. 이스라엘 군사들의 기세에 눌린 아모리 족속의 연합군은 훨씬 많은 숫자에도 불과하고 제대로 싸워보지도 못한 채 너도나도 도망치기에 바빴다. 이스라엘 군사들은 맹렬하게 뒤쫓았다. 이번에 아모리 족속의 다섯 연합군을 제압하면, 그 다섯 나라를 한꺼번에 점령한 결과가 온다. 그러니 적당히 살려서 돌려보내면 안 되었고, 철저히 무찔러 전의를 완전히 꺾어 놓아야만 했다.

쫓고 쫓기는 싸움이 계속되는 동안, 하늘에서 갑자기 주먹만한 우박이 쏟아지기 시작했다. 하나님이 이스라엘을 도와 큰 우박을 쏟아부었던 것이다. 이집트에 재앙이 임했을 때 이집트 사람들에게만 우박이 쏟아졌던 것처럼, 이번에도 도망하는 적군들에게만 우박이 집중적으로 쏟아져 내렸다. 그날 기브온 전투에서는 이스라엘의 칼과 창과 화살에 죽은 사람보다 우박에 맞아 죽은 적군이 훨씬 많았다.

온종일 전투가 계속되었다. 해가 서서히 기울고 있었다. 해가 지면, 상당수의 적군이 어둠을 틈타 무사히 도망칠 것이었다. 여호수아는 하늘을 향하여 소리쳤다.

"해야, 기브온 위에 머물러라.
달아, 너도 아얄론 골짜기에 멈추어라!"

그러자 이게 무슨 일인가! 여호수아의 기도가 끝나자마자, 해가 그 자리에 멈추었고 달도 멈추어 섰다. 해가 온종일 꼬박 움직이지 않고 그대로 멈추어 섰다. 인류 역사를 통해 이 같은 기적은 이전에도 없었고 이후에도 없었다. 오직 이때뿐이었다.

해가 멈춤으로써 낮이 길어진 이 사건은, 지구의 자전이 멈춤으로써만 가능하다. 우주적인 대이변이 일어난 것이다. 하나님이 이스라엘 편에 서서 친히 싸워 주시느라 지구의 자전을 멈추게 하셨던 것이다.

해가 멈추고 낮이 길어지자 이스라엘의 추격전은 계속되었고, 아모리 족속의 다섯 연합군은 계속 쫓기면서 또 죽임을 당했다. 아모리 연합군의 다섯 왕들도 정신없이 쫓기다가 어느 동굴 속으로 급히 은신하였다. 막게다 동굴이었다. 그 같은 정보가 여호수아에게 보고되자 여호수아가 명령하였다.

"동굴 입구를 큰 바위로 막고 일부는 그곳을 지켜라. 다른 군사들은 도망하는 적을 계속 쫓아라. 한 놈도 성 안으로 들여 보내지 말라."

이스라엘 군사들은 아모리 족속의 다섯 연합군을 크게 무찔러 거의 모두 전멸시켰다. 막게다 동굴에 숨어 있던 아모리 족속의 다섯 왕도 붙잡아 처형시켰다. 이스라엘의 대승리였다. 가나안 원주민 부족들은 더욱 겁에 질려, 이스라엘 앞에서 숨소리를 죽이고 벌벌 떨었다.

가나안 온 땅의 정복과 분배

이스라엘이 가나안 온 땅을 장악하다 수 10:28–11:23

기브온 전투에서 아모리 족속의 다섯 연합군을 일거에 격파한 이스라엘 군대는 기세를 몰아 가나안 남부에 있던 여러 성읍들을 파죽지세로 격파해 나아갔다.

먼저 막게다를 정복한 이스라엘은 립나, 라기스, 에글론, 헤브론, 드빌을 차례로 정복했다. 여호수아 군대는 성읍을 정복할 때마다 거기에 사는 사람들을 하나도 살려두지 않고 모조리 칼로 쳐 죽였다. 하나님이 그렇게 명령했기 때문이었다.

이스라엘 군대가 수행하는 가나안 정복 전쟁은 단순히 가나안 사람들의 영토를 빼앗으려는 포악하고 잔인한 침략 전쟁이 아니었다. 그것은 죄악과 우상의 성읍을 철저히 멸하고, 그 땅에 하나님의 왕국을 건설하려는 여호와의 거룩한 전쟁이었다. 이스라엘 군대는 곧 하나님의 공의를 실현하는 정의의 집행

관이었기에, 추호의 타협이나 동정이 있을 수 없었다.

이제 이스라엘 백성들은 가나안 땅의 중부와 남부를 정복하였다. 남부의 산악 지대와 야산 지대와 비탈진 지역의 여러 종족과 여러 성읍을 완전히 장악하였다. 참으로 무적의 이스라엘 군대였다. 아직 이스라엘 군대와 싸우지 않은 가나안 지역의 종족들은 큰 공포에 사로잡혔다.

이스라엘의 승승장구 소식에 가슴을 졸이던 가나안 북부 지역의 종주국인 하솔 왕국의 야빈 왕은 대비책을 서둘렀다. 그대로 앉아서 당할 수는 없는 노릇이었다. 야빈 왕은, 아직 이스라엘에게 점령당하지 않은 나라들을 총동원하여 이스라엘 군대와 맞서 싸우기로 결심했다.

하솔 왕 야빈은 인근 여러 나라에 사신을 보내어 연합해서 이스라엘과 싸우자고 요청했다. 모두 힘을 합치면 이스라엘이 아무리 강해도 한 번 해볼 만하지 않겠느냐고 선동했다.

그가 특사를 보낸 나라들은 다음과 같았다. 마돈 왕, 시므론 왕, 악삽 왕, 그리고 북부 산악지대를 다스리고 있는 왕, 긴네렛 남쪽의 아라바 왕, 서쪽 지중해변에 아직 남아 있는 왕, 요단 강 동서쪽의 가나안, 아모리, 헷, 브리스 족속의 왕들, 산악지대의 여부스 왕, 미스바 지역의 헤르몬 산기슭에 있는 히위 왕 등이 그들이었다. 말하자면 가나안 땅의 남은 종족들을 총동원하는 셈이었다.

가나안 북부 연합군의 숫자는 바닷가의 모래알처럼 엄청나게 많았다. 이스라엘 군대에게는 없는 병거와 말도 많이 보유하고 있었다. 병거는 두 마리의 말이 끄는 전투용 수레로서 고대 전쟁에서 오늘날의 탱크와 같은 구실을 했다. 칼과 창과 활 이외에는 전투 장비가 별로 없는 이스라엘 군대로서는 여간 벅찬 상대가 아니었다.

"두려워 말라. 내가 그들을 이스라엘에게 넘겨줄 것이다."

출정을 앞둔 여호수아에게 하나님이 말씀해 주셨다.

여호수아는 이스라엘 전군을 이끌고 길갈 본영을 떠나 북쪽으로 밤새도록 행군하여, 메롬 물가에 진을 치고 있던 가나안 북부 연합군을 갑자기 들이덮

쳤다. 전투는 그야말로 대접전이었다. 전체가 보병인 이스라엘 군대는 엄청난 수효의 북부 연합군과 위력 있는 병거와 기동력 빠른 기병들과 맞서 용감하게 싸웠다.

전투는 여러 날 계속되었다. 시간이 흐를수록 가나안 북부 연합군의 전열이 흩어지고 무너져 내렸다. 상대적으로 이스라엘 군대는 더욱 강해졌고 사기가 충천해졌다. 이스라엘의 승리였다. 이스라엘, 그들은 과연 무적의 군대였다. 전능하신 하나님이 그들의 총사령관이기 때문이었다.

적군들이 흩어져 도망치기 시작하자, 이스라엘 군사들은 끝까지 추격했다. 북서부 해안의 시돈에 이르기까지, 동부의 미스바까지 뒤쫓아가 적들을 남김없이 소탕했다. 상상을 초월하는 엄청난 승리였고, 전리품 또한 태산 같았다.

이스라엘 군대는 가나안 북부 지역에서 종주국 행세를 하던 하솔 성읍을 불태우고 그곳 주민들을 모조리 칼로 쳐 죽였다. 그러나 그 외의 성읍들은 불태우지 않았다. 이렇게 이스라엘이 가나안 북부까지 장악함으로써 6~7년에 걸친 가나안 정복 전쟁은 대략 마무리된 셈이었다.

12지파에게 가나안 땅을 분배하다 수 12–22장

이스라엘은 가나안 남부의 16왕과 북부의 15왕을 합하여 모두 31왕을 굴복시켰고, 그들이 다스리던 성읍을 정복하였다. 이렇게 이스라엘이 가나안 땅의 크고 강력한 성읍들을 정복함으로써 가나안 전역을 장악한 것은 사실이지만, 가나안 땅 전부를 모두 정복한 것은 아니었다. 아직도 가나안 땅 도처에는 정복해야 할 지역들이 여러 군데 있었다.

그렇지만 이제는 가나안 땅을 이스라엘 각 지파에게 분배하고 그곳에 정착할 정도는 충분히 된 셈이어서, 그 땅을 이스라엘 12지파에게 분배하기로 하였다. 아직 정복하지 않은 지역들은 그곳을 분배받은 각 지파가 해결할 몫이었다.

땅을 분배하는 작업은 여호수아와 대제사장 엘르아살이 주도하였고, 분배 방식은 제비뽑기를 통해 이루어졌다. 하나님은 제비뽑기 방식을 통해 각 지파에게 땅을 분배해 주신 것이다.

먼저 요단 강 동쪽의 땅이 분배되었다. 그곳은 초원 지대였으므로 가축 떼를 많이 거느린 르우벤 지파와 갓 지파에게 분배되었고, 그곳을 정복하는 데 큰 공을 세운 므낫세 반 지파에게도 분배되었다.

이어 요단 강 서편 지역의 땅이 분배되었다. 유다 지파를 선두로 요셉 자손의 두 지파 곧 므낫세 지파와 에브라임 지파, 베냐민 지파, 시므온 지파, 스불론 지파, 잇사갈 지파, 아셀 지파, 납달리 지파, 그리고 단 지파의 순서대로 땅이 분배되었다.

레위 지파는 땅 분배에서 제외되었다. 왜냐하면 레위 지파는 성막에서 하나님을 섬기는 제사장 지파로 특별히 구별되었기 때문이었다. 그래서 레위 지파 사람들은 다른 생업에 종사하지 않고, 성막을 중심으로 하나님께 봉사하고 백성들에게 율법을 가르치는 일을 도맡았다. 여호수아는 레위 지파에게도 48개의 성읍과 그 주변의 들판을 주었지만, 그것은 기본적인 정착 생활을 위해 필요했기 때문이었다.

레위 지파의 성읍들 중에서 여섯 개의 도피성이 지정되었다. 도피성逃避城은 악의에 의한 고의성 살인이 아닌, 말하자면 실수로 살인을 저지른 과실 치사범들이 피의 보복자들로부터 도피하여 정당한 재판을 받을 때까지 몸을 피할 수 있는 성읍이었다. 도피성의 위치는 요단 강 양쪽에 각각 세 군데 씩, 모두 여섯 군데가 이스라엘 전역에 골고루 퍼져 있었다. 게데스, 세겜, 헤브론, 골란, 라못, 베셀이 그곳이었다.

가나안 정복 전쟁이 종료되고 이스라엘 각 지파에게 땅도 분배되었으므로, 이제 여호수아는 예전에 약속된 대로 그 동안 가나안 정복 전쟁에 참여했던 요단 강 동편 지역의 지파들, 곧 르우벤 지파와 갓 지파와 므낫세 반 지파에게 그들이 분배받은 땅으로 돌아 가게 했다.

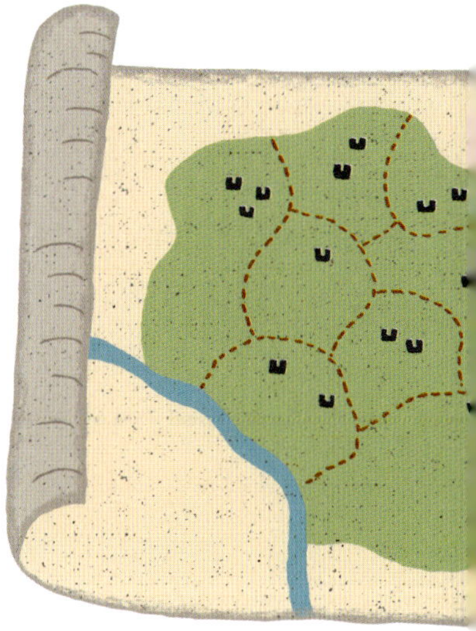

"가나안 전쟁이 끝날 때까지 힘껏 도운 너희 세 지파는 다시 요단 강을 건너가 니희 가족들이 있는 곳으로 가라."

여호수아는 그들을 축복하고, 많은 전리품을 주어 돌려보냈다. 물론 요단 강 서쪽에 정착한 지파들에게도 많은 전리품을 나누어 주었다. 이렇게 해서 하나님이 이스라엘의 3대 조상인 아브라함과 이삭과 야곱에게 거듭 약속한 땅, 그리고 모세에게도 약속한 젖과 꿀이 흐르는 가나안 땅이 드디어 이스라엘 백성의 소유가 되었다. 하나님의 약속이 성취된 것이다.

여호수아가 유언을 마치고 임종을 맞다 수 23–24장

이스라엘이 가나안 땅을 정복한 지도 오랜 세월이 지났다. 모세와 함께 이집트에서 나온 1세대인 여호수아도 많이 늙었다. 여호수아는 자신의 죽을 날이 임박한 것을 알고 이스라엘 백성들을 향하여 유언과도 같은 고별사를 했다. 이집트의 고달팠던 종살이 생활을 경험하였고, 이집트 탈출과 광야 40년의 생활을 경험한 여호수아는 그런 시절을 경험하지 못한 2세대에게 간절한 마음으로 입을 열었다.

"여러분, 하나님은 약속하신 대로 이 땅을 우리들에게 주셨습니다. 앞으로도 여러분이 하나님을 의지하면, 그분은 여러분들을 위해 싸워 주실 것입니다. 그러니 절대로 가나안 땅의 우상들에게 한눈 팔지 말고, 오직 여호와 하나님께만 충성을 바쳐야 합니다. 나는 이제 나이가 많아 가야 할 길을 가지만 여러분은 자자손손 여호와 하나님만을 사랑해야 합니다."

이스라엘 백성들은 숙연해졌다. 여호수아는 이어, 그 동안 걸어온 이스라엘의 역사를 잠시 회고하면서 하나님의 도우심을 상기시켰다. 그리고 마침내 결연한 어투로 말했다.

"여러분, 이제 여러분들은 어떤 신을 섬길 것인지 결단을 내려야 합니다. 이스라엘의 신 여호와를 섬길 것입니까? 아니면 가나안의 신들을 섬길 것입니까? 나와 내 집은 오직 여호와만을 섬길 것입니다."

그러자 이스라엘 백성들이 일제히 맹세하였다.

"우리들도 역시 여호와만을 섬기겠습니다. 여호와만이 우리의 하나님이십니다. 그분의 말씀에 따르겠습니다."

여호수아는 이스라엘 백성들과 계약을 맺고 증거의 돌을 세웠다. 그런 후, 백성들을 각기 처소로 돌려 보냈다. 이 일을 마친 다음 여호수아는 임종을 맞았다. 향년 110세였다. 이스라엘 백성들은 그의 시신을 에브라임 산지의 딤낫 세라에 장사하였다.

그로부터 얼마 후, 대제사장인 아론의 아들 엘르아살도 세상을 떠났다. 그도 역시 에브라임 산지에 장사되었다. 오래전에 이집트의 총리를 지낸 요셉의 유해도 그의 유언에 따라 세겜 땅에 묻혔다.

이스라엘 백성들은 여호수아가 죽은 이후에도 여호와를 잘 섬겼다. 여호수아 시대의 장로들이 살아 있는 동안에도 줄곧 여호와를 섬겼다. 그렇게 세월은 흘렀다.

가나안 땅의 정착과 사사 시대의 개막

이스라엘이 가나안 땅에서 정착해 나가다 삿 1장

이스라엘 백성들이 분배받은 가나안 땅 곳곳에는 가나안 원주민들이 아직 거주하고 있는 곳이 적지 않았다. 여호수아 시대에 가나안 땅 전반에 대한 지배권은 장악했지만, 구석구석에는 정복되지 않은 땅도 많았던 것이다.

이스라엘 백성들이 가나안에서 안전하게 정착하려면, 정복하지 못한 땅을 정복함으로써 그 땅에 남아 있는 가나안 족속들을 완전히 몰아내야 했다. 이스라엘의 장로들은 앞으로 어떻게 해야 하는지, 하나님께 물었다.

"유다 지파가 올라가라."

하나님은 먼저 유다 지파가 가나안 원주민들과 싸우러 올라가야 한다고 말씀하셨다. 유다 지파 사람들은 자기들만의 힘으로는 역부족이라고 느껴 같은 구역 내에 있는 시므온 지파에게 협력을 요청했다.

그들 두 지파는 먼저 베섹 전투에서 아도니베섹이 이끄는 가나안 족속 및 브리스 족속과 싸워 1만 명을 죽이는 큰 전과를 거두었다. 그리고 도망치는 아도니베섹을 추격하여 사로잡은 두 지파의 연합군은 당시의 관습대로 엄지손가락과 엄지발가락

을 잘랐다. 다시는 전쟁에서 무기를 잡지 못하게 하고, 또 도망치지 못하도록 하기 위함이었다. 아도니베섹은 몹시 괴로워하면서 이렇게 탄식했다.

"내가 전에 70명이나 되는 왕들을 잡아 그들의 엄지손가락과 엄지발가락을 잘라낸 후 그들로 하여금 내 상다리 밑에서 부스러기나 주워 먹게 하였더니, 이제 히브리인의 신이 내가 한 짓을 그대로 내게 갚으시는구나!"

두 지파의 연합군은 이어 예루살렘으로 올라가 그곳의 성읍들을 점령하고, 다시 남쪽으로 내려가 헤브론과 드빌을 정복하였다. 그야말로 승승장구였다.

유다 지파는 베냐민 지파와도 연합하여 스밧과 남부 지중해안의 평야 지대인 가사, 아스글론, 에그론을 점령하였다. 그리고 여호수아와 함께 이집트 탈출 1세대에 속하는 갈렙은 가나안 땅의 거인 족속을 무찌르고 헤브론에 정착하였고, 베냐민 지파는 예루살렘에 살고 있던 여부스 족속을 몰아냈다. 에브라임 지파와 므낫세 지파는 벧엘을 점령하였다.

가나안 땅 곳곳에서 지파 별로 전투가 계속되었고, 대부분 이스라엘이 승리하였다. 하지만 몇몇 지파들은 가나안 족속을 쫓아내는 데 실패하거나 소극적이어서 가나안 원주민들과 공존하기도 했다. 이렇듯 가나안 땅에는 가나안 원주민들이 이스라엘 백성과 함께 살아가는 경우가 적지 않았지만, 그들은 이스라엘의 힘에 눌려 거의 노예 같은 삶을 살았다.

사사들의 시대가 전개되다 삿 2:1–3:6

하나님은 모세와 여호수아를 통해 이스라엘 백성들에게 분명히 명령하셨다. 가나안 족속들을 진멸함으로써, 그들의 우상 문화에 빠져드는 일을 미리 차단해야 한다고.

하지만 이스라엘 백성들은 가나안 족속들을 몰아내는 데 적극적이지 않았다. 가나안 족속들과 타협하여 그들과 공존하는 길을 택하거나, 그들을 노예로 삼아 종살이를 시키는 데 만족했다.

이스라엘 백성들은 가나안 땅의 안정된 정착 생활에 만족했고, 점차적으로 하나님을 잊고 살기 시작했다. 평화와 번영 속에서 교만해졌고 방탕해져 갔다. 가나안 원주민들이 여기저기 남아 있는 관계로, 그들이 섬기는 우상을 함께 섬기는 일조차 생겨났다. 하나님과의 약속도 잊고 여호수아와 맺은 맹세도 망각한 채 자기 욕심을 좇아 제멋대로 살아가는 사람들이 자꾸만 늘어갔다.

마침내 하나님이 진노하셨다. 어쩌면 그렇게 쉽사리 하나님의 은혜를 잊을 수 있단 말인가! 하나님의 도움 없이는 이스라엘의 오늘이 있을 수 없었다는 사실을 어쩌면 그렇듯 쉽게 망각할 수 있을까! 하나님은 이스라엘 백성들을 깨우쳐 주기 위해 그들을 고통과 역경 가운데로 몰아 넣으셨다. 전쟁으로 치시고, 흉년으로 치셨다. 이스라엘은 고통과 위기에 직면하면 하나님을 찾았고, 그럴 때마다 하나님은 사사士師를 보내어 그들을 구원하셨다. 사사란 '백성을 다스리는 자'를 뜻하는 말로, 평화시에는 재판관 노릇을 하며 백성들을 다스렸고, 전쟁시에는 군사 지도자가 되어 이스라엘을 이끌었다.

사사의 활약으로 다시 살아갈 만하면 이스라엘은 다시 하나님을 잊고 우상을 섬기면서 제멋대로 살았다. 그러면 하나님은 또다시 그들을 치셨다. 이와 같이 타락과 징계와 회개와 구원, 그런 다음엔 또다시 타락으로 이어지는 악순환이 계속되었다. 이스라엘은 거듭거듭 하나님을 배반하고 거역했지만, 하나님은 몇 번이고 이스라엘을 용서하시고 구원하셨다.

사사 옷니엘과 에훗과 드보라

최초의 사사 옷니엘 삿 3:7-11

이스라엘이 하나님을 잊고 이방 우상을 섬기자, 하나님은 이스라엘을 적군의 손에 넘겨주셨다. 이스라엘은 자그마치 8년 동안이나 메소포타미아의 왕의 지배를 받으며 극심한 압제하에서 신음했다. 그들은 형편이 어려워지자 또다시 하나님께 도와달라고 부르짖었다. 하나님은 한 구원자를 뽑아 세우셨는데, 그가 바로 이스라엘 최초의 사사가 된 옷니엘이었다. 그는 믿음의 용사인 갈렙의 조카였다.

사사 옷니엘은 하나님의 도우심으로 메소포타미아 왕과 싸워서 그를 물리쳤다. 옷니엘은 그 후 죽을 때까지 40년 동안이나 이스라엘을 다스렸다. 왕을 세우지 않고 이렇게 하나님이 구원자를 세워 다스리던 시대를 '사사 시대'라고 한다. 사사는 '판관判官'이라고도 불렸는데, 그것은 평소에는 사사가 이스라엘 백성들의 재판관 역할을 하기 때문이었다.

왼손잡이 사사 에훗 삿 3:12-30

옷니엘이 죽자, 이스라엘은 또다시 타락하여 악을 행하였다. 하나님을 잊고 바알과 아세라 같은 가나안의 우상들을 섬겼다. 그러자 하나님의 징벌이 임했다.

이번에는 요단 강 건너편의 모압 왕 에글론에게 18년 동안이나 압제를 받게 하였다. 마침내 이스라엘 백성들은 더 이상 견딜 수 없어 자기들의 죄를 뉘우치고 하나님께 도움을 부르짖었다. 하나님은 그들의 기도를 들으시고, 베냐민 지파에서 에훗을 뽑아 사사로 세우셨다. 그는 왼손잡이였다.

에훗은 모압 왕 에글론을 직접 찾아갔다. 조공을 전해 준다는 명분이었다. 그때에 에훗은 양날이 예리하게 선 칼을 오른쪽 다리 옷 속에 숨겨 갔다. 살찐 뚱보 왕 에글론은 서늘한 방에서 교만하게 으스대며 에훗을 맞이하였다. 에훗은 에글론에게 조공을 바친 다음, 이렇게 말했다.

"왕께 은밀하게 여쭐 말씀이 있습니다. 다른 방으로 가시지요."

에글론이 의심 없이 다른 방으로 에훗을 데리고 갔다. 에훗은 귓속말을 하려는 듯 모압 왕에게 다가갔다. 그리고는 속삭였다.

"왕께 하나님의 전갈을 가지고 왔습니다."

그 말에 모압 왕이 자리에서 일어났다. 그 순간 에훗은 지체하지 않고 오른쪽 다리 속에 숨겨둔 예리한 칼을 뽑아 왕을 찔렀다. 왕은 에훗이 왼손잡이인 줄 몰랐기 때문에 그의 오른쪽 다리에 신경 쓰지 않았던 것이다.

순식간에 일을 마치고 왕의 집무실을 나온 에훗은 그 문에 자물쇠를 채운 후 유유히 도망쳤다. 한동안 왕이 돌아오기를 기다리던 신하들은 무언가 이상하여 왕이 들어갔던 옆방으로 가 보았다. 문이 잠겨 있었다.

"어찌된 일이지?"

한 신하가 궁금한 듯 다른 신하들에게 말했다.

"쉿, 아마도 왕께서 낮잠을 주무시는 모양이오. 깨우지 말고 조용히 기다려 봅시다."

그러나 아무리 기다려도 기척이 없자, 신하들은 나쁜 느낌이 들어 왕을 불러 보았다. 그래도 아무 반응이 없자 방문을 두드렸다. 역시 아무 반응이 없었다. 더욱 이상하게 생각한 신하들이 급히 열쇠를 가져다가 자물쇠를 열고 들어가 보니, 왕은 피를 흘리고 죽어 있었다.

모압의 왕궁에 난리법석이 일어났다. 경황이 없어 우왕좌왕하는 사이에 에훗은 이스라엘로 도망하여 급히 군사들을 불러모아 그들을 이끌고 모압을 공격하였다. 왕을 잃은 모압 군사들은 사기가 꺾여 우왕좌왕하다가 도망치기에 바빴다. 그날 전투에서 이스라엘 군사들은 날쌔고 힘센 모압 군인을 1만여 명이나 쳐 죽였다. 이 전투로 모압은 이스라엘의 지배하에 들어가게 되었고, 다시는 이스라엘을 넘보지 못하였다. 그로부터 80년 동안 이스라엘에는 평화가 깃들었다.

여사사女士師 드보라 삿 4:1-11

에훗의 뒤를 이어 삼갈이 이스라엘의 사사가 되었다. 그는 이스라엘을 괴롭히는 블레셋 군사들을 혼자서 6백 명이나 쳐 죽였는데, 특별한 무기를 사용한 것이 아니라 소를 모는 데 쓰는 막대기 하나로 해치워, 이스라엘을 압제에서 건져냈다.

오랫동안 평화와 번영이 지속되면 사람들은 하나님을 잊고 자기 멋대로 살기 시작한다. 자만이 심해지면 자기 스스로 걸려 넘어져 시련과 고난의 화를 불러들인다.

평화가 지속되자 이스라엘은 다시 타락했다. 하나님은 또다시 죄악의 길로 들어선 이스라엘 백성들을 징벌하여 그들을 가나안 족속의 왕 야빈의 손에 넘기셨다. 그는 하솔을 수도로 삼고 인근 지역을 다스리고 있었다.

당시 야빈은 쇠로 만든 튼튼한 병거 9백 대로 무장한 막강한 군대를 거느리고 있었다. 그는 20년 동안이나 이스라엘을 심하게 억압하였다. 고통과 괴로움을 견디다 못한 이스라엘 백성들이 또다시 하나님께 도와달라고 울부짖었다.

그때 이스라엘을 다스리고 있던 사사는 드보라였다. 그녀는 랍비돗의 아내로서 여자 예언자였다. 당시 그녀는 야자나무 그늘에 천막을 치고 억울한 일로 찾아오는 백성들에게 재판을 베풀고 있었다.

어느 날, 하나님께서 드보라에게 가나안 왕 야빈의 압제에서 이스라엘을 구하라고 명령하셨다. 드보라는 바락이라는 납달리 지파의 유능한 장수를 불러 하나님의 말씀을 전하였다.

"바락, 그대는 1만 명의 병사를 거느리고 다볼 산으로 가시오. 하나님께서 가나안 왕 야빈의 총사령관인 시스라와 그들의 쇠로 만든 병거를 기손 강으로 이끌어 내실 것이오. 거기서 그들을 쳐부수시오. 하나님이 그대에게 승리를 주실 것이오."

"나 혼자서 말입니까?"

바락은 고개를 저었다. 자신감이 없는 표정이 역력했다. 가나안 왕의 막강한 군대와 대적하려니 아무래도 겁이 났을 것이다. 20년 동안이나 압제를 받아온 데다 쇠로 만든 9백 대의 병거 부대를 떠올리니 힘에 부치다는 생각부터 앞섰다.

"당신이 나와 함께 가 주신다면 모를까, 나 혼자서는 안 갑니다."

드보라는 하나님이 승리를 보장해 주셨다는 말에도 의심을 하는 바락에게 은근히 화가 났다.

"좋습니다. 내가 함께 가지요. 그러나 당신은 이번 전투에서 공을 세우지 못할 것입니다. 하나님께서 야빈의 총사령관인 시스라를 여자의 손에 넘겨주실 것입니다."

드보라가 함께 올라간다는 말을 듣고서야 바락은 1만 명의 이스라엘 군사들을 거느리고 다볼 산으로 갔다. 가나안 왕 야빈의 군대 총사령관인 시스라는 바락과 드보라가 이끄는 군사들을 맞아 싸우기 위해 그 무서운 9백 대의 철병거와 많은 군사들을 이끌고 기손 강으로 이동하였다. 이것을 보고 여사사 드보라가 바락에게 일렀다.

"자, 우리도 행동을 개시합시다. 조금도 걱정 마시오. 하나님께서 장군보다 앞서 나가셔서 싸워 주실 것입니다. 우리가 반드시 이깁니다."

총사령관 시스라가 여자의 손에 죽다 삿 4:12–5:31

바락이 군대를 이끌고 계곡으로 내려갔다. 드보라의 말대로, 하나님이 앞서 가시며 바락의 군대를 도우셨다. 시스라가 이끄는 철병거 부대와 군사들을 어지럽게 만드셨다. 그리하여 시스라의 군대는 바락의 군대 앞에서 여지없이 무너져 내렸다. 위용을 자랑하던 그 많은 철병거도 무용지물이었다. 그들은 제대로 싸워 보지도 못하고 좌충우돌 우왕좌왕하다가 죽어갔다.

겁먹은 시스라의 군사들이 혼비백산 도망하기 바빠졌다. 시스라는 패배를 직감했다. 그는 타고 있던 병거를 버리고 도보로 도망치기 시작했다. 경황이 없는 중에서도 시스라는 기왕이면 안전지대로 가기 위해 겐 족속인 헤벨 가문이 살고 있는 쪽으로 도망하였다. 헤벨 가문은 평소 하솔 왕 야빈과 친분 관계를 맺고 지냈기 때문이었다.

시스라는 마침내 겐 족속 헤벨의 천막에 이르렀다. 천막에는 헤벨의 아내 야엘이 혼자 있었다. 겐 족속은 오래전에 모세가 이집트에서 한 애굽인을 죽이고 도망하여 40년을 함께 살았던 미디안 족속의 한 파였다. 모세의 아내와 장인도 겐 사람이었다. 이스라엘이 이집트에서 빠져 나올 때, 겐 사람인 모세의 처남은 그곳 지리에 밝아 모세를 도와 길 안내를 해 주었으며, 이스라엘 백성들이 가나안 땅에 정착한 이후에도 이스라엘 사람들과 함께 살았다.

시스라가 나타나 도움을 요청하자, 야엘은 웃으며 그를 천막 안으로 맞아들였다. 야엘은 그를 담요로 덮어 주며 말했다.

"나리, 어서 오십시오. 어서 들어오셔서 좀 쉬도록 하세요."

"목이 마르니, 우선 물부터 좀 주시오."

시스라는 지칠 대로 지쳐 있었다. 야엘은 시스라의 요구에 물 대신 우유를 주었다. 고맙게 받아 마신 시스라는 야엘에게 부탁하였다.

"천막 앞에 있다가 혹시 누가 와서 싸움터에서 도망 온 사람이 여기 있느냐고 찾거든 안에 아무도 없다고 해주시오. 부탁입니다."

"예, 그러죠. 걱정 마시고 편히 쉬세요."

야엘은 그가 눕자 담요를 덮어 주고 밖으로 나갔다. 시스라는 기진맥진한 상태였는지라 이내 깊은 잠에 빠져들었다. 그가 깊은 잠에 빠지자, 야엘은 천막의 말뚝 하나를 뽑아 들고 망치를 든 채 살금살금 천막 안으로 들어갔다.

그녀는 시스라가 잠이 깨지 않도록 조심스럽게 접근하여, 잠든 시스리의 관자놀이에 말뚝을 대고 망치로 힘껏 내리쳤다. 어찌나 힘껏 내려쳤던지, 말뚝은 시스라의 관자놀이를 뚫고 땅바닥에 박혔다. 지쳐 잠에 곯아 떨어졌던 시스라는 아무 소리도 못 내고 그 자리에서 죽었다.

야엘은 다시 천막 밖으로 나가 서 있었다. 때마침 바락이 군사들을 이끌고 시스라를 추적하여 찾아왔다.

"어서 오십시오, 장군님. 장군께서 찾고 있는 적군의 총사령관을 보여 드리겠습니다."

그녀는 바락을 천막 안으로 데리고 들어가 관자놀이에 말뚝이 박혀 죽어 있는 시스라를 보여주었다.

바락은 즉시 이스라엘 진영으로 달려가 드보라에게 야엘이 한 일을 보고하였다. 그들은 하나님을 찬양하며 기쁨으로 승리의 노래를 불렀다.

"너희는 여호와를 찬양하라
여호와의 승리를 노래하라
시스라를 쳐 죽인 야엘이여, 여느 여인보다 복을 받아라
여호와여, 여호와의 원수들을 그처럼 망하게 하시고
여호와를 사랑하는 자들로 해처럼 힘차게 떠오르게 하소서."

그 후 가나안 왕 야빈은 이스라엘에게 점점 쫓기고 눌리다가 마침내 완전히 망하고 말았다. 이스라엘 땅에는 40년 동안 평화가 찾아 들었다.

사사 기드온과 삼백 용사

미디안 족속이 이스라엘을 압제하다 삿 6:1–10

세상에는 어이없는 일들이 많다. 이스라엘 백성들의 행동도 어이없기는 마찬가지였다. 그쯤 하나님을 경험하였으면 다시는 그분께 불순종하지 않아야 하고, 더군다나 이방인들의 우상을 섬기는 못된 짓은 하지 않아야 마땅한 일이었다. 그런데 또다시 거역이라니!

평화와 번영의 세월이 흐르자 이스라엘은 다시 하나님께 등을 돌렸고, 하나님은 그 백성에게 다시 채찍을 드셨다. 이번에는 미디안 족속을 통해서 징벌을 가하셨다.

미디안 사람들은 일정한 장소에 정착하지 않고, 이리저리 떠돌아다니면서 약탈을 일삼는 못된 습성을 지니고 있었다. 그들은 이스라엘의 남쪽에서 낙타를 타고 메뚜기 떼처럼 우르르 몰려와 농작물뿐만 아니라 소나 양 같은 가축들조차 모조리 빼앗아 갔다. 그들이 한 번 지나가면 남는 것이 아무것도 없었다. 게다가 그들은 악랄하여 토지조차 황폐하게 만들었다.

미디안 족속에게 약탈당하고 압제를 받으면서 이스라엘은 헐벗고 굶주렸다. 그러면서도 미디안 사람들이 무서워 제대로 저항조차 하지 못했다. 모두가 겁을 먹고 주눅이 들어 산으로 도망하여 동굴이나 바위틈에 숨어 지내곤 했다.

그러기를 7년, 이스라엘 백성들은 마침내 굶주려 죽을 지경이 되었다. 도무지 살아갈 수가 없었다. 비참한 처지에 놓인 그들은 더 이상 견딜 수 없어서 또다시 하나님께 살려 달라고 매달리며 부르짖었다.

기드온이 사사로 부름받다 삿 6:11-24

이스라엘 백성 중에 므낫세 지파에 소속된 기드온이라는 농부가 있었다. 어느 날, 기드온은 미디안 사람들에게 빼앗기지 않으려고 몰래 포도주 짜는 틀에다 밀 이삭을 털고 있었다. 그때 낯선 사람이 나타나 상수리나무 아래에 앉더니 기드온을 보고 말했다.

"용감한 용사여, 여호와께서 너와 함께 하신다."

기드온은 그 말이 믿어지지 않아 반문하였다.

"그렇다면 우리가 왜 이런 고통을 당해야 하는 겁니까? 옛날에 여호와께서 우리를 이집트에서 해방시키실 때 여러 가지 크고 놀라운 기적을 행하셨다고 누누이 들어오기는 했습니다. 지금도 그 여호와께서 우리와 함께 하신다면, 왜 그런 기적을 베풀어 주시지 않는 겁니까? 내 생각에는 아무래도 여호와 하나님께서 우리를 버리신 것 같습니다. 그렇지 않고서야 이렇게 오랫동안 미디안 사람들에게 짓밟히도록 방치해 둘 리가 없지 않습니까."

먼 옛날 여호와께서 천사들과 함께 아브라함의 천막을 방문했을 때에도, 아브라함은 그 사실을 모르고 그들을 나그네로서 맞이하여 대접했던 적이 있었다. 기드온을 방문한 나그네도 실은 잠시 사람의 몸으로 변형된 성자 하나님이었으나, 기드온이 아직껏 몰라보고 있는 것이다.

"기드온, 너는 힘있는 사람이다. 용기를 내라. 아무 걱정 말고 어서 가서 네 동족 이스라엘을 미디안의 압제에서 구출하여라. 내가 너를 보내니 두려워하지 말아라."

기드온은 비로소 낯선 나그네가 보통 사람이 아니라는 생각이 들었다. 그 위엄과 그 말의 내용이 사람의 말이라기에는 너무나 이상했기 때문이다.

"오, 주님. 하지만 제가 어떻게 미디안의 압제에서 이스라엘을 구출해 낼 수가 있겠습니까. 저의 가문은 므낫세 지파 가운데서도 가장 힘이 없는 데다가,

그나마 저는 우리 집안에서 가장 보잘것없는 자입니다."

하지만 기드온을 향한 하나님의 의지는 이미 정해진 것이었다.

"내가 너와 함께 한다. 걱정 말아라. 너는 미디안 족속을 마치 한 사람 해치우듯 아주 쉽게 해치울 것이다."

기드온은 아무래도 그 나그네의 신분을 확인할 필요가 있다고 생각했다.

"주께서 저를 그렇게 잘 보셨다면, 지금 그렇게 말씀하신 분이 주님이라는 증거를 보여주십시오. 그 전에 일단 제가 주님께 드릴 예물을 가지러 갔다 오겠습니다. 이곳을 떠나지 마십시오."

"그러마. 네가 돌아올 때까지 여기 있겠다. 어서 다녀 오거라."

오래전에 아브라함이 하나님의 사자를 맞이하여 그랬던 것처럼, 기드온도 서둘러 집으로 돌아가 음식을 장만하였다. 우선 새끼염소 한 마리를 잡고, 밀가루에 누룩을 넣지 않고 반죽하여 빵을 만들었다. 그는 국까지 마련하여 얼른 상수리나무 밑으로 갔다.

"고기와 빵을 이 바위 위에 올려놓아라. 그리고 그 위에 국물을 부어라."

기드온은 시키는 대로 하였다. 하나님의 사자는 들고 있던 지팡이 끝을 그 음식에 갖다 대었다. 그러자 바위에서 일시에 불이 나오더니 짧은 시간에 고기와 떡을 다 태워 버렸다. 기드온은 놀라지 않을 수 없었다. 기드온이 놀란 얼굴로 돌아보니 하나님의 사자는 이미 사라지고 없었다. 그제서야 기드온은 그 사람이 여호와의 사자라는 사실을 알아차렸다.

"오 주님, 제가 감히 여호와의 천사를 두 눈으로 보았습니다."

기드온은 너무나 두려워 벌벌 떨었다. 여호와를 직접 본 사람은 죽을 수밖에 없다고 생각했기 때문이다. 그러자 다시 그 음성이 들려 왔다.

"안심하여라. 네가 나를 보았다고 해

서 죽는 일은 없을 것이니 두려워 말아라."

기드온은 너무도 감격하여 그 자리에 제단을 쌓아 하나님께 바치고, 그 이름을 '여호와 샬롬'이라고 붙였다. 그 뜻은 '여호와는 평강이시다.'이다. 주님을 보았지만, 주님에게서 죽지 않고 살 것이라는 평강의 말을 들었기 때문이었다.

기드온이 우상의 제단을 부수다 삿 6:25-32

그 당시 이스라엘 백성들은 우상 섬기기에 열심이었다. 하나님은 그들의 우상 숭배로 인해, 그들을 미디안 족속에게 압제받고 약탈 당하도록 내버려두셨던 것이다. 기드온의 아버지도 우상인 바알을 섬기기 위해 제단까지 만들어 놓았고, 더불어 아세라 우상도 만들어 섬길 정도였다. 여호와의 천사가 나타난 그 날 밤, 하나님께서 기드온에게 명령하셨다.

"네 아비가 쌓은 바알의 제단을 허물고 그 옆의 아세라 상像을 없애 버려라. 그 자리에 나를 위해 제단을 쌓고 희생 제물을 드려라."

그것은 사실, 감당하기 힘든 명령이었다. 동네가 발칵 뒤집힐 것이고, 누구의 짓인지 꼭 밝혀낼 것이며, 이어 가혹한 형벌이 따를 것이다. 우상을 달랜다는 명목으로 우상을 부순 기드온 자신을 우상에게 제물로 바치려고 들지도 모를 일이었다. 그러나 기드온은 결심했다. 하나님의 지엄하신 명령을 거역할 수 없었다.

그날 밤, 기드온은 일을 거들어 줄 열 명의 종들을 데리고 산으로 올라가서 하나님의 명령대로 집행하였다. 아니나 다를까, 다음 날 아침이 되자 동네가 발칵 뒤집혔다. 바알 제단은 허물어지고, 나무로 만든 아세라 상은 도끼에 찍혀 나갔으며, 그 자리에 다른 제단이 만들어지고 제물까지 드린 흔적이 있지 않은가.

"도대체 어떤 놈의 짓이지? 겁도 없이 이런 끔찍한 짓을 저지르다니!"

마을 사람들은 화를 내면서도 두려워하였다. 분노한 바알 신의 재앙이 마을에 임하지 않을까 크게 걱정이 되었다.

수소문한 결과 기드온의 소행임이 밝혀지자, 분노한 마을 사람들이 기드온의 집으로 우르르 몰려갔다. 당장 무슨 일이라도 저지를 험악한 분위기였다. 이미 기드온으로부터 사건의 자초지종을 들어 알고 있던 아버지 요아스가 그들을 맞이하였다.

"왜들 이러시오? 자, 자, 진정하고 내 말 좀 들어보시오. 바알의 제단과 아세라 상 때문이라면 내가 할 말이 있소이다."

그는 의연하게 말을 이었다.

"내 아들 기드온은 어제 여호와 하나님이 보내신 사자를 만나서 그분이 시키는 대로 하였소. 그러니 바알을 위하겠다고 섣불리 나서면, 오늘 아침 죽음을 면치 못할 테니 그리들 아시오. 여러분들 한번 생각해 보시오. 그동안 우리는 아무런 힘도 없는 우상을 섬겨 왔소. 만약 바알이 진정 힘 있는 신이라면 내 아들이 그 제단을 헐어버렸는데도 왜 가만히 있었겠소? 당장 기드온을 죽였을 게 아니겠소?"

듣고 보니, 틀린 말이 아니었다. 그래서 그날 마을 사람들은 기드온에게 '여룹바알'이라는 이름을 붙여 주었다. '바알이 그와 맞설 것'이라는 뜻이었다.

기드온이 확실한 증표를 요구하다 삿 6:33-40

기드온에 관한 소문이 날개 달린 듯 퍼져 나갔다. 미디안의 압제에 시달리던 이스라엘 사람들은, 하나님이 기드온과 함께 하신다는 말을 듣고 그에게로 몰려왔다. 때마침 미디안 족속과 아말렉 족속과 요단 강 동편 사막에 사는 족속들이 이스라엘을 치기 위해 대거 요단 강을 건너와 이스르엘 골짜기에 집결하였다. 엄청난 숫자였다. 무수한 메뚜기 떼와 같았고, 바닷가의 모래와도 같았다.

기드온이 나팔을 불었다. 함께 나가서 싸울 용사들을 불러 모으기 위한 신호였다. 기드온의 나팔 소리에 여러 지파의 젊은이들이 속속 몰려 들었다. 하지만 미디안 연합군의 엄청난 수효에 비하면 그 정도의 군사는 아무것도 아니었다. 기드온은 문득 이스라엘이 과연 적을 물리칠 수 있을지, 과연 하나님께서 자신과 함께 하시는지, 하나님께 분명한 증표를 얻고 싶어졌다. 기드온은 마당 한가운데에 양털뭉치를 놓고 기도했다.

"하나님, 저에게 증거를 보여주십시오. 하나님께서 저를 통해 이스라엘을 구원하시려거든, 오늘 밤 이 양털 위에만 이슬이 내려 흠뻑 젖게 하여 주십시오."

아침이 되자 마당으로 나간 기드온은 다른 곳은 전혀 젖어 있지 않은데도 양털만 흠뻑 이슬에 젖어 있는 것을 확인하였다. 양털을 짰더니 물이 줄줄 흘러 나왔다. 하지만 기드온은 더욱 더 확신을 갖고 싶었다.

"하나님, 제가 이런 요청을 또 드린다고 노여워하지 마십시오. 오늘 밤에는 양털 뭉치가 아닌 마당에만 이슬이 내려 젖게 하여 주십시오."

다음 날 아침, 마당으로 나간 기드온은 하나님의 분명한 증표를 다시금 확인할 수 있었다. 마당은 온통 이슬에 축축하게 젖어 있었으나, 양털뭉치는 바싹 말라 있는 것을 볼 수 있었기 때문이다.

기드온이 삼백 명의 용사를 선발하다 삿 7:1–8

하나님이 함께 하신다는 확신, 적군과 싸우면 이긴다는 확신을 가진 군대보다 더 강한 군대가 있을 수 있을까. 그보다 더 우월한 전략이 있을 수 있을까. 기드온은 사방에서 몰려든 3만 2천의 자원병 민병대를 이끌고 이스르엘 골짜기 남쪽에 진을 쳤다. 미디안과 아말렉의 연합군으로 조직된 엄청난 수효의 적군이 맞은편 언덕 아래의 평지에 진 치고 있었다. 그날 하나님이 말씀하셨다.

"기드온아, 너를 따르는 군사들이 너무 많다. 너희들이 만약 이긴다면 너희들은 너희들 자신의 힘으로 이겼다고 여기고 하늘 무서운 줄을 모를 것이다.

그러니 군사들에게 알려라. 누구든지 전쟁터에 나가기가 두려운 사람은 이제라도 집으로 돌아가라고 하여라."

기드온은 깜짝 놀랐다. 적군의 수효가 얼마인데, 3만 2천 명이 많단 말인가? 그러나 하나님의 명령이라 어쩔 수 없었다. 기드온은 그 사실을 군사들에게 알렸다.

"들으라, 너희들 중에 싸움터에 나가기가 두려운 자가 있다면 지금이라도 돌아가도록 하라."

그날 무려 2만 2천 명이 고향으로 돌아갔다. 이제 남은 이스라엘 군사는 1만 명뿐이었다. 하나님이 그것을 보시고 말씀하셨다.

"그래도 아직 많다. 그들을 모두 데리고 물가로 내려가라. 내가 거기서 사람을 가려내어 데리고 가라는 사람은 데리고 가고, 보내라고 하는 사람은 누구든지 다 집으로 보내라."

도무지 이해할 수 없는 명령이었다. '도대체 누굴 데리고 싸우라는 말일까?' 기드온은 한동안 어안이 벙벙했지만, 하나님의 명령을 거역할 수는 없는 일이었다. 기드온이 남은 군사들을 모두 데리고 물가로 가자, 하나님이 다시 말씀하셨다.

"모두 물을 먹게 하여라. 물을 떠서 혀로 핥아 먹는 사람은 따로 세워 두어라. 무릎을 꿇고 물을 마구 들이키는 사람도 따로 세워라."

기드온은 영문을 몰랐지만, 하나님이 시키는 대로 하였다. 두 손으로 물을 떠서 핥아 먹는 사람을 따로 세워 보았더니 3백 명뿐이었다. 나머지는 모두 무릎을 꿇고 물을 마신 자들이었다.

"물을 손으로 떠서 핥아먹은 3백 명에게 내가 미디안 사람을 넘겨주겠다. 그 외의 사람들은 모두 집으로 돌려보내라."

그래서 9천 7백 명이 집으로 돌아갔다. 남은 자들은 3백 명이었다. 그야말로 아주 적은 수효였다. 집으로 돌아간 사람들이 두고 간 식량과 신호용 나팔을 3백 명이 확보하였다. 미디안의 대군은 그 아래 평원 지대에 진을 치고 있었다.

기드온이 미디안 연합군을 쳐부수다 삿 7:9–25

그날밤 하나님이 기드온에게 말씀하셨다.

"일어나 미디안의 진지로 내려가라. 내가 그들을 너의 손에 넘기겠다. 두렵거든 부하 한 명만 데리고 가라. 가서 적들이 뭐라고들 하는지 들어보아라. 그러면 용기가 나서 미디안 진영을 공격하게 될 것이다."

기드온은 부하 한 명을 데리고 어둠을 뚫고 산 아래로 내려갔다. 미디안 연합군의 수효가 어찌나 많은지 그들의 천막이 평원을 뒤덮고 있었다. 그들의 짐을 운반하는 낙타 또한 바닷가의 모래처럼 많았다. 두 사람은 미디안의 진영 가까이 숨어들었다. 때마침 두 명의 군사가 천막 안에서 말하는 소리가 들렸다.

"꿈 한 번 이상하군. 내가 꿈을 꾸었는데 말이야, 보리빵 한 개가 우리 진영으로 굴러오더니 우리 천막들을 넘어뜨리는 거야. 속수무책이었어."

"그래? 그 빵 한 개가 혹시 요아스의 아들 기드온의 칼날을 가리키는 게 아닐까? 그들의 신 여호와가 우리의 모든 군대를 기드온의 손에 넘겨주시려는 모양이지?"

기드온은 놀라지 않을 수 없었다. 그들이 도대체 어디에서 하나님이 우리와 함께 하신다는 말을 들었을까? 기드온은 용기백배하여 이스라엘 진영으로 돌아왔다.

"자, 전원 출전이다. 빨리 일어나라. 하나님께서 미디안 사람을 우리 손에 붙이셨다.”

단지 3백 명뿐인 소수의 병력은 하나같이 잽싸게 움직였다. 기드온은 3백 명의 군사들에게 나팔과 빈 항아리와 횃불을 나눠 주었다. 횃불은 적에게 발견되지 않도록 항아리 속에 감추었다.

3백 명의 군사들은 1백 명씩 3개 조로 나누어져, 한 조는 적군의 왼쪽으로, 다른 조는 오른쪽으로, 또 한 조는 뒤쪽으로, 들쥐처럼 소리를 죽이며 다가갔다. 미디안의 진영은 깊은 잠에 빠져 기드온 군사들의 접근을 전혀 눈치채지 못하였다.

한밤중, 기드온이 이끄는 조가 일시에 나팔을 힘껏 불었다. 고요하던 밤하늘이 놀랄 지경이었다. 곧이어 모두가 들고 있던 큰 항아리를 힘껏 바위에 내던져 깨뜨리면서, 그 속에 있던 횃불을 높이 치켜들며 소리쳤다.

“여호와 만세! 기드온 만세!”

이를 신호로, 다른 조에서도 나팔이 크게 울려 퍼지면서 항아리가 와장창 깨뜨려졌고 횃불이 환하게 타올랐다. 천둥 번개가 땅에서 일어난 듯하였다. 동시에 300명의 용사들이 힘을 다해 일제히 함성을 내질렀다.

“여호와 만세! 기드온 만세!”

잠들었던 적군들에게는 청천벽력이었다. 온 땅을 뒤흔드는 함성 소리에 적들은 혼비백산했다. 기드온과 300명의

용사들은 각자 자기 자리에 서서 적진을 둘러싼 채 움직이지 않았다.

적병들은 크게 당황했다. 어디를 보아도 불타오르는 횃불이요 적군이 아닌가. 진격의 나팔 소리와 고함 소리가 사방에서 동시에 터져나오지 않는가. 그 순간, 미디안 연합군은 엄청난 대군의 기습 공격을 받았다고 착각했다. 그들은 모두 아우성치며 달아나기에 바빴다.

적군들은 어찌나 경황이 없고 두려웠던지 칼과 창을 집어들고 아무에게나 덤벼들었다. 모두가 적군으로 보였기 때문이었다. 그러는 동안에도 300명의 용사들은 계속해서 나팔을 불어댔다. 적들은 그것이 자기들을 부추기는 응원 나팔이라도 되는 양 자기들끼리 서로를 쫓고 쫓기고 죽고 죽이고 난장판을 벌였다.

얼마 지나지 않아 적군들은 황망히 도망치기 시작하였다. 그때서야 기드온은 도망하는 적군을 추격하라고 명령했다. 혼비백산 적군들은 단숨에 요단 강까지 쫓겨 갔다.

수많은 적군들이 자기들끼리 피 터지게 싸우다가 거의 살육당하였고, 도망간 자들은 미디안 왕 세바와 살문나를 비롯하여 일부에 불과하였다. 12만 명이 죽었고, 1만 5천 명 정도가 도망쳤다. 그러나 그들을 그대로 남겨 두었다간 또다시 화근을 일으킬 것이 뻔했다. 기드온은 그들을 끝까지 추적하여 완전히 소탕할 것을 결심했다.

미디안의 두 왕을 사로잡아 처형하다 삿 8:4-21

도망병들이 요단 강을 건너가자 기드온의 군사들도 뒤따랐다. 그러나 밤새도록 싸우고 뒤쫓던 기드온의 군사들도 워낙 지치고 배가 고팠다. 숙곳에 이르렀을 때 기드온은 그곳 사람들에게 먹을 것을 좀 달라고 청했다. 그들도 이스라엘 사람인 데다가 그들의 적을 무찌르고 있는 중이었기 때문에 당연한 요구이기도 했다. 그런데도 그들은 미디안에게서 받을 후한을 더 두려워했다.

숙곳의 지도자들은 한마디로 거절했다.

"우리가 무슨 까닭으로 당신들에게 먹을 것을 주어야 한단 말이오? 미디안의 두 왕 세바와 살문나를 붙잡기라도 했단 말이오? 우리는 식량을 제공할 수 없소이다."

기드온이 화가 나서 말했다.

"좋소. 여호와께서 세바와 살문나를 내 손에 넘겨주셔서 그들을 사로잡는 날, 내 다시 돌아와 들가시와 찔레로 당신들의 살을 찢어 버리겠소."

기드온과 그의 군사들은 주린 배를 움켜쥐고 다시 미디안의 도망병들을 뒤쫓다가 브누엘이라는 성읍에 들러 역시 먹을 것을 요구하였다. 그러나 그들의 반응도 숙곳과 똑같았다. 미디안 왕의 보복이 두려웠던 것이다.

기드온은 정말 화가 났다.

"내가 승리하고 돌아오는 길에 당신들이 세운 저 망대를 허물어뜨리겠소."

그 무렵, 미디안의 도망병들은 갈골이라는 곳에 진을 치고 어느 정도 안도하는 중이었다. 기드온의 군사들은 사막의 외곽으로 돌아가 그들을 기습적으로 공격했다. 당황한 미디안 군대는 또다시 흩어져 도망하기 시작했다. 미디안의 두 왕인 세바와 살문나도 경황없이 도망치다가 결국은 기드온의 군사들에게 사로잡혀 쇠사슬에 묶이는 신세가 되었다. 나머지 적군들도 거의 섬멸되다시피 하였다.

전쟁을 마치고, 적으로부터 많은 전리품을 획득한 기드온의 군사들이 사로잡은 미디안의 두 왕을 이끌고 그들이 지나온 숙곳으로 갔다.

"자, 여기 사로잡은 세바와 살문나를 보아라."

그러면서 기드온은 자신이 전에 말한 대로 숙곳을 징벌했다. 그곳의 장로 77명을 잡아 들가시와 찔레나무 가시로 사정없이 찌르고 때렸다. 브누엘에 가서는 그 성의 망대를 무너뜨림으로써 굶주린 군사들을 돕지 않은 죄를 물었다. 그런 다음, 기드온은 오랫동안 이스라엘을 압제한 미디안의 두 왕 세바와 살문나를 자신이 직접 칼을 뽑아 처죽였다.

기드온이 금으로 에봇을 만들다 삿 8:22-28

하룻밤 사이에 300명의 군사들만으로 메뚜기 떼처럼 많은 미디안 연합군을 보기 좋게 무찌른 기드온은, 이스라엘 백성들로부터 열화와 같은 환영과 축하를 받았다. 누가 먼저랄 것도 없이 이스라엘 백성들은 기드온을 자신들의 왕으로 삼고자 하였다.

"여러분, 기드온을 우리의 왕으로 섬깁시다."

"그럼, 그래야지. 기드온은 우리의 왕이시다!"

"기드온뿐만 아니라, 그의 자손들까지 대를 이어 우리의 왕이 되게 합시다."

미디안의 오랜 압제에서 해방된 이스라엘 백성들은 기쁨에 겨워 한 목소리로 기드온을 왕으로 추대했다. 그러나 기드온은 사양했다.

"아니오. 그럴 수 없소. 나와 내 자손들이 이 백성을 다스리다니요? 이 백성을 다스릴 분은 오직 여호와 하나님 한 분뿐이십니다."

이어서 기드온이 말했다.

"여러분들에게 한 가지 부탁이 있습니다. 여러분들이 거두어들인 전리품들 중에서 금귀고리 하나씩을 내게 주시오."

그들이 무찌른 적군들은 아라비아 유목민들이라 그들이 즐겨하던 관습대로 모두들 금귀고리나 팔찌나 반지 등을 착용하고 있었던 것이다.

"드리고 말고요. 기꺼이 드리죠."

그렇게 모은 금귀고리의 양이 엄청났다. 기드온은 그것으로 에봇을 하나 만들어 자기 고향 오브라에 두었다. 에봇은 대제사장의 제사 의복으로, 가슴과 등을 가렸던 소매 없는 조끼 모양의 상의였다. 그러자 이스라엘 백성들이 오브라로 몰려와서 금 에봇을 우상처럼 섬겼다.

기드온의 승리 이후, 미디안은 기세가 꺾여 이스라엘 사람들에게 복종하게 되었고 고개를 들지 못했다. 사사 기드온의 통치 아래에서 이스라엘 백성들은 40년 동안 평화를 누렸다. 기드온은 오래도록 살다 죽어서 조상들의 묘지에 평화롭게 묻혔다.

아비멜렉의 비극과 사사 입다의 서원

아비멜렉이 끔찍한 살육극을 벌이다 삿 8:29–9:6

기드온에게는 아내가 많아서 자식이 무려 70명이나 되었다. 세겜이라는 성읍에는 소실이 하나 있었는데, 그녀가 아들을 낳자 기드온은 '아비멜렉'이라고 이름을 지어 주었다.

기드온이 세상을 떠나자, 이스라엘 백성은 또다시 우상을 섬겨 하나님께 등을 돌렸다. 미디안 족속을 무찔러 이스라엘 땅에 40년 동안 평화를 가져다준 기드온의 공헌도 까맣게 잊고 그의 후손들을 외면하였다.

그런 가운데, 기드온의 소실 자식인 세겜 출신의 아비멜렉은 스스로 왕이 되려는 음모를 꾸몄다. 아비멜렉은 세겜에 사는 외삼촌들에게 넌지시 물어 보았다.

"한 사람이 왕이 되어 세겜을 다스리는 것과 70명의 왕이 세겜을 다스리는

것 중 어느 것이 더 좋겠습니까? 외삼촌들이 세겜 사람들에게 물어봐 주십시오."

아비멜렉의 외삼촌들은 그를 대신하여 세겜 사람들에게 이 말을 전했다. 세겜 사람들의 여론은 물어보나마나였다.

"그야 70명보다는 한 명이 다스리는 편이 좋겠지요."

아비멜렉은 자신이 기드온의 아들임을 알렸고, 세겜 사람들은 그가 자신들과 한 혈육이라는 말을 듣고는 모두 아비멜렉의 편을 들었다. 그들은 자신들이 보관하고 있던 보화 중에서 은 70개를 꺼내 아비멜렉에게 바치기도 했다.

아비멜렉은 그 돈으로 할 일 없이 싸돌아다니는 건달들과 불량배들을 고용해서 아버지의 가족들이 살고 있는 오브라로 갔다. 거기서 아비멜렉은 기드온의 아들들, 곧 자기의 이복 형제 70명을 모두 한 바위 위에서 쳐 죽이는 엄청난 참극을 일으켰다. 그러나 기드온의 막내아들인 요담만은 몸을 숨겨 가까스로 목숨을 건졌다.

그런 일이 있고 난 직후, 세겜 사람들은 아비멜렉을 자신들의 왕으로 추대하였다.

아비멜렉이 비참한 최후를 맞다 삿 9:7-57

한편, 목숨을 건져 은신 중에 있던 기드온의 막내아들 요담은 아비멜렉이 세겜의 왕이 되었다는 소문을 듣고, 어느 날 세겜에 있는 그리심 산 꼭대기에 올라가 큰 소리로 외쳤다.

"세겜 사람들이여, 제 말을 한 번 들어 보십시오. 하루는 나무들이 모여 자기들의 왕을 세우기로 하고 먼저 올리브나무에게 가서 우리의 왕이 되어 달라고 말했습니다. 그러자 올리브나무가 대답하기를 '내 기름은 하나님과 사람들에게 모두 유익한데, 그 좋은 일을 그만두고 어찌 다른 나무들을 지배하겠는가?' 하면서 사양하였습니다.

나무들은 무화과나무에게 몰려가서 똑같은 부탁을 하였습니다. 무화과나무가 대답하기를 '나 원 참, 살다 보니 별 소릴 다 듣겠군. 맛있는 무화과를 내지 말고 다른 나무들 위에서 우쭐대라니 생각조차 하기 싫소이다.' 라며 사양하였습니다.

나무들은 포도나무에게 몰려가서 똑같은 부탁을 하였습니다. '거참, 큰일날 소리 하지 마시오. 내 어찌 이 달콤한 포도를 그만 낸단 말이오. 내가 내는 포도주는 많은 사람들을 흥겹게 하고 하나님도 기뻐하시거늘 이 좋은 일을 그만두고 나무들이나 괴롭히는 역할을 하라니 원.' 하면서 역시 거절하였습니다.

그래도 나무들은 포기하지 않고 급기야 가시나무에게 몰려가서 똑같은 부탁을 하였습니다. '그게 진정이오? 정말 나를 왕으로 세우고 싶소? 그렇다면 지금 당장 내 그늘 아래 몸을 숨기시오. 안 그러면 이 가시덤불에서 불을 뿜어 모두 태워버리겠소.'라고 엄포를 놓으면서 덥석 왕이 되었습니다.

세겜 사람들이여, 내 말을 잘 들어보십시오. 당신들이 가시나무와도 같은 아비멜렉을 왕으로 세운 게 잘한 일이라고 생각하십니까? 미디안의 압제에서 나라를 구한 나의 아버지 기드온을 생각해 보시오. 그분의 아들들에게 잘 해주지는 못할망정, 그의 아들 70명을 한 자리에서 죽여 버린 저 서자 출신의 아비멜렉을 단지 당신들과 같은 세겜 사람이라는 이유로 왕으로 추대하고 떠받들다니요. 이게 말이나 된다고 생각하십니까?

내 분명히 말해두지만, 아비멜렉이 머잖아 가시나무처럼 불을 내뿜어 당신들을 집어삼킬 것이오. 그러면 당신들도 불을 내뿜어 아비멜렉을 집어삼킬 것입니다."

일장 연설을 마친 요담은 아비멜렉의 보복이 두려워 다시 피신하여 몸을 숨겼다. 과연 요담의 예언은 적중하였다. 아비멜렉이 세겜의 왕위에 오른 지 불과 3년 만에 요담의 말이 현실로 다가왔다. 세겜 사람들과 아비멜렉 간에 사이가 크게 나빠져 서로 원수가 된 것이다.

그런 갈등을 틈타 가알이란 자가 세겜 사람들을 선동하여 아비멜렉에게 반기를 들었다. 그러나 스불의 밀고로 가알과 세겜 사람들은 아비멜렉에게 도리어 보복을 당하였다. 가알은 세겜에서 쫓겨나게 되었고, 세겜 사람들은 무차별적으로 살육을 당했다. 가시나무 같은 아비멜렉에게서 불이 나와 세겜 사람들을 사른 꼴이다.

아비멜렉은 거기서 그치지 않고 자신을 배반한 세겜 사람들을 더욱 철저하게 응징하기 위해 세겜 성루에 피신해 있던 남녀 1천 명 가량을 불태워 죽였다. 그 후에도 아비멜렉은 근처의 데베스 성읍을 공격하여 주민들을 몰살시키려 하였다.

그러자 성읍 사람들이 모두 망대로 피신했고, 아비멜렉은 망대에 가까이 다가가서 불을 지르려고 하였다. 그때 한 여인이 망대 위에서 맷돌짝을 내던졌고, 그것이 아비멜렉의 머리 위에 떨어져 그의 두개골을 부수었다. 가시나무 같은 왕의 부끄럽고 비참한 최후였다. 요담의 예언대로, 세겜 사람들에게서 불이 나와 아비멜렉을 사른 것이다.

사사 입다가 암몬 족속을 물리치다 삿 10–11장

아비멜렉이 죽은 후에는, 두 명의 사사가 잇달아 등장하여 이스라엘을 다스렸다. 잇사갈 지파에서 돌라가 등장하여 23년 동안 다스렸고, 이어 길르앗 사람 야일이 등장하여 22년 동안 다스렸다.

야일이 죽은 후 이스라엘 백성들은 또다시 하나님을 떠나 온갖 이방의 우상을 섬겼다. 하나님은 그 백성을 또다시 이방 사람들의 손에 넘기셨다. 이번에는 암몬 족속이 이스라엘을 압제하여, 무려 18년 동안이나 이스라엘을 억압하고 괴롭혔다. 그러자 이스라엘 백성들이 또다시 잘못을 빌면서 하나님께 도움을 부르짖었다.

때마침 길르앗 사람 가운데 굉장한 용사가 있었다. 그의 이름은 입다였다. 그런데 그는 창녀의 몸에서 태어났기에, 본처의 자식들에게서 구박을 받고 고향에서 쫓겨나 다른 지방에서 살아가고 있었다.

그럴 즈음에 암몬 사람들이 이스라엘에 쳐들어 왔다. 그렇지만 이스라엘 중에는 암몬 사람들과 맞서 싸울 만한 군사 지도자가 없었다. 가장 먼저 공격을 받게 될 길르앗 지역의 장로들은 걱정이 태산 같았다.

"우리에겐 입다가 있지 않소? 그를 군대 지휘관으로 삼읍시다."

"그렇지만 그는 창녀의 몸에서 태어난 자라 어째 영 내키지가 않소이다."

"지금 우리가 이것저것 따질 때요? 당장 모두가 죽게 생긴 판인데…."

길르앗 장로들은 하는 수 없이 입다를 찾아가서 자신들의 지휘관이 되어 암몬 족속과 싸워 달라고 청했다.

"나를 쫓아낼 때는 언제고, 이제 다시 돌아와 달라니 말이나 되오?"

"제발 와서 우릴 도와주시오. 암몬 사람들을 물리쳐 준다면, 그대는 우리의 통치자가 될 것이오. 맹세하오."

입다는 길르앗의 장로들을 따라가 이스라엘 군대의 지휘관이 되었다. 그때에 여호와의 영이 입다에게 내렸고, 입다는 암몬과의 전쟁을 앞두고 여호와께 맹세로서 서원을 하였다.

"만일 하나님께서 암몬 자손을 내 손에 넘겨주시면, 제가 승리하고 돌아올 때에 제 집 문에서 가장 먼저 나를 맞으러 나온 그를 하나님께 희생 제물로 바쳐 드릴 것입니다."

서원을 마친 다음에 입다는 암몬 사람들의 진지로 쳐들어갔다. 하나님은 그들을 입다의 손에 붙였다. 이스라엘의 승리였다. 암몬 왕은 입다에게 항복을 하고 말았다.

전쟁에서 크게 승리한 입다는 의기양양 미스바에 있는 자기 집으로 개선하였다. 그때에 저 멀리 입다의 집에서 누군가가 탬버린을 흔들고 춤을 추면서 입다를 맞으러 나왔다.

"앗! 저게 누구냐?"

입다는 소스라치게 놀랐다. 그녀는 입다의 외동딸이었다.

"아이고, 이 자식아! 어쩌면 좋단 말이냐. 네가 이 아비의 가슴을 후벼 파는구나. 내가 여호와께 맹세로 서원하였으니, 돌이킬 수도 없게 되었구나. 도대체 이를 어쩌면 좋단 말이냐. 아이고, 내 딸아!"

입다는 슬픔에 못 이겨 자기 옷을 잡아 찢으며 울부짖었다.

"아버지, 아버지가 하나님께 서원하였으면 그대로 행하십시오. 하나님께서 암몬 족속을 넘겨주셨는데 제 한 몸쯤이야 아무러면 어떻습니까?"

딸은 의연하게 대답하였다. 그리고 이어 말했다.

"아버지, 하지만 한 가지 청이 있습니다. 제게 두 달만 시간을 주십시오. 처녀로 죽는 이 몸, 친구들과 함께 산으로 들어가 실컷 울게나 해 주십시오."

입다의 외동딸은 친구들과 함께 산으로 들어가 처녀로 죽는 것을 슬퍼하여 두 달 동안 실컷 울었다. 두 달이 지나자 딸은 아버지에게 돌아왔고, 입다는 울면서 여호와께 서원한 것을 지켰다. 이로부터 이스라엘에는 하나의 관습이 생겨났다. 이스라엘의 젊은 여인들은 해마다 때가 되면 산으로 들어가 입다의 딸을 애도하면서 나흘 동안 슬피 울다가 돌아왔다.

삼손의 출생과 그의 기적

삼손이 태어나다 삿 12:8–13:25

입다가 죽은 후, 이스라엘에는 세 명의 사사가 연이어 등장하여 이스라엘을 다스렸다. 베들레헴 사람 입산이 7년, 스불론 사람 엘론이 10년, 비라돈 사람 압돈이 8년 동안 이스라엘의 사사가 되어 그 백성을 지도하였다.

하나님은 이스라엘 백성들이 위기에 처할 때마다 사사를 세워 그 백성을 위기에서 건져냈으나, 그들은 근본적으로 변화되지 못한 채 살 만해지면 다시 우상 숭배에 빠지기 일쑤였다. 이스라엘 백성들이 또다시 하나님 보시기에 악한 짓을 저지르자, 하나님은 이번에는 블레셋 사람들을 통하여 그들을 징벌했다. 블레셋 사람들은 악명 높은 해양 족속으로, 이스라엘의 남서쪽 지중해변의 평야에 도시 국가를 이루며 살아가고 있었다. 그들은 무려 40년 동안이나 이스라엘을 압제하고 괴롭혔다.

이토록 어수선하고 괴로운 시절, 단 지파에 마노아라는 사람이 있었다. 그에게는 아내와의 사이에 자식이 없었다. 그런데 어느 날, 마노아의 아내가 홀로 있을 때 여호와의 천사가 나타났다.

"너는 본디 아이를 낳지 못하지만 이제 곧 아들을 낳을 것이다. 그러니 포도주나 독주를 마시지 말고, 부정한 음식도 먹어서는 안 된다. 이 아이가 태어나면 아이의 머리털을 잘라서는 안 된다. 그 아이가 블레셋으로부터 이스라엘을 구할 것이다."

이듬해 마노아의 아내가 아들을 낳자, 그 이름을 '삼손'이라고 지었다. '태양의 사람'이라는 뜻이다. 삼손은 자라면서 힘이 장사라 당할 사람이 아무도 없었다.

삼손이 수수께끼를 내다 삿 14장

어느덧 어엿한 청년이 된 삼손이 하루는 블레셋 땅 딤나에 갔다가 우연히 아름다운 여자를 만났다. 그녀를 본 순간, 삼손은 그녀에게 홀딱 반하고 말았다. 그는 집으로 돌아오자마자 부모에게 그녀와 결혼하게 해 달라고 떼를 썼다.

"말도 안 되는 소릴 하는구나. 우리 이스라엘에도 아리따운 처녀들이 얼마든지 있는데, 하필이면 이방인 처녀와 결혼을 하겠다고? 더구나 블레셋 사람들은 우리를 괴롭히는 철천지 원수가 아니냐."

하지만 삼손은 포기하지 않았다. 그로부터 얼마 후, 삼손이 딤나에 있는 한 포도원에 이르렀을 때였다. 난데없이 어린 사자 한 마리가 나타나 그에게 달려들었다. 사납고 힘센 사자가 으르렁거리며 덤벼들자 삼손은 맨손으로 싸울 수밖에 없었다. 그러나 삼손은 사자를 마치 염소 새끼 다루듯 맨손으로 찢어 죽였다.

삼손은 블레셋 여자를 만나려고 자주 딤나에 갔다. 그날도 딤나에 가서 여인을 만나고 돌아오는 길에, 삼손은 자기가 죽인 사자 새끼가 생각나서 그 시체를 확인하러 갔다. 시체는 말라 있었는데, 벌들이 그 속에 집을 짓고 꿀을 잔뜩 모아 놓았다. 삼손은 그 꿀을 따서 자기도 먹고 부모님에게도 가져다 드렸다.

삼손은 마침내 부모의 허락을 받아 블레셋으로 내려가서 성대한 혼인 잔치를 열었다. 블레셋 사람들은 젊은 남자 서른 명을 잔치에 데려와 삼손과 함께 먹고 마시게 했다. 잔치는 일주일 내내 계속되었다. 잔치 도중에 수수께끼 놀이가 벌어졌다.

“여러분, 내가 수수께끼를 하나 내겠소. 수수께끼를 푸는 사람에게는 베옷 서른 벌과 겉옷 서른 벌을 드리겠소. 그러나 여러분 중 아무도 수수께끼를 풀지 못하면, 당신들이 내게 베옷 서른 벌과 겉옷 서른 벌을 주어야 하오.”

삼손의 제안에, 모두들 신바람이 나서 동의하였다. 삼손이 수수께끼를 내었다.

“먹는 자에게서 먹는 것이 나오고, 힘센 자에게서 달콤한 것이 나왔소. 그게 뭐겠소?”

블레셋 젊은이들은 사흘 동안 머리를 짜 보았으나 도무지 그 답을 찾을 수 없었다. 그들은 삼손의 신부에게 접근하여 은근히 협박하였다.

“신랑을 꾀어 그 수수께끼의 답을 우리에게 알려줘. 만일 그렇게 하지 않는다면 네 집을 몽땅 불태워 버릴 거야. 잘 생각해 봐. 혼인 잔치에 초대받아 온 우리들이 홀랑 옷을 벗어두고 가야 하겠어?”

그러자 신부는 삼손에게 울면서 졸랐다.

“당신은 나를 사랑하지 않는 모양이죠? 우리 동족들에게 수수께끼를 내놓고도 신부인 나에게조차 그 답을 말해주지 않잖아요. 제발 답 좀 알려 줘요. 뭐예요?”

삼손이 위로하듯 말했다.

“난 내 부모님께도 그 답을 알려주지 않았소.”

“부모는 부모고 신부는 신부죠. 나를 정말 사랑한다면, 나에게조차 답을 비밀로 하지는 않을 거예요.”

급기야 신부는 울음을 터뜨렸다. 삼손은 하는 수 없이 신부에게 답을 알려주었다. 잔치가 끝날 무렵, 신부측 초청으로 잔치에 온 서른 명의 젊은이들이 비웃듯이 삼손에게 답을 말했다.

"꿀보다 단 것이 어디 있겠으며 사자보다 힘센 것이 어디 있겠느냐."

삼손은 화가 났다. 자기의 경험에서 나온 수수께끼인지라 누구도 알아낼 수 없는 수수께끼였는데도 정답을 정확하게 맞힌 것은 자기 신부가 그들에게 답을 알려준 것이 틀림없었기 때문이다.

"당신들이 우리 집 암소로 밭을 갈았군 그래. 그렇지 않았다면 내 수수께끼의 답을 어떻게 알아냈겠어?"

신부에 대한 배신감과 블레셋 젊은이들에게 농락당한 수치감, 그리고 그 많은 옷을 억울하게 내주게 된 것에 이만저만 화가 나는 것이 아니었다. 하지만 약속 또한 지키지 않을 도리가 없었다.

삼손은 근처에 있는 블레셋 도시 아스글론으로 가서 그곳 주민 서른 명을 쳐죽이고 그 옷을 빼앗아다가 블레셋 젊은이들에게 나누어 주었다.

삼손이 블레셋 사람들에게 복수하다 삿 15장

화를 못 이긴 삼손은 신부를 그냥 놔둔 채 자기 집으로 돌아와 버렸다. 그 일이 있은 지 얼마 후, 화가 가라앉은 삼손은 신부가 그리워졌다. 새끼 염소를 선물로 준비한 삼손은 블레셋의 신부집으로 찾아갔다. 그런데 장인이 집에 들어오지 못하도록 삼손을 가로막으며 억장이 무너지는 소리를 했다.

"자네가 내 딸을 싫어하는 것 같아 결혼식 때 들러리 섰던 남자에게 아내로 주어 버렸네. 그러니 그 아이는 포기하고, 언니보다 예쁜 그 애 동생을 아내로 데려가면 어떻겠나?"

삼손은 화가 나서 참을 수가 없었다.

"내가 너희 블레셋 놈들을 그냥 둘 것 같으냐? 내가 무슨 짓을 해도 너희들은 할 말이 없을 것이다."

삼손은 여우 3백 마리를 잡아 꼬리와 꼬리를 묶은 후 홰를 그 꼬리에 매단 다음 거기에 불을 붙여 추수가 시작되려는 밭에 풀어놓았다. 꼬리에 불이 붙은 여우들이 놀라 날뛸 것은 뻔한 일. 놀란 여우들이 곡식 밭과 올리브 밭과 포도원으로 마구 내달렸다. 눈 깜짝할 사이에 그 너른 블레셋 평야의 모든 것이 불타 버렸다. 블레셋 사람들은 발을 동동 구르며 안타까워했지만 소용없는 일이었다. 누군가가 말했다.

"틀림없이 삼손이란 자의 소행이야. 신부를 다른 데 시집 보냈다고 화가 나서 이런 몹쓸 짓을 저지른 거야."

그 말을 들은 블레셋 사람들이 떼를 지어 딤나로 몰려가 삼손의 장인과 그의 딸을 불태워 죽였다. 삼손은 장인과 신부가 타죽은 것을 알고는 화가 치솟아올라 닥치는 대로 블레셋 사람들을 쳐죽였다. 그리고는 에담에 있는 어느 바위 동굴에 들어가 피신해 있었다.

사태는 걷잡을 수 없이 악화되었다. 블레셋 사람 천 명이 삼손을 잡으려고 유다로 쳐들어 온 것이다. 유다 사람들은 거칠고 포학한 그들을 보자 겁을 집어먹고 떨면서 사연을 물었다.

"우린 삼손을 잡으러 왔다. 그가 우리에게 저지른 짓을 앙갚음 해야겠다. 얼른 그 자를 내놓아라."

삼손이 에담의 동굴에 숨어 있다는 정보를 알아낸 유다 사람들은 자그마치 3천 명이나 그리로 몰려갔다. 삼손 한 사람 때문에 유다 전체가 피해를 입을 수는 없다고 판단했기 때문이었다.

"삼손, 자네는 우리가 블레셋의 지배를 받고 있는 줄 잘 알고 있지 않은가? 어찌하여 그토록 무모한 짓을 저질러 위기를 자초한단 말인가?"

삼손이 항변하였다.

"그들이 먼저 못된 짓을 저질렀소. 난 내가 받은 대로 갚아 주었을 뿐이오."

"이 사람아, 아무리 그래도 그렇지. 아무튼 우리는 자네를 죽이려고 온 것은 아닐세. 자네를 묶어 블레셋 사람들에게 넘겨주면 큰 화는 면하게 될 걸세."

"그렇다면 나를 죽이지 않겠다고 약속하시오."

"약속하지. 우린 절대로 자넬 죽이지 않을 거네."

삼손은 동족들에게 순순히 몸을 맡겼다. 동굴로 들어간 유다 사람들이 새로 꼰 밧줄로 삼손의 몸을 묶어 밖으로 데리고 나오자, 블레셋 사람들은 환호성을 터뜨렸다. 블레셋 사람들의 환호성이 터지는 바로 그 순간이있다. 삼손을 묶은 밧줄이 마치 타다 남은 실오라기처럼 힘없이 툭툭 끊어져 나간 것은. 이렇게 될 수 있었던 것은 그 순간 하나님의 기운이 삼손의 손을 타고 흘렀기 때문이었다.

마침 거기에 죽은 지 얼마 안 되는 당나귀 턱뼈 하나가 놓여 있었다. 삼손은 그 당나귀 턱뼈를 집어들고 일천 명의 블레셋 사람늘을 공격하기 시작했다. 순식간에 많은 사람이 연달아 쓰러져 죽자, 블레셋 사람들은 겁을 먹고 도망치기 바빴다.

삼손은 블레셋 사람들을 뒤쫓아가 닥치는 대로 후려쳤다. 일천대 일의 싸움, 하지만 결과는 삼손의 일방적인 승리였다. 주변에는 온통 블레셋 사람들의 시체가 널부러져 있었다. 단 한 명이 보잘것없는 당나귀 턱뼈 하나로 일천 명과 싸워 그들을 쳐죽인 것은 전무후무한 사례일 것이다.

싸움이 끝나자, 삼손은 지쳐 쓰러질 지경이었다. 게다가 심한 갈증을 느꼈다. 삼손은 소리 높여 호소했다.

"하나님, 하나님께서는 제게 크나큰 승리를 주셨습니다. 그런데 지금 제가 목말라 죽을 지경입니다. 이러다가는 저 할례 받지 못한 이방인들에게 붙잡힐지도 모릅니다."

그 순간, 근처 우묵하게 꺼진 곳에서 갑자기 샘물이 터져 나왔다. 삼손은 정신없이 벌컥벌컥 물을 들이마셨다. 그러자 비로소 제정신이 들었다.

괴력의 사나이 삼손 삿 16:1–3

그 후 다시 블레셋 땅으로 내려간 삼손은 블레셋의 큰 도시인 가사에서 한 창녀를 만나 동침하였다. 가사 사람들은 삼손이 왔다는 소식을 듣고는 그가 잠든 집을 에워쌌다. 여인의 집을 포위한 채 삼손이 나가지 못하도록 성문도 닫아걸었다. 날이 새면 삼손을 잡아다가 죽일 계획이었다.

삼손은 한밤중에 자리에서 일어나 밖으로 걸어 나갔다. 아무도 감히 대적할 생각조차 내지 못했다. 삼손은 곧장 성문으로 가서, 그 큰 성문의 두 기둥과 빗장까지 통째로 뽑아서 어깨에 메고 50km나 떨어져 있는 내륙 도시 헤브론 맞은편의 산 꼭대기로 올라가 그것을 던져 버렸다.

실로 믿기 힘든 괴력이었다. 세상에 그런 힘을 가진 장사는 아직껏 없었다. 하나님께서 블레셋 사람들의 압제에서 이스라엘을 구해 내려고 삼손에게 특별히 놀라운 힘을 주셨기 때문에 가능한 일이었다.

삼손의 머리털과 그의 최후

삼손과 들릴라 삿 16:4–14

그 후 삼손은 들릴라라고 하는 한 블레셋 여인을 사랑하게 되었다. 블레셋의 관리들은 삼손이 소렉 골짜기에 있는 들릴라의 집에 들락거린다는 정보를 얻자마자 그녀를 찾아왔다.

"삼손의 그 엄청난 힘이 어디서 솟아나는지, 또 우리가 어떻게 해야 그를 붙잡을 수 있는지, 그 비밀을 알아내 다오. 그러면 그 대가로 은화 1,100개를 주겠다."

그 당시 은화 한 개는 어른 일꾼 4일치의 품삯에 해당했으므로, 은화 1,100개는 어마어마한 돈이었다. 삼손이 들릴라를 사랑한 만큼, 들릴라도 삼손을 진정 사랑하였을까? 만약 그렇다면 삼손이 아무리 블레셋의 적이라 해도, 또 은화 1,100개가 아무리 값지다 하여도, 삼손의 약점을 잡는 일에 협조하지는 않았을 것이다. 그러나 들릴라는 동족애 때문이었는지 아니면 삼손보다 돈을 더 사랑했는지는 알 수 없는 일이지만, 블레셋 관리들에게 적극적으로 협조하였다.

"삼손, 당신의 그 엄청난 힘은 도대체 어디서 나오는 거죠? 참 궁

금해요. 당신의 그 엄청난 힘을 못 쓰게 하려면 어떻게 해야 되는 거예요? 정말로 당신에겐 궁금한 게 너무 많아요. 나에게만 살짝 알려주세요."

삼손은 건성으로 대답하였다.

"푸른 칡넝쿨 있잖아, 마른 것 말고 싱싱한 것으로 일곱 가닥을 꼬아 나를 묶으면 힘이 없어져서 보통 사람처럼 될 거야."

들릴라는 옳다구나 싶어서 그 사실을 블레셋 관리들에게 알렸다. 들릴라로부터 비법을 전해들은 블레셋 관리들은 푸른 칡넝쿨을 구해다가 들릴라에게 넘겨주고 자신들은 집안에 숨어 대기하고 있었다. 들릴라는 삼손이 잠든 사이에 푸른 칡넝쿨 일곱 가닥으로 그의 몸을 꽁꽁 묶은 후에 크게 소리쳤다.

"삼손, 어서 일어나세요. 블레셋 사람들이 당신을 잡으러 왔어요!"

삼손이 놀라 벌떡 일어났다. 그는 자신의 손이 묶인 것을 보고는 별일 아니라는 듯이 툭툭 끊어 버렸다. 그를 묶었던 일곱 줄의 칡넝쿨은 타다 남은 실오라기처럼 맥없이 끊어져 나갔다.

"삼손, 나를 속였잖아요. 당신은 날 우습게 생각하는군요. 나를 속이다니, 정말 속상해 죽겠어요."

들릴라는 짜증과 앙탈과 애교를 부려가며 이번에는 사실대로 말해 달라고 끈질기게 졸라댔다.

"거참. 왜 그렇게 알고 싶어하는 거지? 좋아, 정히 알고 싶다면 알려주지. 한 번도 사용한 적이 없는 새 밧줄로 내 몸을 묶으면 돼."

들릴라는 블레셋 관리들이 구해다 준 새 밧줄을 준비하고 있다가 삼손이 잠든 사이에 그를 단단히 묶고 크게 소리쳤다.

"삼손, 어서 일어나세요. 블레셋 사람들이 당신을 잡으러 왔어요!"

집안에 숨어 대기하고 있던 블레셋 관리들은 이번에야말로 삼손을 체포할 수 있겠다고 기대하면서 숨죽여 지켜보고 있었다. 하지만 이번에도 아니었다. 놀란 삼손이 벌떡 일어나 팔을 뻗치자 새 밧줄 역시 불에 탄 실오라기처럼 힘없이 툭툭 끊어져 나갔다.

들릴라는 정말 화가 났다. '나를 믿지 않는구나.' 하고 생각하니, 사랑한다는 말도 모두 거짓말이라고 생각하게 되었다.

"당신은 여전히 나를 놀리는군요. 또 속였잖아요. 당신이 나를 사랑한다는 말이 진짜예요? 저를 사랑한다면, 이번엔 속이지 말고 사실대로 말해 주세요."

어찌나 보채는지 귀찮아진 삼손이 또다시 입을 열었다. 들릴라는 이번에야말로 제대로 알려주는 모양이라고 기대하며 바짝 긴장하였다.

"내 머리카락을 일곱 타래로 나누어 베틀에다 놓고 씨줄로 짜서 그걸 말뚝으로 땅에 박으면 돼."

'음, 바로 그거였군.'

들릴라는 회심의 미소를 지으며 기회를 엿보고 있었다. 그러던 중 삼손이 베틀 곁에서 곤하게 잠들자 들릴라는 '이때다' 싶어 얼른 삼손이 일러준 대로 하였다.

"삼손, 블레셋 사람들이 당신을 잡으러 왔어요!"

삼손이 벌떡 일어나 뛰쳐나갔다. 그 바람에 머리를 묶은 말뚝까지 힘없이 쑥 뽑혀 나갔다. 힘은 조금도 손상되지 않고 여전했다.

삼손이 블레셋 사람들에게 붙잡히다 삿 16:15–22

"삼손, 당신은 정말로 날 사랑하지 않는군요. 세 번이나 거짓말을 하다니. 어떻게 저한테 이럴 수 있죠? 한 번만 더 묻겠어요. 이번에도 사실대로 말해주지 않으면, 다시는 당신을 만나지 않겠어요."

들릴라는 거의 날마다 앙탈도 부리고 울기도 하고 얼러대기도 하면서 힘의 비밀을 알려달라고 삼손을 졸라댔다. 들릴라와의 관계를 끊을 생각이 아닌 한 더 이상 버틸 수 없을 지경이었다. 마침내 삼손은 절대 말해서는 안 될 힘의 비밀을 털어놓았다. 사랑하는 그녀를 잃고 싶지 않아서였다.

"알겠소. 이번에는 사실대로 말하리다."

삼손의 표정이 사뭇 진지해졌다.

"내가 어머니 뱃속에 있을 때부터 하나님이 나를 특별히 구별하여 하나님을 섬기는 나실인으로 가려 뽑으셨소. 나실인은 태어날 때부터 머리털을 평생 자르지 않아. 그래서 내 머리가 이렇게 긴 거야. 내 힘의 비밀은 바로 이 긴 머리카락에 있는 거야. 이제 됐어?"

들릴라는 본능적으로 이번에는 거짓이 아니라고 느꼈다. 분명 삼손의 태도가 예전과는 달랐다.

"이번엔 틀림없어요. 삼손이 마침내 속을 다 털어놓았어요. 힘의 비밀을 알아냈다구요. 그러니 이번엔 내게 줄 돈과 밧줄을 준비해 가지고 오세요. 꼭 삼손을 잡게 될 거예요."

블레셋의 관리들은 그 말에 흥분되어 모든 준비를 갖추고 그녀의 집안에 숨어들었다.

들릴라는 자기 무릎에 삼손을 뉘어 잠들게 했다. 위험을 아는지 모르는지 삼손은 이내 잠에 곯아떨어졌다. 삼손이 깊이 잠들자, 들릴라는 블레셋 사람들을 불러 일곱 가닥으로 땋아 길게 늘어뜨린 삼손의 머리털을 바짝 자르게 하였다.

나실인 삼손, 그의 머리털이 잘려지고 있었다. 한 평생 절대로 잘라서는 안 되는 배냇머리를 이방의 한 여인과의 사랑에 빠져 그녀의 무릎을 베고 자다가 어처구니없이 잃고 마는 참으로 불행한 일이 발생하였다. 그것은 하나님과 맺은 신성한 약속을 깨뜨린, 돌이킬 수 없는 실수였다.

삼손의 머리털이 다 잘리자, 들릴라가 또 소리쳐 깨웠다.

"삼손, 블레셋 사람들이 당신을 잡으러 왔어요!"

"아, 귀찮아. 이 녀석들이 아직도 혼이 덜 난 모양이로군."

투덜거리며 일어난 삼손, 그러나 이게 어찌 된 일인가! 하나님은 그를 떠났고, 그의 힘도 어디론가 사라지고 없었다. 들릴라의 무릎 위에서 곤하게 잠든 사이, 그는 보통 사람으로 변해 있었다. 배냇머리가 없어진 것이다.

"어? 이게 어찌 된 일이지?"

블레셋 사람들이 덮쳐들자 삼손은 그들을 떨쳐내려 힘을 썼다. 하지만 그는 전혀 힘을 쓸 수가 없었다. 그냥 발버둥만 치는 꼴이 되고 만 것이다. 그제서야 삼손은 자신의 머리털이 잘려 나간 것을 알아차렸다. 한쪽에서 들릴라가 야릇한 표정으로 서 있었다. 삼손은 포기하고 고개를 떨구었다.

블레셋 사람들은 쾌재를 불렀다. 오랜 숙원이던 삼손을 드디어 체포했기 때문이었다. 그들은 놋쇠 줄로 삼손을 이중 삼중으로 꽁꽁 묶은 다음, 예리한 칼끝으로 삼손의 두 눈을 도려냈다. 그런 후에야 블레셋 사람들은 전에 삼손이 성문을 기둥째 뽑아갔던 큰 성읍 가사로 그를 압송해 갔다.

눈먼 죄수 삼손 삿 16:23-31

힘도 빠지고 눈까지 먼 삼손은 가사의 감옥에 갇혔다. 누구도 넘볼 수 없었던 천하장사에서 하루아침에 불쌍한 죄수 신세가 되었다. 사랑하는 애인 들릴라의 배신은 삼손의 마음에 깊은 상처를 남겼다. 더구나 하나님으로부터 직접 나실인으로 구별된 거룩한 신분도 이젠 상실된 것이나 마찬가지였으니, 그 허무감과 좌절감은 어떤 말로도 표현할 길이 없었다.

또 하나의 견디기 힘든 고통이 삼손을 짓눌렀다. 날마다 연자맷돌을 돌리는 중노동을 해야 했던 것이다. 하루하루가 고통의 연속이고 순간순간이 치욕의 연속이었다.

그러나 희망이 싹트기 시작했다. 머리털이 감옥 안이라고 해서 자라나지 말라는 법이 어디 있겠는가. 머리털이 길어질수록 힘이 점차 되돌아 왔다. 삼손을 사로잡은 데 도취된 블레셋 사람들은 그런 사실을 까맣게 잊고 있었다. 그들에게 삼손은 더 이상 아무것도 아니었다.

삼손의 머리털이 꽤 자라서 예전의 힘을 되찾았을 무렵, 블레셋 사람들은 그들의 신 다곤의 신전에 모여 성대하게 제사를 드리고 축제를 벌였다. 모두들 먹고 마시고 취하여 노래하며 춤추느라고 정신이 없었다. 신전에 들어오지 못해 지붕 옥상에 올라가서 구경하는 사람만도 3천 명에 이르렀으니, 블레셋 역사상 유례가 없는 인파였다.

다곤 신전 안에는 왕을 비롯한 대신들과 고급 관리들, 제사를 집전하는 제사장들, 각 성읍에서 초대받은 성주들, 블레셋에서 행세깨나 하는 유지들이 다 모여 있었다. 신전에 들어가지 못해 신전 지붕에 올라간 사람들은 일반 민중이었다.

"우리의 위대한 다곤 신이여, 우리의 원수 삼손을 잡아 주신 다곤 신이여, 위대하신 다곤 만세!"

블레셋 사람들은 흥에 겨워 외쳤다.

"삼손을 끌어내라! 그 꼬락서니를 구경하며 실컷 웃어 보자!"

여기저기서 아우성이 터져 나왔다. 온통 난리 법석이었다.

"그거 좋은 생각이군. 그 자를 당장 끌어내어 모두 구경하게 하라. 맘껏 조롱하며 즐기도록 하라."

블레셋 왕의 허락이 떨어지자, 또다시 신바람 함성이 크게 터져 나왔다. 잠시 후, 사슬에 꽁꽁 묶인 눈먼 삼손이 군사들에게 이끌려 더듬거리며 다곤 신전으로 들어섰다. 그 모습을 본 군중들은 또다시 함성을 내질렀다.

"와-! 삼손이다!"

"우리 농사를 다 망쳐 놨던 자가 저 놈이야?"

"우리 블레셋 사람을 수천 명이나 죽인 원수!"

"어이 삼손, 힘 좀 써 보시지. 그 좋은 힘 다 어디 갔나?"

블레셋 사람들은 삼손을 마구 조롱하며 놀려댔다. 왕도, 신하들도, 초대 받은 사람들과 지붕 위의 사람들도 열광하며 아우성을 쳐댔다.

"부탁이 있소."

삼손이 자기 손을 붙잡고 인도해 주는 젊은이에게 말했다.

"신전을 받치고 있는 큰 기둥이 있는 데로 나를 좀 데려다 주오. 몸을 좀 기대고 싶어서 그러오."

"네 부탁이 아니라도 넌 거기 서 있어야 하는 거야. 거기가 신전의 중앙이라서 모든 사람들이 한눈에 너를 볼 수 있을 테니까."

삼손은 거대한 신전 중앙의 큰 기둥 두 개 사이에 세워졌다. 팔을 들어 더듬는 삼손의 양손에 양쪽의 큰 기둥 두 개가 만져졌다.

'바로 여기구나! 제대로 되었어!'

삼손은 마음속으로 생각했다. 이어, 간절하게 기도를 드렸다.

"오, 여호와 하나님, 이번만 저를 돌보아 주십시오. 한 번만 더 저에게 힘을 주십시오. 저의 두 눈을 도려낸 저 블레셋

놈들의 원수를 갚게 해 주십시오."

삼손은 비장한 마음으로 팔을 벌려 한 손은 왼쪽 기둥에, 또 다른 한 손은 오른쪽 기둥에 대고 목청껏 소리쳤다.

"나 삼손이 오늘 블레셋 놈들과 함께 죽으리라!"

이어서 혼신의 힘을 다해 두 기둥을 밀기 시작했다.

우람한 신전 기둥이 소리를 내며 흔들리기 시작했다. 블레셋 사람들이 놀라 입을 열지도 못하는 순간, 두 기둥이 밀려나면서 신전 지붕이 요란한 소리와 함께 무너져 내렸다.

지붕 위에 있던 사람들은 비명소리와 함께 아래로 곤두박질치며 우르르 떨어졌다. 신전 안에 있던 왕을 비롯한 수많은 블레셋 지도자들은 거대한 지붕에 눌려 비명과 함께 돌더미 속에 깔렸다. 그야말로 아비규환이었다. 순식간에 수많은 사람들이 떼죽음을 당했다.

삼손도 그 자리에서 장렬하게 최후를 마쳤다. 그날 삼손이 죽인 블레셋 사람들이 그가 살아 있을 때 죽인 사람들보다 훨씬 많았다.

삼손의 일가 친척들은 삼손의 시체를 거두어 그의 아버지 마노아의 무덤 곁에 상사지냈다.

한꺼번에 많은 지도자를 잃은 블레셋 사람들은 워낙 많은 희생을 당하여 국력이 쇠약해진 데다가, 이스라엘의 신 여호와가 두려운 나머지 감히 이스라엘을 넘보지 못하였다. 삼손이 블레셋으로부터 이스라엘을 구원한 것이다.

영적인 암흑기, 사사 시대 삿 17-21장

여호수아가 죽은 후 이스라엘의 초대 왕인 사울이 등장하기까지, 340여 년 동안 이스라엘에는 왕이 없었다. 그 대신 하나님이 직접 뽑아 세우신 사사들에 의해 나라가 다스려졌다.

사사 시대에 등장한 사사들은 모두 12명이었다. 최초의 사사는 갈렙의 조카인 옷니엘이었고, 마지막 사사는 초인적인 힘을 지닌 삼손이었다.

사사 시대는 영적 암흑기였다. 이스라엘 백성은 틈만 나면 하나님을 떠나 이방의 우상을 섬겼다. 율법은 무시되었고, 공의는 땅에 떨어졌다. 아무나 제사장이 되었고, 우상을 하나님처럼 섬겼다. 하나님의 말씀을 가르쳐야 할 레위인들조차도 예사로 첩을 두었다. 성읍마다 불량배들이 설쳐서 간음과 살인이 다반사로 일어났다. 동족끼리 피비린내 나는 싸움을 벌이기도 했다. 올바른 가르침이 없으니, 사람들은 무엇이 옳은 일인지조차 몰라 각자 알아서 자기 눈에 옳은 대로 행하였다. 340년 사사 시대는 그렇게 혼돈 속에서 흘러갔다.

3일 만에 읽고, 평생 가슴에 남는

재밌는 성경 구약1

초판 1쇄 발행 2016년 6월 1일
초판 2쇄 발행 2016년 12월 5일

지은이 김영진
그린이 김천정
펴낸이 김영진
펴낸곳 (유)성서원

주소 경기도 고양시 덕양구 덕은로 60-12 우)412-170
주문 및 문의 전화 02-765-0011~7
팩스 02-743-6811
성서원 북카페 http://cafe.naver.com/biblehouse1972
온라인 서점 www.bibleeshop.com(T.02-597-1599)
홈페이지 www.biblehouse.co.kr
출판 등록일 1997년 7월 8일(제300-1997-79호)

ISBN 978-89-360-2059-0
ISBN 978-89-360-2062-0 (세트)